应用技能型院校"十四五"规划教材
根据全国会计专业技术初级资格考试大纲编写

经济法基础习题集

(第三版)

初级会计资格课证融通教研组 / 编

图书在版编目(CIP)数据

经济法基础习题集 / 初级会计资格课证融通教研组编. —— 3版. —— 上海：立信会计出版社，2024.7.
ISBN 978-7-5429-7716-8

Ⅰ. D922.29-44

中国国家版本馆 CIP 数据核字第 2024RB7545 号

策划编辑　王斯龙
责任编辑　王斯龙
美术编辑　吴博闻

经济法基础习题集(第三版)
JINGJIFA JICHU XITIJI

出版发行	立信会计出版社		
地　　址	上海市中山西路 2230 号	邮政编码	200235
电　　话	(021)64411389	传　　真	(021)64411325
网　　址	www.lixinph.com	电子邮箱	lixinaph2019@126.com
网上书店	http://lixin.jd.com		http://lxkjcbs.tmall.com
经　　销	各地新华书店		
印　　刷	浙江临安曙光印务有限公司		
开　　本	787 毫米×1092 毫米　　1/16		
印　　张	12		
字　　数	308 千字		
版　　次	2024 年 7 月第 3 版		
印　　次	2024 年 7 月第 1 次		
书　　号	ISBN 978-7-5429-7716-8/D		
定　　价	35.00 元		

如有印订差错，请与本社联系调换

第三版 前言

为配合学生学习"经济法基础"这门课程,我们根据该课程的特点,编写了本书,可与《经济法基础》一书配套使用。本书具有以下特点。

1. 紧贴政策,与时俱进

本书严格按照最新施行的税收政策编写,在重印时会随着会计税收政策的修订而及时修订,并在相关配套资源中予以体现。

2. 精选习题,详尽解析

本书符合应用技能型院校对专业课程知识和能力的要求,每章节均设有相应的训练习题,并配有 3 套模拟试卷,便于学生学习。

3. 理实一体,知行合一

为培养应用技能型人才,本书不仅配有基础理论题,还配有考察实务的大题,有利于学生全面、系统地掌握所学知识,培养学生分析、解决问题的能力,真正做到知行合一。

本书内容与《经济法基础》一书同步,训练题型包括单项选择题、多项选择题、判断题、不定项选择题。

本书由初级会计资格课证融通教研组组织编写。胡桂青、梁克工担任教研组主任,张锐、古南荣担任教研组副主任,董晓旭、李嘉超参与编写工作。全书由胡桂青、梁克工统筹编写。

由于编者水平有限,书中如有不足之处,恳请读者提出宝贵意见,以便我们及时更正。

(注:本书已结合新考试大纲修订。)

目录

专题一　总论 ·· 1
　　知识训练一　法律基础 ·· 1
　　知识训练二　法律主体 ·· 3
　　知识训练三　法律责任 ·· 5

专题二　会计法律制度 ·· 7
　　知识训练一　会计法律制度概述 ·· 7
　　知识训练二　会计核算与监督 ·· 7
　　知识训练三　会计机构和会计人员 ··· 12
　　知识训练四　会计法律责任 ·· 15

专题三　支付结算法律制度 ··· 17
　　知识训练一　支付结算概述 ·· 17
　　知识训练二　银行结算账户 ·· 18
　　知识训练三　银行非现金支付业务 ··· 23
　　知识训练四　支付机构非现金支付业务 ··· 33
　　知识训练五　支付结算纪律与法律责任 ··· 36

专题四　税法概述及货物和劳务税法律制度 ·· 39
　　知识训练一　税收法律制度概述 ·· 39
　　知识训练二　增值税法律制度 ·· 40
　　知识训练三　消费税法律制度 ·· 54
　　知识训练四　城市建设维护税、教育费附加和地方教育附加法律制度 ············ 64
　　知识训练五　车辆购置税法律制度 ··· 66
　　知识训练六　关税法律制度 ·· 68

专题五　所得税法律制度 ··· 72
知识训练一　企业所得税法律制度 ·· 72
知识训练二　个人所得税法律制度 ·· 87

专题六　财产和行为税法律制度 ··· 105
知识训练一　房产税法律制度 ··· 105
知识训练二　契税法律制度 ·· 107
知识训练三　土地增值税法律制度 ·· 110
知识训练四　城镇土地使用税法律制度 ··· 113
知识训练五　耕地占用税法律制度 ·· 115
知识训练六　车船税法律制度 ··· 116
知识训练七　资源税法律制度 ··· 119
知识训练八　环境保护税法律制度 ·· 121
知识训练九　印花税法律制度 ··· 123

专题七　税收征收管理法律制度 ··· 126
知识训练一　税收征收管理法概述 ·· 126
知识训练二　税务管理 ··· 127
知识训练三　税款征收 ··· 132
知识训练四　税务检查 ··· 136
知识训练五　税务行政复议 ·· 137
知识训练六　税收法律责任 ·· 141

专题八　劳动合同与社会保险法律制度 ··· 143
知识训练一　劳动合同法律制度 ··· 143
知识训练二　社会保险法律制度 ··· 154

综合模拟测试卷一 ··· 165
综合模拟测试卷二 ··· 172
综合模拟测试卷三 ··· 179

专题一 总 论

知识训练一 法 律 基 础

一、单项选择题

1. 下列关于法的本质与特征的表述中,不正确的是( )。
   A. 法是由国家制定或者认可的规范
   B. 法是统治阶级每个成员个人意志的相加
   C. 法由统治阶级的物质生活条件所决定
   D. 法凭借国家强制力的保证获得普遍遵行的效力

2. 下列各项中,不属于法的特征的是( )。
   A. 国家意志性　　　　　　　　B. 国家胁迫性
   C. 行为规范性　　　　　　　　D. 明确公开性

3. 法是经过国家制定或者认可才得以形成的规范,这体现了法的( )。
   A. 国家意志性　　　　　　　　B. 强制性
   C. 明确公开性和普遍约束性　　D. 规范性

4. 根据法的空间效力、时间效力或对人的效力进行分类,法分为( )。
   A. 成文法和不成文法　　　　　B. 根本法和普通法
   C. 实体法和程序法　　　　　　D. 一般法和特别法

5. 下列规范性文件中,属于行政法规的是( )。
   A. 国务院发布的《企业财务会计报告条例》
   B. 全国人民代表大会通过的《中华人民共和国民事诉讼法》
   C. 中国人民银行发布的《支付结算办法》
   D. 全国人民代表大会常务委员会通过的《中华人民共和国会计法》

6. 对下列规范性文件所作的判断中,不正确的是( )。
   A. 西藏自治区人民代表大会发布的《西藏自治区立法条例》属于地方性法规
   B. 国务院发布的《企业财务会计报告条例》属于行政法规
   C. 上海市人民政府发布的《上海市旅馆业管理办法》属于地方性法规
   D. 财政部发布的《金融企业国有资产转让管理办法》属于部门规章

7. 下列法的形式中,效力等级最低的是( )。
   A. 宪法　　　　　　　　　　　B. 地方性法规
   C. 行政法规　　　　　　　　　D. 法律

8. 下列关于法律的说法中,不正确的是( )。
   A. 法律的效力和地位仅次于宪法
   B. 法律规定国家、社会和公民生活中带根本性的社会关系或基本问题
   C. 我国的法律形式主要表现为以宪法为核心的各种制定法
   D. 同一机关制定的法律,特别规定与一般规定不一致的,适用一般规定

9. 甲企业和正大计算机专卖店签订了一份购买50台计算机的合同,该买卖合同中,50台计算机属于( )。
   A. 法律关系的主体   B. 法律关系的内容
   C. 法律关系的事实   D. 法律关系的客体

10. 下列法律事实中,属于法律行为的是( )。
    A. 突发地震   B. 书立遗嘱   C. 火山喷发   D. 台风登陆

11. 下列法律事实中,属于法律事件的是( )。
    A. 火山喷发   B. 书立遗嘱   C. 赠与房屋   D. 登记结婚

12. 下列关于法律行为分类的说法中,表述正确的是( )。
    A. 法律行为按照行为的表现形式不同分为单方的法律行为和多方的法律行为
    B. 法律行为按照主体意思表示的形式分为意思表示行为与非表示行为
    C. 法律行为按照行为是否通过意思表示作出分为要式的法律行为和非要式的法律行为
    D. 法律行为根据主体实际参与行为的状态分为自主行为与代理行为

二、多项选择题

1. 下列规范性文件中,属于规章的有( )。
   A. 国务院发布的《企业财务会计报告条例》
   B. 上海市人民政府发布的《上海市旅游业管理办法》
   C. 财政部发布的《金融企业国有资产转让管理办法》
   D. 北京市人大常委会发布的《北京市城乡规划条例》

2. 下列关于规范性法律文件适用原则的表述中,正确的有( )。
   A. 行政法规之间对同一事项的新的一般规定与旧的特别规定不一致,不能确定如何适用时,由国务院裁决
   B. 根据授权制定的法规与法律不一致,不能确定如何适用时,由全国人民代表大会常务委员会裁决
   C. 部门规章与地方政府规章之间对同一事项的规定不一致时,由国务院裁决
   D. 法律之间对同一事项的新的一般规定与旧的特别规定不一致,不能确定如何适用时,由全国人民代表大会常务委员会裁决

3. 下列选项中,属于法律关系客体的有( )。
   A. 数据信息   B. 人的整体   C. 外观设计   D. 人格

4. 下列各项中,可成为法律关系的客体的有( )。
   A. 人体器官   B. 荣誉称号   C. 人民币   D. 天然气

5. 精神产品可以成为法律关系的客体,下列各项中,属于精神产品的有( )。
   A. 作品   B. 实用新型   C. 发明   D. 商标

6. 下列各项中,能成为法律关系客体的有( )。
   A. 数字人民币　　　　　　　　　B. 支付账户
   C. 电子商务平台经营者　　　　　D. 作品
7. 下列各项中,属于法律事件的有( )。
   A. 台风登陆　　B. 爆发战争　　C. 租赁设备　　D. 运输货物
8. 下列各项中,属于法律行为的有( )。
   A. 台风登陆　　B. 爆发战争　　C. 订立买卖合同　　D. 签发支票

三、判断题

1. 行政法规的制定主体是国家最高行政机关即国务院。（　　）
2. 部门规章之间、部门规章与地方政府规章之间对同一事项的规定不一致时,由国务院裁决。（　　）
3. 人民法院所作的判决书,也是法的形式之一。（　　）
4. 甲公司向乙公司签发银行承兑汇票的行为属于法律事件。（　　）
5. 法是统治阶级的国家意志的表现。（　　）
6. 宪法是国家的根本大法,具有最高的法律效力。（　　）
7. 全国人民代表大会常务委员会制定的《中华人民共和国会计法》属于行政法规。（　　）
8. 国务院制定和发布的规范性文件都是法律。（　　）

知识训练二　法律主体

一、单项选择题

1. 下列自然人中,属于无民事行为能力人的是( )。
   A. 15 周岁的小赵,先天腿部残疾
   B. 70 周岁的老钱,已经不能完全辨认自己的行为
   C. 8 周岁的小孙,智力超常
   D. 20 周岁的小李,先天智障,完全不能辨认自己的行为
2. 下列自然人中,属于限制民事行为能力人的是( )。
   A. 在某超市上班以其工资作为主要生活来源且年满 16 周岁的王某
   B. 不能辨认自己行为且年满 10 周岁的李某
   C. 不能完全辨认自己行为且年满 20 周岁的钱某
   D. 不能辨认自己行为且年满 20 周岁的胡某
3. 下列公民中,视为完全民事行为能力人的是( )。
   A. 赵某,9 岁,系某小学学生
   B. 王某,15 岁,系某高级中学学生
   C. 张某,13 岁,系某初级中学学生
   D. 李某,17 岁,系某宾馆服务员,以自己劳动收入为主要生活来源
4. 甲公司与乙公司签订买卖合同,向乙公司购买了一台设备,价款 8 万元,该买卖合同的

法律关系的主体是( )。
    A. 买卖合同   B. 设备
    C. 8万元价款   D. 甲公司与乙公司

5. 下列选项中,视为完全民事行为能力人的是( )。
    A. 星星小学学生孟小花,12周岁,数次获得钢琴比赛冠军,奖金丰厚
    B. 月亮中学初中生蓝小亮,14周岁,靠写网络小说赚取稿费
    C. 银河大学大二学生孙小海,17周岁,周末在商场兼职赚取生活费补贴
    D. 月亮中学退学学生白小桃,17周岁,以送快递赚取收入作为主要生活来源

6. 下列各项中,属于非营利法人的是( )。
    A. 阳光股份有限公司
    B. 森林街道居民委员会
    C. 爱心捐助基金会
    D. 大河有限责任公司

7. 下列关于法律关系主体的表述中,正确的是( )。
    A. 自然人既包括中国公民,也包括在中国境内活动的外国公民,但不包括无国籍人
    B. 组织仅包括法人组织
    C. 有限责任公司是营利法人,个人独资企业是非营利法人
    D. 国家也可以成为法律关系的主体

二、多项选择题

1. 下列各项中,可以成为法律关系主体的有( )。
    A. 中国公民小王   B. 国家   C. 基金会   D. 社会服务机构
2. 根据我国法律制度的规定,下列各项中,能够成为法律关系主体的有( )。
    A. 自然人   B. 商品   C. 法人   D. 行为
3. 下列各项中,属于法人组织的有( )。
    A. 科云教育集团   B. 中国青少年发展基金会
    C. 中国人民大学   D. 立信会计师事务所
4. 下列关于法人的表述中,正确的有( )。
    A. 法人章程或者法人权力机构对法定代表人代表权的限制,不得对抗善意相对人
    B. 设立人为设立法人从事的民事活动,其法律后果由法人承受
    C. 法人的法定代表人因执行职务造成他人损害的,由法人承担民事责任
    D. 法人分为营利法人、非营利法人和特别法人
5. 下列选项中,属于《民法典》规定的法人解散情形的有( )。
    A. 法人依法被吊销营业执照、登记证书,被责令关闭或者被撤销
    B. 因法人合并或者分立需要解散
    C. 法人的权力机构决议解散
    D. 法人章程规定的存续期间届满或者法人章程规定的其他解散事由出现
6. 下列关于自然人刑事责任的表述中,正确的有( )。
    A. 已满16周岁的人犯罪,应当负刑事责任

B. 不满16周岁的人犯罪,不负刑事责任
C. 精神病人在不能辨认或者不能控制自己行为的时候造成危害结果,经法定程序鉴定确认的,不负刑事责任
D. 间歇性的精神病人在精神正常的时候犯罪,应当负刑事责任

7. 下列关于自然人刑事责任从轻或减轻的表述中,不正确的有( )。
   A. 已满14周岁不满18周岁的人犯罪,应当从轻或者减轻处罚
   B. 已满75周岁的人故意犯罪的,应当从轻或者减轻处罚
   C. 已满75周岁的人过失犯罪的,可以从轻或者减轻处罚
   D. 尚未完全丧失辨认或者控制自己行为能力的精神病人犯罪的,可以从轻或者减轻处罚

三、判断题

1. 个人独资企业不具有法人资格。 ( )
2. 营利法人的出资人滥用法人独立地位和出资人有限责任,逃避债务,严重损害法人债权人的利益的,应当承担自己造成损失部分的责任。 ( )
3. 法人可以依法设立分支机构,分支机构以自己的名义从事民事活动,产生的民事责任由法人承担。 ( )
4. 合法行为和违法行为都能引起相应的经济法律关系产生、变更或终止。 ( )
5. 无权利能力,也就没有行为能力。 ( )

知识训练三 法 律 责 任

一、单项选择题

1. 下列法律责任形式中,属于民事责任的是( )。
   A. 拘役　　　B. 记过　　　C. 支付违约金　　　D. 暂扣许可证
2. 下列法律责任形式中,属于民事责任的是( )。
   A. 恢复原状　　　B. 吊销营业执照　　　C. 剥夺政治权利　　　D. 没收违法所得
3. 下列法律责任形式中,属于行政责任的是( )。
   A. 支付违约金　　　B. 罚金　　　C. 罚款　　　D. 返还财产
4. 下列选项中,属于行政处罚的是( )。
   A. 没收非法财物
   B. 支付违约金
   C. 没收财产
   D. 撤职
5. 下列选项中,属于刑事责任的是( )。
   A. 拘役
   B. 没收违法所得
   C. 暂扣或者吊销执照
   D. 返还财产
6. 根据刑事法律制度的规定,下列各项中,属于拘役法定量刑期的是( )。
   A. 5天以下
   B. 1个月以上6个月以下
   C. 3个月以上2年以下
   D. 6个月以上15年以下

7. 纳税人因偷税涉嫌犯罪,有权判定该纳税人应承担刑事责任的机关是( )。
　　A. 税务局　　　　B. 市场监督管理局　　C. 人民法院　　　D. 人民政府

二、多项选择题

1. 下列各项中,属于民事责任的有( )。
　　A. 支付违约金　　B. 继续履行　　　　C. 没收财产　　　D. 罚款

2. 下列行政责任形式中,属于行政处罚的有( )。
　　A. 撤职　　　　　B. 行政拘留　　　　C. 没收非法财物　D. 开除

3. 根据刑事法律制度的规定,下列关于刑事责任的表述中,正确的有( )。
　　A. 管制的法定量刑期为 6 个月以上 2 年以下
　　B. 拘役的法定量刑期为 1 个月以上 6 个月以下
　　C. 死刑不包括死刑缓期 2 年执行
　　D. 附加刑可以独立适用

4. 下列各项中,属于附加刑的有( )。
　　A. 罚金　　　　　B. 剥夺政治权利　　C. 驱逐出境　　　D. 没收财产

5. 根据刑事法律制度的规定,被告人因实施犯罪被依法判处剥夺政治权利,其被剥夺的具体政治权利包括( )。
　　A. 担任事业单位和人民团体领导职务的权利
　　B. 选举权和被选举权
　　C. 担任国家机关职务的权利
　　D. 担任国有公司、企业领导职务的权利

6. 甲行政机关财务负责人刘某因犯罪被人民法院判处有期徒刑,并处罚金和没收财产,后被甲行政机关开除。刘某承担的法律责任中,属于刑事责任的有( )。
　　A. 没收财产　　　B. 罚金　　　　　　C. 有期徒刑　　　D. 开除

三、判断题

1. 附加刑可以同主刑一起适用,还可以单独适用。　　　　　　　　　　　　　( )
2. 已满 75 周岁的老人犯故意杀人、故意伤害致人重伤或者死亡、强奸、抢劫、贩卖毒品、放火、爆炸、投毒罪的,应当减轻处罚。　　　　　　　　　　　　　　　( )

专题二 会计法律制度

知识训练一 会计法律制度概述

一、单项选择题

1. 根据会计法律制度的规定,下列人员中,对本单位的会计工作和会计资料的真实性、完整性负责的是( )。
   A. 总会计师　　　B. 单位负责人　　　C. 会计核算人员　　　D. 单位审计人员
2. 我国会计工作行政管理的主管部门是( )。
   A. 财政部　　　B. 国家统计局　　　C. 审计署　　　D. 国家税务总局
3. 根据会计法律制度的规定,单位对外提供的财务会计报告的责任主体是( )。
   A. 编制报告的会计人员　　　B. 会计机构负责人
   C. 总会计师　　　D. 单位负责人

二、多项选择题

下列关于会计工作管理体制的说法中,正确的有( )。
   A. 乡镇级以上地方各级人民政府财政部门管理本行政区域内的会计工作
   B. 单位负责人对本单位的会计工作和会计资料的真实性、完整性负责
   C. 国务院发展改革部门主管全国的会计工作
   D. 单位负责人不得授意、指使、强令会计机构、会计人员违法办理会计事项

三、判断题

1. 单位负责人对本单位的会计工作和会计资料的真实性、完整性负责。　　　(   )
2. 县级以上地方各级人民政府财政部门管理本行政区域内的会计工作。　　　(   )
3. 各单位采用的会计处理方法,前后各期应当一致,不得变更。　　　(   )

知识训练二 会计核算与监督

一、单项选择题

1. 根据会计法律制度的规定,下列各项中,不属于会计核算内容的是( )。
   A. 递延税款的余额调整　　　B. 货物买卖合同的审核

C. 有价证券溢价的摊销　　　　　　　　D. 资本公积的增减变动

2. 根据会计法律制度的规定,下列关于原始凭证的表述中,正确的是(　　)。
　　A. 原始凭证必须来源于单位外部
　　B. 除日期外,原始凭证记载的内容不得涂改
　　C. 对不真实的原始凭证,会计人员有权拒绝接受
　　D. 原始凭证金额有错误的,应由出具单位更正并加盖印章

3. 根据会计法律制度的规定,下列各项中,不属于会计核算内容的是(　　)。
　　A. 固定资产盘盈　　　　　　　　　　B. 合同的审核和签订
　　C. 无形资产的购入　　　　　　　　　D. 货币资金的收入

4. 甲公司出纳刘某在为员工孙某办理业务时,发现采购发票上所注单价、数量与总金额不符,经查是销货单位填写单价错误,刘某采取的下列措施符合会计法律制度规定的是(　　)。
　　A. 由孙某写出说明,并加盖公司公章后入账
　　B. 将发票退给孙某,由销货单位重新开具发票后入账
　　C. 按总金额入账
　　D. 将单价更正后入账

5. 各单位必须根据(　　)进行会计核算,填制会计凭证,登记会计账簿,编制财务会计报告。
　　A. 实际发生的经济业务事项　　　　　B. 连续发生的经济业务事项
　　C. 累计发生的经济业务事项　　　　　D. 主要经济业务事项

6. 根据会计法律制度的规定,下列各项中,不属于企业财务会计报告的是(　　)。
　　A. 年度财务预算　　B. 会计报表附注　　C. 会计报表　　D. 财务情况证明书

7. 下列各项中,不属于不相容职务的是(　　)。
　　A. 授权批准与业务经办　　　　　　　B. 业务经办与会计记录
　　C. 现金日记账与出纳　　　　　　　　D. 业务经办与稽核检查

8. 根据《会计档案管理办法》的规定,建设单位在项目建设期间形成的会计档案,应当及时移交,该移交的时间是(　　)。
　　A. 经济业务发生之日起　　　　　　　B. 办理竣工财务决算后
　　C. 办理工程验收后　　　　　　　　　D. 提交竣工结算文件后

9. 会计档案的鉴定工作应由(　　)牵头组织进行。
　　A. 单位审计管理机构　　　　　　　　B. 单位会计管理机构
　　C. 单位档案管理机构　　　　　　　　D. 单位纪检监察机构

10. 对M市甲公司实施的下列会计监督中,属于社会监督的是(　　)。
　　A. 市财政局对甲公司开展会计信息质量检查
　　B. 甲公司的审计部门审核本公司会计账簿
　　C. 市税务局对甲公司开展增值税专项税务检查
　　D. 乙会计师事务所接受委托审计甲公司的年度财务会计报告

11. 根据会计法律制度的规定,下列行为中,属于会计工作政府监督的是(　　)。
　　A. 个人检举会计违法行为
　　B. 会计师事务所对单位经济活动进行审计

C. 单位内部会计机构审核本单位会计账簿
D. 财政部门对各单位的会计工作进行监督检查

12. 在我国,单位内部会计监督的主体一般是( )。
A. 财政、税务、审计机关　　　　　　B. 注册会计师及其事务所
C. 本单位的会计机构和会计人员　　　D. 本单位的内部审计机构及人员

13. 根据《会计基础工作规范》的规定,单位内部会计监督的对象是( )。
A. 单位的货币资金　　　　　　B. 单位的财产物资
C. 单位的经济活动　　　　　　D. 单位的财务工作

14. 根据会计法律制度的规定,下列行为中属于伪造会计资料的是( )。
A. 用挖补的手段改变会计凭证和会计账簿的真实内容
B. 由于过失导致会计凭证与会计账簿记录不一致
C. 以虚假的经济业务编制会计凭证和会计账簿
D. 用涂改的手段改变会计凭证和会计账簿的真实内容

二、多项选择题

1. 下列关于会计核算要求的说法中,错误的有( )。
A. 我国的会计年度为阴历的1月1日至12月31日
B. 业务收支以人民币以外的货币为主的单位,可以选择其中一种外币作为记账本位币来编制财务会计报告
C. 在民族自治地方,会计记录可以仅使用当地通用的一种民族文字
D. 使用电子计算机进行会计核算的,其使用的会计核算软件也必须符合国家统一的会计制度的规定

2. 根据会计法律制度的规定,下列各项中,属于会计报表的有( )。
A. 现金流量表　　B. 利润表　　C. 资产负债表　　D. 审计报告

3. 下列关于登记会计账簿基本要求的表述中,正确的有( )。
A. 在不设借贷等栏的多栏式账页中只登记增加数,不登记减少数
B. 会计账簿按页次顺序连续登记,不得跳行、隔页
C. 账簿中书写的文字和数字上面要留有适当空格,一般应占格距的二分之一
D. 按照红字记账凭证冲销错误记录时,可以用红色墨水记账

4. 从外单位取得的原始凭证如有遗失的,下列处理方法中,错误的有( )。
A. 能够取得原开出单位盖有公章的证明的,可以由经办单位会计机构负责人、会计主管人员和单位领导人批准后,代作原始凭证
B. 无法取得原开出单位证明的,由当事人写出详细情况,由经办单位会计机构负责人、会计主管人员和单位领导人批准后,代作原始凭证
C. 无法取得原开出单位证明的,由当事人写出详细情况和保证书后,可直接作为原始凭证
D. 从第三方渠道购买一份同一类型的原始凭证,自行填写后代作原始凭证

5. 一般企业建立与实施内部控制应当遵循的原则有( )。
A. 全面性原则　　　　　　　　　　B. 重要性原则

C. 实质重于形式原则　　　　　　　　D. 成本效益原则

6. 下列各项中,属于行政事业单位内部控制措施的有(　　)。
   A. 不相容岗位相互分离　　　　　　B. 内部授权审批控制
   C. 归口管理　　　　　　　　　　　D. 运营分析控制

7. 下列关于注册会计师审计报告的说法中,正确的有(　　)。
   A. 审计报告分为标准审计报告和非标准审计报告
   B. 注册会计师应当就财务报表是否在所有重大方面按照适用的财务报告编制基础编制并实现公允反映形成审计意见
   C. 含有强调事项段的审计报告,为标准审计报告
   D. 非无保留意见,包括保留意见、否定意见和无法表示意见三种类型

8. 下列选项中,属于会计核算内容的有(　　)。
   A. 债权债务的发生和结算　　　　　B. 资本、基金的增减
   C. 收入、支出、费用、成本的计算　　D. 款项和有价证券的收付

9. 根据会计法律制度的规定,应当在财务会计报告上签名或者盖章的人员有(　　)。
   A. 企业会计机构负责人　　　　　　B. 单位领导人
   C. 企业总会计师　　　　　　　　　D. 会计主管人员

10. 下列各项中,属于审计报告要素的有(　　)。
    A. 标题　　　　　　　　　　　　　B. 管理层对财务报表的责任段
    C. 注册会计师的责任段　　　　　　D. 强调事项段

11. 根据会计法律制度的规定,下列会计档案中不得销毁的有(　　)。
    A. 保管期未满的会计档案
    B. 保管期已满的会计档案
    C. 保管期满但未结清的债权债务会计凭证
    D. 保管期满但仍有未了事项的会计凭证

12. 根据会计法律制度的规定,下列资料中,单位应当按照会计档案归档的有(　　)。
    A. 固定资产卡片　　　　　　　　　B. 纳税申报表
    C. 年度预算方案　　　　　　　　　D. 年度财务工作计划

13. 下列关于会计档案查阅的说法中,正确的有(　　)。
    A. 单位应当严格按照相关制度利用会计档案,在进行会计档案查阅、复制、借出时履行登记手续
    B. 单位保存的会计档案不得对外借出
    C. 确因工作需要且根据国家有关规定必须借出的,应当严格按照规定办理相关手续
    D. 会计档案借用单位应当妥善保管和利用借入的会计档案,确保借入会计档案的安全完整,并在规定时间内归还

14. 根据《会计档案管理办法》的规定,下列需要由会计管理机构编制的档案清册有(　　)。
    A. 会计档案销毁清册　　　　　　　B. 会计档案移交清册
    C. 会计档案鉴定意见书　　　　　　D. 会计档案保管清册

15. 根据会计法律制度的规定,单位下列机构中,应派员监销电子会计档案的有(　　)。
    A. 人事管理部门　　　　　　　　　B. 信息系统管理部门

C. 会计管理部门　　　　　　　　　　D. 档案管理部门

16. 下列关于单位之间会计档案交接的表述中,正确的有(　　)。
A. 电子会计档案应当与其元数据一并移交
B. 档案接收单位应当对保存电子会计档案的载体和其技术环境进行检验
C. 交接双方的单位负责人负责监督会计档案交接
D. 交接双方经办人和监督人应当在会计档案移交清册上签名或盖章

17. 下列各项中,属于会计凭证类会计档案的有(　　)。
A. 记账凭证　　　　　　　　　　　　B. 原始凭证
D. 银行对账单　　　　　　　　　　　C. 银行存款余额调节表

18. 根据会计法律制度的规定,下列各项中,属于会计档案的有(　　)。
A. 纳税申报表　　　　　　　　　　　B. 年度预算
C. 固定资产卡片　　　　　　　　　　D. 会计制度

19. 根据会计法律制度的规定,下列会计档案中,属于永久保管的有(　　)。
A. 会计档案鉴定意见书　　　　　　　B. 年度财务会计报告
C. 会计档案保管清册　　　　　　　　D. 原始凭证

20. 根据会计法律制度的规定,下列会计档案中,保管期限为10年的有(　　)。
A. 半年度财务报告　　　　　　　　　B. 银行存款余额调节表
C. 会计档案销毁清册　　　　　　　　D. 纳税申报表

21. 下列各项中,有权依法对有关单位的会计资料实施监督检查的有(　　)。
A. 财政部门　　B. 税务部门　　C. 商业银行　　D. 证券监管

三、判断题

1. 会计账簿记录与记账凭证记录核对属于账账核对。　　　　　　　　　(　　)
2. 行政事业单位预算控制应强化对经济活动的预算约束。　　　　　　　(　　)
3. 会计年度为每年公历的1月1日至12月31日。　　　　　　　　　　　(　　)
4. 2024年,技术市场中一项互联网技术取得重大突破,A上市公司将其原有的一项专利技术无形资产摊销年限进行了变更,该项变更直接影响其当年利润500万元,A公司在会计报表附注中对此会计估计变更事项进行了说明,A公司的做法符合法律规定。(　　)
5. 在中国境内的外商独资企业可以不使用中文作为会计记录的文字。　　(　　)
6. 原始凭证记载的各项内容均不得更改。　　　　　　　　　　　　　　(　　)
7. 单位业务经办人员可以兼任会计记录工作。　　　　　　　　　　　　(　　)
8. 单位合并后原各单位解散的,原各单位的会计档案应当由合并后的单位全部销毁。(　　)
9. 单位未设立档案机构的,应当在会计机构内部指定专人保管会计档案,出纳人员可以酌情兼管会计档案。　　　　　　　　　　　　　　　　　　　　　　　(　　)
10. 单位会计管理机构临时保存会计档案的期限是3年。　　　　　　　　(　　)
11. 单位内部会计监督的对象是本单位的经济活动。　　　　　　　　　　(　　)
12. 会计工作的政府监督主体是县级以上的人民政府财政部门,财政部门实施会计监督的对象是会计行为。(　　)

四、不定项选择题

2024年1月甲公司一批会计档案保管期满。其中有尚未结清的债权债务原始凭证。甲公司档案管理机构请会计机构负责人张某及相关人员在会计档案销毁清册上签署意见,将该批会计档案全部销毁。

2024年9月出纳郑某调岗,与接替其工作的王某办理了会计工作交接。

2024年12月为完成利润指标,会计机构负责人张某采取虚增营业收入等方法,调整了财务会计报告,并经法定代表人周某同意,向乙公司提供了未经审计的财务会计报告。

要求:根据上述资料,不考虑其他因素,分析回答下列小题。

1. 下列关于甲公司销毁会计档案的表述中,正确的是( )。
   A. 档案管理机构负责人应在会计档案销毁清册上签署意见
   B. 法定代表人周某应在会计档案销毁清册上签署意见
   C. 保管期满但未结清的债权债务原始凭证不得销毁
   D. 会计机构负责人张某不应在会计档案销毁清册上签署意见

2. 下列关于会计人员郑某与王某交接会计工作的表述中,正确的是( )。
   A. 移交完毕,王某可自行另立新账进行会计记录
   B. 应由会计机构负责人张某监交
   C. 郑某与王某应按移交清册逐项移交,核对点收
   D. 移交完毕,郑某与王某以及监交人应在移交清册上签名或盖章

3. 下列关于甲公司向乙公司提供财务会计报告的表述中,正确的是( )。
   A. 会计机构负责人张某应在财务会计报告上签章
   B. 主管会计工作的负责人应在财务会计报告上签章
   C. 法定代表人周某应在财务会计报告上签章
   D. 财务会计报告经注册会计师审计后才能对乙公司提供

4. 下列关于会计机构负责人张某采取虚增营业收入等方法调整财务会计报告行为性质及法律后果的表述中,正确的是( )。
   A. 可对张某处以行政拘留
   B. 该行为属于编制虚假财务会计报告
   C. 可对张某处以罚款
   D. 张某5年之内不得从事会计工作

知识训练三　会计机构和会计人员

一、单项选择题

1. 根据会计法律制度的规定,下列各项中,不属于代理记账业务范围的是( )。
   A. 出具审计报告
   B. 填制记账凭证
   C. 编制财务会计报告
   D. 登记会计账簿

2. 《会计法》规定,规模较小、业务和人员不多的单位可以不单独设置会计机构,而应在有关机构中设置( )。
   A. 会计助理岗位
   B. 兼职的会计负责人
   C. 会计主管岗位
   D. 会计岗位并指定会计主管人员

3. 下列关于国有企业任用会计人员的表述中,没有违背回避制度的是( )。
    A. 法定代表人的妻子担任本单位财务部门经理
    B. 财务科科长的同学担任本部门出纳员
    C. 厂长的女婿担任财务部门的经理
    D. 会计负责人的女儿担任本部门出纳

4. 中级会计师资格的取得实行( )。
    A. 全国统一考试制度   B. 考试和评审相结合制度
    C. 地方统一考试制度   D. 评审制度

5. 下列人员中,可以担任企业会计机构负责人的是( )。
    A. 取得中级会计专业技术资格并从事会计工作 1 年 6 个月的张某
    B. 中专毕业并从事会计工作 2 年 6 个月的刘某
    C. 研究生毕业并从事会计工作 1 年的李某
    D. 取得初级会计专业技术资格并从事会计工作 2 年的王某

6. 根据《会计基础工作规范》的规定,下列岗位中,属于单位会计工作岗位的是( )。
    A. 会计电算化岗位   B. 医院门诊收费员岗位
    C. 医院药品库房记账员岗位   D. 单位内部审计岗位

7. 根据会计法律制度的规定,负责对一般会计人员办理会计工作交接手续进行监交的是( )。
    A. 纪检部门负责人   B. 会计机构负责人
    C. 档案管理机构负责人   D. 人事部门负责人

8. 按照规定,( )任用会计人员应当实行回避制度。
    A. 国家机关、国有企业、事业单位   B. 国家机关、国有企业、企事业单位
    C. 国有企业、企事业单位、外资企业   D. 国有企业、事业单位、外资企业

9. A 公司准备聘请会计主管人员,下列应聘人员中符合法律规定条件的是( )。
    A. 张某,取得注册会计师、资产评估师和税务师执业资格,但未从事过会计相关工作
    B. 李某,担任出纳工作一年,并刚刚取得初级会计专业资格,为人聪慧,善于与人沟通
    C. 贾某,管理学博士学位,一直全日制在读,当年刚考完初级职称资格考试正在等待成绩,据说 100% 能通过考试
    D. 马某,会计专科学位,刚刚获得会计师专业技术职务资格

10. 根据会计法律制度的规定,下列企业中,必须设置总会计师的是( )。
    A. 普通合伙企业   B. 个人独资企业
    C. 外商独资企业   D. 国有大中型企业

11. 根据会计法律制度的规定,会计专业技术人员每年参加继续教育取得的学分不得少于( )。
    A. 120 学分   B. 90 学分   C. 60 学分   D. 30 学分

12. 下列关于会计专业技术人员继续教育的表述中,错误的是( )。
    A. 国家机关、企业、事业单位以及社会团体等组织不具有会计专业技术资格但从事会计工作的人员有接受继续教育的义务
    B. 专业科目包括会计专业技术人员从事会计工作应当掌握的财务会计、管理会计、财

务管理、财税金融等相关专业知识
C. 不具有会计专业技术资格但从事会计工作的人员应当自从事会计工作的次年开始参加继续教育
D. 会计专业技术人员参加继续教育的时间，每年累计不少于90学时，其中，专业科目一般不少于总学时的2/3

二、多项选择题

1. 根据《代理记账管理办法》的规定，委托人委托代理记账机构代理记账，应当在相互协商的基础上，订立书面委托合同。该委托合同应当明确的内容有（　　）。
   A. 会计档案的保管要求及相应的责任
   B. 双方对会计资料真实性、完整性各自应当承担的责任
   C. 终止委托合同应当办理的会计业务交接事宜
   D. 编制和提供财务会计报告的要求

2. 下列各项中，属于代理记账机构及其从业人员的义务的有（　　）。
   A. 按照委托合同办理代理记账业务，遵守有关法律、法规和国家统一的会计制度的规定
   B. 对在执行业务中知悉的商业秘密应当保密
   C. 对委托人示意其作出不当的会计处理，提供不实的会计资料，以及其他不符合法律、法规和国家统一的会计制度规定的要求，应当拒绝
   D. 对委托人提出的有关会计处理原则问题应当予以解释

3. 下列各项中，属于代理记账机构可以接受委托，代表委托人办理的业务事项有（　　）。
   A. 定期向有关部门和其他会计报表使用者提供会计报表
   B. 根据受托人提供的原始凭证和其他资料，进行会计核算
   C. 定期向税务机关提供税务资料
   D. 定期向有关部门和其他会计报表使用者提供审计报告

4. 根据会计法律制度的规定，下列关于会计工作交接的表述中，正确的有（　　）。
   A. 会计人员办理交接手续的，无须监交
   B. 会计人员没有办清交接手续的，不得离职
   C. 移交人员因病不能亲自办理移交的，经单位领导人批准，可由移交人员委托他人代办移交
   D. 移交人员在办理移交时，要按移交清册逐项移交

5. 下列各项工作中，出纳不得兼任的有（　　）。
   A. 会计档案保管　　　　　　　　B. 稽核
   C. 收入费用账目的登记工作　　　D. 债权债务账目的登记工作

6. 根据会计法律制度的规定，下列关于总会计师地位的表述中，正确的有（　　）。
   A. 总会计师是单位内部审计机构负责人　　B. 总会计师是单位会计机构负责人
   C. 总会计师是单位会计工作的主要负责人　D. 总会计师是单位行政领导成员

7. 根据会计法律制度的规定，下列各项中，属于会计专业技术资格的有（　　）。
   A. 助理会计师　　　　　　　　B. 高级会计师
   C. 注册会计师　　　　　　　　D. 中级会计师

8. 下列工作中,不得由担任出纳的陈某兼管的有( )。
   A. 营业收入明细账的登记　　　　　B. 固定资产明细账的登记
   C. 会计档案保管　　　　　　　　　D. 无形资产明细账的登记
9. 下列关于会计人员回避制度的表述中,正确的有( )。
   A. 单位负责人的直系血亲不得担任本单位的会计机构负责人
   B. 单位负责人的配偶不得担任本单位的出纳工作
   C. 会计机构负责人的直系血亲不得担任本单位的出纳工作
   D. 会计机构负责人的配偶不得担任本单位的出纳工作
10. 根据会计法律制度的规定,下列各项中,属于会计工作岗位的有( )。
    A. 稽核　　　　B. 往来结算　　　　C. 总账报表　　　　D. 财产物资核算

三、判断题

1. 会计工作交接后,原移交人员因会计资料已办理移交,因而不再对这些会计资料的合法性、真实性负责。( )
2. 会计工作岗位必须一人一岗。( )
3. 出纳人员不得兼管稽核、会计档案保管和收入、支出、费用、债权债务账目的登记工作。( )
4. 代理记账公司能够接受委托人委托对外出具财务会计报告。( )
5. 为了保证会计人员业务的连续性,会计工作岗位不得进行轮换。( )
6. 从事会计工作 2 年且具有助理会计师专业技术职务资格人员,可担任单位会计机构负责人。( )

知识训练四　会计法律责任

一、单项选择题

1. 对随意变更会计处理方法的单位,情节严重的,县级以上人民政府财政部门责令限期改正,给予警告、通报批评,并可以处( )。
   A. 50 万元以上 200 万元以下的罚款　　B. 20 万元以上 100 万元以下的罚款
   C. 5 万元以上 50 万元以下的罚款　　　D. 10 万元以上 100 万元以下的罚款
2. 根据会计法律制度的规定,会计人员故意隐匿会计账簿,尚不构成犯罪的,一定期限内不得从事会计工作。该期限为( )。
   A. 5 年　　　　B. 2 年　　　　C. 3 年　　　　D. 1 年
3. 伪造、变造会计凭证、会计账簿,尚不构成犯罪的,会计人员( )内不得从事会计工作。
   A. 5 年　　　　B. 10 年　　　　C. 15 年　　　　D. 20 年
4. 根据会计法律制度的规定,对于尚不构成犯罪的伪造、变造会计凭证,情节严重的行为,需要承担的罚款,下列说法正确的是( )。
   A. 对单位罚款违法所得 5 倍以上 20 倍以下

B. 对个人罚款 50 万元以上 200 万元以下

C. 对单位罚款 50 万元以上 200 万元以下

D. 对个人罚款 10 万元以上 50 万元以下

5. 青岛某公司存在伪造、变造会计凭证、会计账簿的一般违法行为,青岛市财政局发现后应根据性质,对该公司直接负责的主管人员和其他直接责任人员可以处(　　)的罚款。

　　A. 10 万元以上 50 万元以下　　　　B. 5 万元以上 50 万元以下

　　C. 2 万元以上 20 万元以下　　　　D. 50 万元以上 200 万元以下

二、多项选择题

1. 根据会计法律制度的规定,下列情形中,属于违法行为的有(　　)。

   A. 指使会计人员编制虚假财务会计报告

   B. 变造会计账簿

   C. 隐匿依法应当保存的会计凭证

   D. 拒绝接收金额记载错误的原始凭证

2. 甲公司因连年亏损,单位负责人张某要求单位会计主管人员刘某把公司财务报表调整成利润收益 20 万元,遭到刘某拒绝,单位负责人张某则将刘某调到车间从事生产工作,据此,下列表述正确的有(　　)。

   A. 张某有权利调动刘某工作岗位

   B. 单位负责人授意、指使、强令会计人员编制虚假财务会计报告是违法行为

   C. 对受打击报复的会计人员应当恢复其名誉

   D. 对受打击报复的会计人员应当恢复其原有职务、级别

3. 下列各项中,属于依照《中华人民共和国会计法》可对单位并处 20 万元以上 200 万元以下罚款的行为有(　　)。

   A. 未按照规定保管会计资料,致使会计资料毁损、灭失的

   B. 伪造会计凭证、会计账簿

   C. 编制虚假财务会计报告

   D. 隐藏或故意销毁依法应当保存的会计凭证、会计账簿、财务报告

三、判断题

因故意销毁会计凭证被依法追究刑事责任的会计人员,不得再从事会计工作。　(　　)

专题三 支付结算法律制度

知识训练一 支付结算概述

一、单项选择题

1. 某票据的出票日期为"2024年3月15日",其规范写法是( )。
   A. 贰零贰肆年零叁月壹拾伍日   B. 贰零贰肆年叁月壹拾伍日
   C. 贰零贰肆年零叁月拾伍日   D. 贰零贰肆年叁月拾伍日

2. 根据支付结算法律制度的规定,下列关于办理支付结算基本要求的表述中,不正确的是( )。
   A. 票据上的签章为签名、盖章或者签名加盖章
   B. 结算凭证的金额以中文大写和阿拉伯数码同时记载,二者必须一致
   C. 票据上出票金额、收款人名称不得更改
   D. 票据的出票日期可以使用阿拉伯数码记载

3. 2024年8月18日,甲公司向乙公司签发一张金额为10万元,用途为服务费的转账支票,发现填写有误,则该支票记载的下列事项中,可以更改的是( )。
   A. 用途   B. 收款人名称   C. 出票金额   D. 出票日期

4. 根据支付结算法律制度的规定,下列票据欺诈行为中,属于伪造票据的是( )。
   A. 假冒出票人在票据上签章   B. 涂改票据号码
   C. 对票据金额进行挖补篡改   D. 修改票据密押

二、多项选择题

1. 下列各项中,属于办理支付结算应遵循的原则有( )。
   A. 一个基本存款账户原则   B. 谁的钱进谁的账,由谁支配
   C. 银行不垫款   D. 文明服务

2. 根据支付结算法律制度的规定,下列票据欺诈行为中,属于变造票据的有( )。
   A. 假冒出票人在票据上签章   B. 涂改票据号码
   C. 对票据金额进行挖补篡改   D. 修改票据密押

3. 根据支付结算法律制度的规定,下列各项中,属于变造票据的行为有( )。
   A. 原记载人更改付款人名称并在更改处签章证明
   B. 剪接票据改变票据记载事项
   C. 涂改出票金额

D. 假冒他人在票据上背书签章
4. 根据支付结算法律制度的规定,下列关于填写票据的表述中,不正确的有( )。
   A. 出票日期须使用中文大写
   B. 收款人名称不得记载规范化简称
   C. 收款人名称填写错误的应由原记载人更正,并在更正处签章证明
   D. 金额应以中文大写和阿拉伯数码同时记载,且二者须一致
5. 根据支付结算法律制度的规定,支票的下列记载事项中,可以由出票人授权补记的有( )。
   A. 出票人名称　　B. 确定金额　　C. 收款人名称　　D. 出票日期

三、判断题

1. 非金融机构作为支付中介机构办理支付业务需经中国人民银行批准。 ( )
2. 根据支付结算法律制度的规定,付款人账户内资金不足的,银行应当为付款人垫付资金。 ( )
3. 在填写票据出票日期时,"10月20日"应写成"壹拾月零贰拾日"。 ( )
4. 办理支付结算时,单位和银行的名称应当记载全称或者规范化简称。 ( )
5. 付款人账户内没有资金或资金不足,或者收款人应收的款项由于付款人的原因不能收回时,银行中介的职责可以不履行,银行没有为存款人垫付资金的义务。 ( )
6. 结算凭证金额以中文大写和阿拉伯数码同时记载,二者必须一致,二者不一致的,银行不予受理。 ( )

知识训练二　银行结算账户

一、单项选择题

1. 根据支付结算法律制度的规定,存款人更改名称,但不改变开户银行及账号的,应于一定期限向其开户银行提出银行结算账户的变更申请,该期限为( )。
   A. 5个工作日内　　　　　　　　B. 3个工作日内
   C. 3日内　　　　　　　　　　　D. 5日内
2. 下列关于银行结算账户管理的表述中,正确的是( )。
   A. 撤销银行结算账户时,存款人应填写撤销银行结算账户申请书
   B. 撤销基本存款账户,可以保留未使用的空白支票
   C. 单位的地址发生变更,不需要通知开户银行
   D. 撤销单位银行结算账户应先撤销基本存款账户,再撤销其他类别账户
3. 下列存款人开立的银行结算账户中,须经中国人民银行分支机构核准的是( )。
   A. 乙公安局在银行开立的预算单位专用存款账户
   B. 丙公司在银行开立的用于注册验资的临时存款账户
   C. 张某在银行开立的个人Ⅰ类银行账户
   D. 甲公司在银行开立的一般存款账户

4. 根据个人银行结算账户实名制的要求,下列人员出具的身份证件中,不属于在境内银行申请开立个人银行账户的有效身份证件是( )。
  A. 20周岁的吴某出具的机动车驾驶证 B. 定居美国的周某出具的中国护照
  C. 25周岁的王某出具的居民身份证 D. 15周岁的学生赵某出具的户口簿

5. 居民甲先生拟通过电子渠道申请开立两个个人银行存款账户,根据规定,下列选项中,甲先生可以成功开立的是( )。
  A. Ⅰ类银行账户和Ⅱ类银行账户 B. Ⅰ类银行账户和Ⅲ类银行账户
  C. Ⅱ类银行账户和Ⅲ类银行账户 D. 两个均为Ⅰ类银行账户

6. 根据支付结算法律制度的规定,下列关于个人银行结算账户使用的表述中,错误的是( )。
  A. 银行可以通过Ⅱ类银行账户为存款人提供购买投资理财产品服务
  B. 银行可以通过Ⅲ类银行账户为存款人提供限制金额的消费和缴费支付服务
  C. 银行可以通过Ⅱ类银行账户为存款人提供单笔无限额的存取现金服务
  D. 银行可以通过Ⅰ类银行账户为存款人提供购买投资理财产品服务

7. 根据支付结算法律制度的规定,下列关于单位存款人申请变更预留银行的单位财务专用章的表述中,不正确的是( )。
  A. 需提供原预留的单位财务专用章
  B. 需提供单位书面申请
  C. 需重新开立单位存款账户
  D. 可由法定代表人直接办理,也可授权他人办理

8. 根据支付结算法律制度的规定,预算单位应向( )申请开立零余额账户。
  A. 中国人民银行 B. 财政部 C. 上级主管部门 D. 社保部门

9. 根据支付结算法律制度的规定,下列存款人,不得开立基本存款账户的是( )。
  A. 临时机构 B. 非法人企业
  C. 异地常设机构 D. 单位设立的独立核算的附属机构

10. 甲公司成立后在某银行申请开立了一个用于办理日常转账结算和现金收付的账户,该账户的性质属于( )。
  A. 基本存款账户 B. 一般存款账户 C. 专用存款账户 D. 临时存款账户

11. 根据支付结算法律制度的规定,临时存款账户的有效期最长不得超过( )。
  A. 6个月 B. 1年 C. 2年 D. 3年

12. 下列首次申请开立单位银行结算账户的存款人中,不应开立基本存款账户的是( )。
  A. 丙学校 B. 甲电影公司临时摄制组
  C. 丁居民委员会 D. 乙公司

13. 根据支付结算法律制度的规定,下列关于一般存款账户的表述中,正确的是( )。
  A. 须经中国人民银行核准
  B. 可以在基本存款账户的同一银行营业机构办理开户
  C. 可以办理借款转存和借款归还
  D. 可以支取现金

14. 甲地为完成棚户区改造工程,成立了W片区拆迁工程指挥部。为发放拆迁户安置资金,

该指挥部向银行申请开立的存款账户的种类是(　　)。
   A. 基本存款账户　　B. 临时存款账户　　C. 一般存款账户　　D. 专用存款账户
15. 根据支付结算法律制度的规定,下列专用存款账户中,不能支取现金的是(　　)。
   A. 证券交易结算资金专用存款账户　　　　B. 社会保障基金专用存款账户
   C. 住房基金专用存款账户　　　　　　　　D. 工会经费专用存款账户
16. 甲公司是从事高档化妆品生产的企业,因结算需要,向本市 A 银行申请开立基本存款账户。银行为该账户办理收付款业务的起始时间是(　　)。
   A. 开立该账户之日起
   B. 向中国人民银行当地分支行备案之日起
   C. 开立该账户之日起 3 个工作日后
   D. 向中国人民银行当地分支行备案之日起 5 个工作日后

二、多项选择题

1. 根据支付结算法律制度的规定,下列关于开立企业银行结算账户办理事项的表述中,正确的有(　　)。
   A. 银行为企业开通非柜面转账业务,应当约定通过非柜面渠道向非本企业账户转账的日累计限额
   B. 注册地和经营地均在异地的企业申请开户,法定代表人可授权他人代理签订银行结算账户管理协议
   C. 企业预留银行的签章可以为其财务专用章加其法定代表人的签名
   D. 银企双方应当签订银行结算账户管理协议,明确双方的权利与义务
2. 根据支付结算法律制度的规定,下列关于银行结算账户管理的表述中,不正确的有(　　)。
   A. 撤销基本存款账户,应交回开户许可证
   B. 撤销基本存款账户,可以保留未使用的空白支票
   C. 单位的地址发生变更,不需要通知开户银行
   D. 撤销单位银行结算账户应先撤销基本存款账户,再撤销其他类别账户
3. 根据支付结算法律制度的规定,下列情形中,存款人应向开户银行提出撤销银行结算账户申请的有(　　)。
   A. 存款人被宣告破产的　　　　　　　　B. 存款人的法定代表人改变
   C. 存款人被吊销营业执照的　　　　　　D. 存款人被撤并的
4. 根据支付结算法律制度的规定,下列关于银行结算账户管理的表述中,正确的有(　　)。
   A. 存款人可以出借银行结算账户　　　　B. 存款人不得出租银行结算账户
   C. 存款人应当以实名开立银行结算账户　D. 存款人不得利用银行结算账户洗钱
5. 根据支付结算法律制度的规定,下列存款人可以开立基本存款账户的有(　　)。
   A. 临时机构　　　　　　　　　　　　　B. 非法人企业
   C. 异地常设机构　　　　　　　　　　　D. 单位设立的独立核算的附属机构
6. 根据支付结算法律制度的规定,下列关于基本存款账户的表述中,正确的有(　　)。

A. 基本存款账户可以办理现金支取业务
B. 一个单位只能开立一个基本存款账户
C. 单位设立的独立核算的附属机构不得开立基本存款账户
D. 基本存款账户是存款人的主办账户

7. 甲公司在某开户银行开立了一个单位人民币卡账户，甲公司拟通过该账户办理的下列业务中，不正确的有（　　）。
   A. 存入销售收入8万元
   B. 从一般存款账户转存银行借款50万元
   C. 从基本存款账户转存10万元
   D. 缴存现金6万元

三、判断题

1. 存款人未清偿其开户银行债务的，也可以撤销该银行结算账户。（　）
2. 新入学大学生开立用于缴纳学费的个人银行结算账户，可由所在大学代理办理。（　）
3. 个人可以通过开立的Ⅰ类银行账户存取现金。（　）
4. 个体工商户凭营业执照以字号或经营者姓名开立的银行结算账户纳入单位银行结算账户管理。（　）
5. 通过手机银行受理个人银行账户开户申请的，银行可为申请人开立Ⅰ类、Ⅱ类和Ⅲ类账户。（　）
6. 同一单位的基本存款账户与一般存款账户可以在同一家银行开立。（　）
7. 银行结算账户的存款人收到银行对账单或对账信息后，应及时核对账务并在规定期限内向银行发出对账回单或确认信息。（　）
8. 撤销银行结算账户时，应先撤销基本存款账户，然后再撤销一般存款账户、专用存款账户和临时存款账户。（　）

四、不定项选择题

（一）甲公司于2022年1月7日成立，王某为法定代表人。2022年1月10日，甲公司因办理日常结算需要，在P银行开立了基本存款账户。2023年2月10日，甲公司因资金需求，在Q银行借款300万元，开立了一般存款账户。2024年5月19日，甲公司因被吊销营业执照而撤销其基本存款账户。甲公司只有上述两个银行结算账户。
要求：根据上述资料，不考虑其他因素，分析回答下列小题。

1. 甲公司在P银行预留的签章可以是（　　）。
   A. 甲公司发票专用章加王某的签名
   B. 甲公司财务专用章加王某的个人名章
   C. 甲公司合同专用章加王某的个人名章
   D. 甲公司单位公章加王某的签名

2. 甲公司在Q银行开立的一般存款账户可以办理的业务是（　　）。
   A. 缴存现金5万元　　　　　　B. 归还借款100万元
   C. 转存借款300万元　　　　　D. 支取现金10万元

3. 下列关于甲公司撤销其基本存款账户的表述中,符合法律规定的是( )。
   A. 应清偿在 Q 银行的债务,并将在 Q 银行的账户资金转入基本存款账户
   B. 应与 P 银行核对该基本存款账户存款余额
   C. 应先撤销在 Q 银行开立的一般存款账户
   D. 应将各种重要空白票据、结算凭证和开户许可证文件交回银行

(二) 2024 年 6 月 6 日,甲公司在 P 银行开立主办账户,并与其签订协议开通网上银行业务。8 月 28 日因借款 200 万元,在 Q 银行又开立一个银行结算账户。9 月 12 日,甲公司一次性购买金额 2 万元的预付卡。10 月拟发生 3 笔业务,从 Q 银行提取现金 3 万元,向 Q 银行缴存现金 4 万元,偿还 Q 银行借款利息 1 万元。甲公司各银行结算账户余额充足。

要求:根据上述资料,不考虑其他因素,分析回答下列小题。

1. 关于甲公司在 P 银行申请开立的主办账户,下列说法正确的是( )。
   A. 该账户是甲公司的基本存款账户
   B. 甲公司日常转账结算和现金收付可以通过该账户办理
   C. 甲公司申请开立该账户时,应当向 P 银行提供营业执照
   D. 甲公司与 P 银行应当签订账户管理协议

2. 甲公司开通网上银行业务后,可以通过网上银行办理的业务是( )。
   A. 账户信息查询   B. B2B 网上支付
   C. 批量支付   D. B2C 网上支付

3. 甲公司在 Q 银行开立的银行结算账户可以办理的业务是( )。
   A. 提取现金 3 万元   B. 存放借款 200 万元
   C. 偿还借款利息 1 万元   D. 缴存现金 4 万元

4. 甲公司购买预付卡,可以采用的方式是( )。
   A. 通过 P 银行网上银行汇款 2 万元
   B. 现金支付 2 万元
   C. 签发 P 银行转账支票 2 万元
   D. 在 P 银行柜台汇款 2 万元

(三) 张某因支付需要,2023 年 1 月向 P 银行申请开立了个人银行结算账户,并办理一张借记卡,同时开通了网上银行业务。2024 年 2 月,张某在 Q 第三方支付机构申请开立了账户并绑定其在 P 银行开立的个人银行结算账户。

要求:根据上述资料,不考虑其他因素,分析回答下列问题。

1. 下列关于张某申请开立个人银行结算账户的表述中,正确的是( )。
   A. 张某不得授权他人代理   B. 张某可以通过自助柜员机申请开户
   C. 张某需出具个人的自然人身份证   D. 张某可以申请开立Ⅰ类银行结算账户

2. 下列业务中,张某通过其开通的网上银行可以办理的是( )。
   A. 查询该借记卡中的账户余额   B. 向他人名下的银行卡转账
   C. 向自己名下的其他银行账户转账   D. 支付网上购物货款

3. 下列关于张某在 Q 第三方支付机构开立账户的表述中,正确的是( )。
   A. 该账户属于Ⅲ类账户   B. 该账户属于Ⅱ类账户
   C. 该账户属于一般存款账户   D. 该账户属于Ⅰ类账户

4. 下列关于张某办理的借记卡的表述中,正确的是( )。
   A. 不可透支
   B. 不得出租和转借
   C. 在 ATM 机每日累计提款不得超过 2 万元
   D. 银行应对该卡账户内的存款计付利息

知识训练三　银行非现金支付业务

一、单项选择题

1. 下列票据中,不属于我国《票据法》所称票据的是( )。
   A. 本票　　　　B. 支票　　　　C. 汇票　　　　D. 股票
2. 甲公司持有一张商业汇票,到期委托开户银行向承兑人收取票款。甲公司行使的票据权利是( )。
   A. 票据返还请求权　B. 利益返还请求权　C. 票据追索权　D. 付款请求权
3. 根据票据法律制度的规定,下列情况下取得的票据,不享有票据权利的是( )。
   A. 甲单位依法接受出票人乙签发的票据
   B. 丙单位和丁单位具有真实的交易关系下,接受背书转让的票据
   C. 某税务局因为税收原因无偿取得的票据
   D. 张某把自己欺诈竞争对手取得的票据无偿赠与知情的王某
4. 根据票据法律制度的规定,下列说法正确的是( )。
   A. 票据债务人可以以自己与出票人或者与持票人的前手之间的抗辩事由,对抗持票人
   B. 持票人未按照规定期限提示付款的,付款人的票据责任解除
   C. 持票人委托的收款银行的责任,限于按照票据上记载事项将票据金额转入持票人账户
   D. 付款人委托的付款银行的责任,限于按照票据上记载事项从付款人账户支付票据金额,不必审查背书连续
5. 根据支付结算法律制度的规定,有权受理失票人公示催告申请的人民法院是( )。
   A. 票据收款地法院　　　　B. 票据支付地法院
   C. 失票人所在地法院　　　D. 出票人所在地法院
6. 根据支付结算法律制度的规定,下列关于票据追索权行使的表述中,正确的是( )。
   A. 持票人不得在票据到期前追索
   B. 持票人应当向票据的出票人、背书人、承兑人和保证人同时追索
   C. 持票人在行使追索权时,应当提供被拒绝承兑或拒绝付款的有关证明
   D. 持票人应当按照票据的承兑人、背书人、保证人和出票人的顺序行使追索权
7. 根据支付结算法律制度的规定,票据的持票人行使追索权,应当将被拒绝事由书面通知其前手,通知的期限是( )。
   A. 自收到有关证明之日起 5 日内　　B. 自收到有关证明之日起 7 日内
   C. 自收到有关证明之日起 3 日内　　D. 自收到有关证明之日起 10 日内

8. 根据支付结算法律制度的规定,下列事项中,属于汇票任意记载事项的是(   )。
    A. 保证人在汇票上表明"保证"字样   B. 背书人在汇票上记载被背书人名称
    C. 出票人在汇票上记载"不得转让"字样   D. 承兑人在汇票上签章

9. 根据票据法律制度的规定,下列票据中,属于无效票据的是(   )。
    A. 出票人记载自己为收款人的支票   B. 票据金额为80万~100万元的支票
    C. 未记载收款人名称的支票   D. 未记载付款人名称的银行本票

10. 甲公司将一张银行承兑汇票背书转让给乙公司,该汇票需加附粘单,甲公司为粘单上的第一记载人,丙公司为甲公司的前手,丁公司为汇票记载的收款人。根据支付结算法律制度的规定,下列公司中,应当在汇票和粘单的黏接处签章的是(   )。
    A. 甲公司   B. 乙公司   C. 丙公司   D. 丁公司

11. 根据支付结算法律制度的规定,票据凭证不能满足背书人记载事项的需要,可以加附粘单;粘单上的第一记载人,应当在票据和粘单的黏接处签章。该第一记载人是(   )。
    A. 粘单上的第一手背书的被背书人   B. 票据上最后一手背书的背书人
    C. 票据持票人   D. 粘单上第一手背书的背书人

12. 根据支付结算法律制度的规定,下列各项中,属于背书任意记载事项的是(   )。
    A. 不得转让   B. 背书日期   C. 被背书人名称   D. 背书人签章

13. 根据支付结算法律制度的规定,下列关于票据背书效力的表述中,不正确的是(   )。
    A. 背书人在票据上记载"不得转让"字样,其后手再背书转让的,原背书人对后手的被背书人不承担保证责任
    B. 背书附有条件的,所附条件不具有票据上的效力
    C. 背书人背书转让票据后,即承担保证其后手所得票据承兑和付款的责任
    D. 背书未记载日期的,属于无效背书

14. 根据支付结算法律制度的规定,下列关于票据背书效力的表述中,正确的是(   )。
    A. 背书人可以将票据金额部分背书转让给被背书人
    B. 出票人记载"不得转让"字样的,票据不得背书转让
    C. 背书人可以将票据金额转让给两个被背书人
    D. 背书附有条件的,所附条件具有票据上的效力

15. 下列关于票据背书行为的表述中,正确的是(   )。
    A. 甲公司委托P银行收取支票款项,被背书人可继续背书转让该支票
    B. 乙公司可将一张商业汇票金额的50%背书转让给丙公司
    C. 王某在银行汇票上背书时未记载背书日期,背书无效
    D. 张某在本票上背书时未记载被背书人李某的姓名,李某可自行记载

16. 根据支付结算法律制度的规定,持票人取得的下列票据中,须向付款人提示承兑的是(   )。
    A. 戊公司向Q银行申请签发的一张银行汇票
    B. 丙公司取得的由P银行签发的一张银行本票
    C. 丁公司收到的一张见票后定期付款的商业汇票
    D. 乙公司收到的由甲公司签发的一张支票

17. 根据支付结算法律制度的规定,下列说法正确的是(   )。

A. 背书未记载背书日期，背书无效　　B. 承兑未记载承兑日期，承兑无效
C. 保证未记载保证日期，保证无效　　D. 出票人未记载出票日期，票据无效

18. 下列款项结算中，可以使用现金银行汇票的是（　　）。
    A. 赵某向张某支付购房款20万元　　B. 丙公司向刘某支付劳务费15万元
    C. 孙某向戊公司支付装修款15万元　　D. 甲公司向乙公司支付材料款20万元

19. 根据支付结算法律制度的规定，下列关于银行汇票使用的表述中，正确的是（　　）。
    A. 银行汇票不能用于个人款项结算
    B. 银行汇票不能支取现金
    C. 银行汇票的提示付款期限为自出票日起1个月
    D. 银行汇票必须按出票金额付款

20. 关于银行汇票出票金额和实际结算金额，下列表述正确的是（　　）。
    A. 如果出票金额低于实际结算金额，银行应按出票金额办理结算
    B. 如果出票金额高于实际结算金额，银行应按出票金额办理结算
    C. 如果出票金额低于实际结算金额，银行应按实际结算金额办理结算
    D. 如果出票金额高于实际结算金额，银行应按实际结算金额办理结算

21. 根据支付结算法律制度的规定，下列关于银行本票的表述中，正确的是（　　）。
    A. 银行本票一律不得用于支取现金
    B. 超过提示付款期限，持票人向出票银行提示付款的，出票银行不受理
    C. 银行本票见票即付
    D. 银行本票一律不得背书转让

22. 根据支付结算法律制度的规定，下列关于银行本票使用的表述中，不正确的是（　　）。
    A. 银行本票的出票人在持票人提示见票时，必须承担付款的责任
    B. 注明"现金"字样的银行本票可以用于支取现金
    C. 银行本票只限于单位使用，个人不得使用
    D. 收款人可以将转账银行本票背书转让给被背书人

23. 下列关于银行本票性质的表述中，不正确的是（　　）。
    A. 银行本票的付款人见票时必须无条件付款给持票人
    B. 持票人超过提示付款期限不获付款的，可向出票银行请求付款
    C. 银行本票不可以背书转让
    D. 注明"现金"字样的银行本票可以用于支取现金

24. 甲公司为支付货款，于6月7日向开户银行A银行申请签发了一张银行本票，并交付给乙公司，8月9日，乙公司持该本票委托自己的开户银行B银行收款，但被拒绝，则下列说法中正确的是（　　）。
    A. 乙公司可以向甲公司追索
    B. 乙公司可以向B银行追索
    C. 乙公司可以向A银行追索
    D. 乙公司未在规定期限内提示付款，票据权利消灭

25. 根据支付结算法律制度的规定，下列各项中，可以作为电子银行承兑汇票的承兑人的是（　　）。

A. 房地产开发公司　　B. 航空公司　　C. 财务公司　　D. 路桥公司

26. 根据支付结算法律制度的规定,电子承兑汇票的付款期限自出票日至到期日不能超过一定期限。该期限为(　　)。

    A. 2 年　　　　B. 3 个月　　　　C. 6 个月　　　　D. 1 年

27. 甲公司将一张商业承兑汇票背书转让给乙公司,乙公司于汇票到期日 2023 年 5 月 10 日向付款人请求付款时遭到拒绝,乙公司向甲公司行使追索权的最后日期为(　　)。

    A. 2023 年 8 月 10 日　　　　　　B. 2023 年 11 月 10 日
    C. 2023 年 10 月 10 日　　　　　D. 2023 年 6 月 10 日

28. 根据支付结算法律制度的规定,下列关于银行承兑汇票通过票据市场基础设施提示付款的表述中,不正确的是(　　)。

    A. 承兑人于到期前进行付款确认的,应于提示付款日划付资金给持票人
    B. 持票人在提示付款期限内提示付款的,承兑人应在提示付款日应答
    C. 承兑人存在合法抗辩事由拒绝付款的,须在提示付款日出具拒绝付款证明
    D. 承兑人在持票人提示付款后未在规定时间内应答的,视为同意付款

29. 下列各项中,付款人不是银行的是(　　)。

    A. 支票　　　　B. 商业承兑汇票　　　　C. 银行汇票　　　　D. 银行本票

30. 根据支付结算法律制度的规定,下列关于支票的表述中,不正确的是(　　)。

    A. 申请人开立支票存款账户必须使用本名
    B. 出票人在付款人处的存款足以支付支票金额时,付款人应当在见票当日足额付款
    C. 现金支票可以采用委托收款方式提示付款
    D. 出票人可以在支票上记载自己为收款人

31. 根据支付结算法律制度的规定,下列各项关于支票提示付款的说法中,正确的是(　　)。

    A. 转账支票提示付款日期为出票日起 1 个月
    B. 出票人记载自己为收款人,提示付款不予受理
    C. 支票未记收款人名称,可以提示付款
    D. 现金支票仅限于收款人向付款人提示付款

32. 根据支付结算法律制度的规定,下列关于票据提示付款期限的表述中,正确的是(　　)。

    A. 支票的提示付款期限是自出票日起 1 个月
    B. 银行汇票的提示付款期限是自出票日起 1 个月
    C. 商业汇票的提示付款期限是自到期日起 1 个月
    D. 银行本票的提示付款期限是自出票日起 1 个月

33. 甲公司向李某签发一张金额为 2 万元的现金支票,甲公司向李某签发支票必须记载的事项是(　　)。

    A. 付款地 W 市　　　　　　　　B. 甲公司预留 P 银行签章
    C. 付款银行名称 P 银行　　　　D. 出票日期

34. 张某委托其开户银行 Q 银行收取(转账)支票款项,应当办理的手续是(　　)。

    A. 在支票被背书人栏记载 Q 银行　　B. 在支票背书人签章栏记载"委托收款"字样
    C. 填制进账单　　　　　　　　　　D. 在支票上记载背书日期

35. 根据支付结算法律制度的规定,下列票据中,出票人是银行的有( )。
   A. 商业汇票　　　B. 银行汇票　　　C. 本票　　　D. 支票

36. 根据票据法律制度的规定,下列票据中,允许个人使用的有( )。
   A. 支票　　　B. 银行承兑汇票　　　C. 银行本票　　　D. 银行汇票

37. 根据支付结算法律制度的规定,下列以汇兑方式结算的款项中,汇款人可以申请撤销的是( )。
   A. 汇出银行已经汇出的款项　　　B. 汇入银行已发出收账通知的款项
   C. 收款人拒绝接受的款项　　　D. 汇出银行尚未汇出的款项

38. 2024年1月15日,甲公司持一张到期银行承兑汇票到P银行办理委托收款,该汇票由Q银行承兑。甲公司在委托收款凭证上可以不记载的事项是( )。
   A. 付款人Q银行　　B. 收款人甲公司　　C. 委托日期　　D. 甲公司地址

39. 根据支付结算法律制度的规定,下列银行卡分类中,以是否具有透支功能划分的是( )。
   A. 人民币卡和外币卡　　　B. 单位卡和个人卡
   C. 信用卡和借记卡　　　D. 磁条卡和芯片卡

40. 根据《银行卡业务管理办法》的规定,持卡人须先按发卡银行要求交存一定金额的备用金,当备用金账户余额不足支付时,可在发卡银行规定的信用额度内透支的银行卡是( )。
   A. 贷记卡　　　B. 专用卡　　　C. 准贷记卡　　　D. 储值卡

41. 根据支付结算法律制度的规定,下列各项中,不属于信用卡预借现金业务的是( )。
   A. 现金转账　　　B. 现金提取　　　C. 现金支付　　　D. 现金充值

二、多项选择题

1. 下列各项中,属于票据基本当事人的有( )。
   A. 保证人　　　B. 收款人　　　C. 付款人　　　D. 出票人

2. 根据支付结算法律制度的规定,下列各项中,属于支票基本当事人的有( )。
   A. 出票人　　　B. 背书人　　　C. 付款人　　　D. 保证人

3. 根据支付结算法律制度的规定,下列关于行使票据追索权的表述中,正确的有( )。
   A. 持票人收到拒绝证明后,应当将被拒绝事由书面通知其前手
   B. 汇票被拒绝承兑的,持票人可以行使追索权
   C. 持票人可以对出票人、背书人、承兑人和保证人中的任何一人、数人或全体行使追索权
   D. 持票人不能出示拒绝证明或退票理由书的,丧失对全部票据债务人的追索权

4. 根据支付结算法律制度的规定,下列关于票据权利时效的表述中,正确的有( )。
   A. 持票人对前手的追索权,自被拒绝承兑或者拒绝付款之日起6个月
   B. 持票人对商业汇票承兑人的权利自票据到期日起1年
   C. 持票人对银行汇票出票人的权利自出票日起1年
   D. 持票人对支票出票人的权利自出票日起6个月

5. 下列主体中,应当向持票人承担票据责任的有( )。
   A. 支票出票人的开户行Q银行
   B. 超过提示付款期不获付款的转账支票出票人甲公司

C. 签发银行本票的P银行
D. 对汇票予以承兑的甲银行

6. 根据支付结算法律制度的规定,持票人丧失票据后,可以采取的补救形式有( )。
　A. 民事仲裁　　　B. 挂失止付　　　C. 公示催告　　　D. 普通诉讼

7. 根据支付结算法律制度的规定,下列选项所述票据丢失后,可以挂失止付的有( )。
　A. 未承兑的商业汇票　　　　　　　B. 转账支票
　C. 现金支票　　　　　　　　　　　D. 填明"现金"字样的银行本票

8. 根据支付结算法律制度的规定,持票人行使票据追索权出具的下列证明中,具有法律效力的有( )。
　A. 法院关于承兑人被依法宣告破产的司法文书
　B. 承兑人出具的拒绝证明
　C. 医院出具的付款人死亡的证明
　D. 司法机关出具的付款人逃匿的证明

9. 根据支付结算法律制度的规定,票据持票人行使首次追索权时,可以请求被追索人支付的金额和费用有( )。
　A. 因汇票资金到位不及时,给持票人造成的税收滞纳金损失
　B. 取得有关拒绝证明和发出通知书的费用
　C. 票据金额自到期日或者提示付款日起至清偿日止,按规定的利率计算的利息
　D. 被拒绝付款的票据金额

10. 根据支付结算法律制度的规定,下列各项中,属于票据行为的有( )。
　A. 背书　　　　B. 付款　　　　C. 承兑　　　　D. 出票

11. 根据支付结算法律制度的规定,下列关于票据保证的表述中,正确的有( )。
　A. 票据上未记载保证日期的,被保证人的背书日期为保证日期
　B. 保证人未在票据或粘单上记载被保证人名称的已承兑票据,承兑人为被保证人
　C. 保证人为两人以上的,保证人之间承担连带责任
　D. 保证人清偿票据债务后,可以对被保证人及其前手行使追索权

12. 根据支付结算法律制度的规定,票据或粘单未记载下列事项,保证人仍需承担保证责任的有( )。
　A. 保证人签章　　B. 保证日期　　C. 被保证人名称　　D. "保证"字样

13. 保证人在票据或者粘单上未记载"被保证人名称"时,正确的处理有( )。
　A. 已承兑的票据,承兑人为被保证人　　B. 已承兑的票据,出票人为被保证人
　C. 未承兑的票据,出票人为被保证人　　D. 未承兑的票据,该保证无效

14. 甲公司签发并承兑了一张汇票给乙公司。乙公司将汇票背书转让给丙公司,并在汇票背面记载"不得转让"字样。丙公司又将汇票背书转让给丁公司。丁公司在向甲公司提示付款时遭到拒绝。下列关于该汇票的表述中,正确的有( )。
　A. 甲公司不承担票据责任　　　　　B. 丁公司可以向丙公司行使追索权
　C. 丁公司享有票据权利　　　　　　D. 丁公司可以向乙公司行使追索权

15. 根据支付结算法律制度的规定,下列各项中,属于签发银行本票必须记载事项的有( )。
　A. 出票人签章　　B. 出票日期　　C. 付款人名称　　D. 确定的金额

16. 根据支付结算法律制度的规定,下列关于银行汇票与银行本票的表述中,正确的有( )。
   A. 银行汇票与银行本票都是由银行签发且见票即付的票据
   B. 单位和个人均可使用银行汇票与银行本票
   C. 银行汇票与银行本票的基本当事人都是出票人、收款人、付款人
   D. 银行本票的提示付款期是自出票日起最长不得超过2个月

17. 未在银行开户的宋某,持一张现金银行本票向出票银行提示付款,其需办理的事项有( )。
   A. 在本票背面记载本人身份证件名称、号码及发证机关
   B. 填制进账单
   C. 本人在本票背面签章
   D. 向银行交验本人身份证件

18. 根据支付结算法律制度的规定,下列关于商业汇票付款期限记载形式的表述中,正确的有( )。
   A. 见票后定期付款　B. 定日付款　　C. 出票后定期付款　D. 见票即付

19. 下列各项中,属于电子商业汇票必须记载事项的有( )。
   A. 出票人签章　　B. 用途　　　C. 出票人名称　　D. 票据到期日

20. 根据票据法律制度的规定,下列关于商业汇票提示承兑期限的表述中,正确的有( )。
   A. 商业汇票的提示承兑期限,为自汇票到期日起10日内
   B. 定日付款的商业汇票,持票人应该在汇票到期日前提示承兑
   C. 出票后定期付款的商业汇票,提示承兑期限为自出票日起1个月内
   D. 见票后定期付款的商业汇票,持票人应该自出票日起1个月内提示承兑

21. 根据支付结算法律制度的规定,下列各项中,属于商业汇票持票人向银行办理贴现必须具备的条件有( )。
   A. 票据未到期
   B. 持票人与出票人或者直接前手之间具有真实的商品交易关系
   C. 持票人是在银行开立存款账户的企业法人或者其他组织
   D. 票据未记载"不得转让"事项

22. 下列关于商业汇票贴现的表述中,正确的有( )。
   A. 贴现是一种非票据转让行为
   B. 贴现申请人与出票人或直接前手之间具有真实的商品交易关系
   C. 贴现申请人是在银行开立存款账户的企业法人以及其他组织
   D. 贴现到期不获付款的,贴现银行可从贴现申请人的存款账户直接收取票款

23. 2023年10月19日,P银行收到出票人甲公司向其提示承兑的一张纸质商业汇票。下列P银行承兑该汇票的做法中,符合法律规定的有( )。
   A. 于2023年10月30日承兑　　　　B. 审查甲公司的资格、资信和购销合同
   C. 审查汇票记载的内容　　　　　　D. 与甲公司签订承兑协议

24. 甲公司持有一张付款行为P银行的转账支票,财务人员到P银行提示付款时应当办理

的手续有（　　）。

A. 向P银行出示甲公司营业执照

B. 填制进账单

C. 在支票背面背书人签章栏加盖甲公司印章

D. 将支票交付P银行

25. 根据支付结算法律制度的规定,签发汇兑凭证必须记载的事项有（　　）。

A. 确定的金额　　　B. 收款人名称　　　C. 委托日期　　　D. 汇款人签章

26. 根据支付结算法律制度的规定,汇款人、收款人均在银行开立存款账户的,汇款人签发汇兑凭证必须记载的事项有（　　）。

A. 汇款人名称及账号　　　　　　　B. 收款人名称及账号

C. 汇入银行名称　　　　　　　　　D. 确定的金额

27. 根据支付结算法律制度的规定,下列债务证明中,办理款项结算可以使用委托收款结算方式的有（　　）。

A. 已承兑的商业汇票　　　　　　　B. 支票

C. 到期的债券　　　　　　　　　　D. 到期的存单

28. 下列关于委托收款结算方式的表述中,正确的有（　　）。

A. 银行在为单位办理划款时,付款人存款账户不足支付的,应通知付款人交足存款

B. 单位凭已承兑的商业汇票办理款项结算,可以使用委托收款结算方式

C. 以银行以外的单位为付款人的,委托收款凭证必须记载付款人开户银行名称

D. 委托收款仅限于异地使用

29. 徐女士在P银行申请一张信用卡,下列关于该信用卡计息和收费的表述中,符合法律规定的有（　　）。

A. 若徐女士欠缴信用卡年费,P银行可对该欠费计收利息

B. P银行应在信用卡协议中以显著方式提示信用卡利率标准和计结息方式,并经徐女士确认接受

C. 信用卡透支利率实行上下限管理

D. 若P银行要调整信用卡利率,应至少提前45个自然日按照约定方式通知徐女士

30. 刘某欲向P银行申领贷记卡,则下列表述正确的有（　　）。

A. 应向P银行提供刘某的有效身份证件　　B. 可委托他人代理签字申领

C. 须年满18周岁　　　　　　　　　　　　D. 应有稳定收入

31. 根据支付结算法律制度的规定,下列关于银行卡的说法中,不正确的有（　　）。

A. 根据业务需要,可临时将单位的款项转入个人卡账户

B. 信用卡持卡人通过ATM机等自助机具办理现金提取业务,每卡每日累计不得超过人民币2万元

C. 贷记卡持卡人预借现金可享受免息还款期和最低还款额待遇

D. 发卡机构对向持卡人收取的违约金不得计收利息

32. 根据支付结算法律制度的规定,下列关于银行卡交易的表述中,正确的有（　　）。

A. 信用卡持卡人不得通过银行柜面办理现金提取业务

B. 信用卡持卡人通过ATM办理现金提取业务有限额控制

C. 借记卡持卡人在 ATM 机上取款无限额控制
D. 储值卡的面值上限为 1 000 元

33. 2023 年 9 月，P 银行发现甲公司发生风险事件，遂采取相应措施。甲公司的下列行为中，属于银行卡特约商户风险事件的有（　　）。
A. 移机　　　　　　　　　　　　B. 银行卡套现
C. 留存持卡人账户信息　　　　　　D. 洗钱

34. 根据支付结算法律制度的规定，下列各项中，属于收单机构业务和风险管理措施的有（　　）。
A. 建立资金结算风险管理制度　　　B. 建立特约商户检查制度
C. 建立对特约商户风险评级制度　　D. 建立特约商户收单银行变更审核制度

35. 根据支付结算法律制度的规定，下列各项中，属于发卡银行追偿透支款项和诈骗款项的途径有（　　）。
A. 向保证人追索透支款项
B. 依法处理抵押物和质物
C. 通过司法机关的诉讼程序进行追偿
D. 冻结持卡人银行账户

三、判断题

1. 持票人应当按照票据债务人的先后顺序依次行使追索权。（　　）
2. 挂失止付是票据丧失后采取的必经措施。（　　）
3. 甲公司收到乙公司签发的一张支票，该支票记载了"不得转让"字样。该记载事项不影响甲公司将该支票背书转让。（　　）
4. 甲公司签发一张商业汇票给乙公司，乙公司将该汇票背书转让给丙公司并在票据背面注明"不得转让"字样，此行为属于附条件的背书。（　　）
5. 背书人未记载被背书人名称即将票据交付他人的，持票人在票据被背书人栏内记载自己的名称与背书人记载具有同等法律效力。（　　）
6. 申请人缺少解讫通知要求退款的，出票银行应于银行汇票提示付款期满 1 个月后办理。（　　）
7. 甲公司向开户银行 P 银行申请签发的本票超过提示付款期限后，甲公司申请退款，P 银行只能将款项转入甲公司的账户，不能退付现金。（　　）
8. 银行本票由银行出票，持票人向出票银行提示付款。（　　）
9. 银行承兑汇票由承兑银行签发。（　　）
10. 银行承兑汇票的出票人于汇票到期日未能足额交存票款的，承兑银行可以向持票人拒绝付款。（　　）
11. 某人开出一张 500 万元的纸质商业汇票，该做法符合法律规定。（　　）
12. 商业承兑汇票承兑人的开户银行进行付款时，发现承兑人账户余额不足，应先行垫付，再于当日通知承兑人补足账户余额。（　　）
13. 普通支票既可以转账，又可以取现。（　　）
14. 委托收款结算方式在同城和异地均可以使用。（　　）

15. 委托收款以单位为付款人的,银行收到委托收款凭证及债务证明,审查无误后应于当日将款项主动支付给收款人。 ( )

16. 特约商户,是指与收单机构签订银行卡受理协议、按约定受理银行卡并委托收单机构为其完成交易资金结算的企事业单位、个体工商户或其他组织,以及按照国家市场监督管理机构有关规定,开展网络商品交易等经营活动的企业法人。 ( )

四、不定项选择题

(一) 2024年6月,甲公司在P银行开立基本存款账户,2024年6月12日,财务人员王某代理甲公司向银行申请签发一张金额为100万元的银行汇票,交与业务员张某到异地乙公司采购货物。张某采购货物金额为99万元,与票面金额相差1万元。乙公司发货后,张某将汇票交付乙公司财务人员李某,李某审查后填写结算金额。7月10日,李某持票到本公司开户银行Q银行提示付款。

要求:根据上述资料,不考虑其他因素,分析回答下列小题。

1. 下列关于王某代理甲公司办理银行汇票申请业务的表述中,正确的是( )。
  A. 在"银行汇票申请书"上填明收款人为乙公司
  B. 在"银行汇票申请书"上填明申请人为甲公司
  C. 在"银行汇票申请书"上的出票金额栏填写"现金"字样
  D. 在"银行汇票申请书"上加盖甲公司预留P银行签章

2. 下列各项中,属于李某接受银行汇票后应当审查的事项是( )。
  A. 出票日期是否更改过
  B. 汇票的大小写金额是否一致
  C. 银行汇票与解讫通知的汇票号码和记载事项是否一致
  D. 汇票上填写的收款人是否为乙公司

3. 下列对该汇票实际结算金额的填写表述中,李某应当采用的是( )。
  A. 在汇票上不填写实际结算金额,填写多余金额1万元
  B. 在汇票上填写实际结算金额为100万元
  C. 在汇票上填写实际结算金额为99万元,不填写多余金额
  D. 在汇票上填写实际结算金额为99万元,多余金额为1万元

4. 下列关于李某办理汇票提示付款的表述中,正确的是( )。
  A. 填制进账单
  B. 应将汇票和解讫通知提交Q银行
  C. 应出具乙公司营业执照
  D. 应在汇票背面加盖乙公司预留Q银行签章

(二) 甲公司于2024年7月10日向乙公司签发了两张支票,其中一张为划线支票、一张为转账支票,P银行为付款人。甲公司在转账支票记载了"该支票用于支付货款采购"字样,但未记载收款人名称及出票地,将该转账支票与划线支票一同交由业务员小陈转交给乙公司,授权乙公司补记收款人名称。乙公司补记自己为收款人后,将转账支票背书转让给丙公司。

要求:根据上述资料,不考虑其他因素,分析回答以下小题。

1. 支票出票的必须记载事项包括（　　）。
   A. 无条件支付的承诺　　　B. 付款人
   C. 出票日期　　　　　　　D. 确定的金额
2. 关于乙公司获得的该两张支票，下列说法中正确的是（　　）。
   A. 乙公司可持划线支票前往 P 银行取现
   B. 乙公司补记自己为收款人前，不得将该转账支票进行背书转让
   C. 乙公司补记自己为收款人前，支票无效
   D. 支票未记载出票地，出票人的营业场所、住所或者经常居住地为出票地
3. 甲公司在票据上记载"该支票用于支付货款采购"字样属于（　　）。
   A. 必须记载事项　　　　　B. 相对记载事项
   C. 任意记载事项　　　　　D. 不产生票据法效力的记载事项
4. 丙公司于 2024 年 8 月 29 日持支票委托其开户行向 P 银行提示付款，下列说法中正确的是（　　）。
   A. 未超过支票提示付款，银行应足额付款
   B. 已超过支票提示付款期限，P 银行可以拒绝付款
   C. 丙公司丧失票据权利
   D. 甲公司仍然对丙公司承担票据责任

知识训练四　支付机构非现金支付业务

一、单项选择题

1. 根据支付结算法律制度的规定，下列关于预付卡的表述中，正确的是（　　）。
   A. 记名预付卡的有效期最长为 3 年
   B. 单张记名预付卡的资金限额不得超过 1 000 元
   C. 购卡人可以使用信用卡购买预付卡
   D. 预付卡以人民币计价，不具有透支功能
2. 根据支付结算法律制度的规定，下列关于记名预付卡的表述中，正确的是（　　）。
   A. 可以挂失　　　　　　　B. 有效期最长为 3 年
   C. 单张限额 1 万元　　　　D. 不可以赎回
3. 下列在支付机构一次性购买预付卡的情形中，符合法律规定的是（　　）。
   A. 李某未出示有效身份证件购买不记名预付卡 5 000 元
   B. 孙某使用现金购买记名预付卡 60 000 元
   C. 陈某使用 POS 机刷信用卡购买记名预付卡 30 000 元
   D. 赵某借用王某的身份证购买不记名预付卡 20 000 元
4. 根据支付结算法律制度的规定，下列有关预付卡的情形中，不符合规定的是（　　）。
   A. 王某为送礼，一次性购买了 5 万元的不记名预付卡，使用实名并向发卡机构提供了本人身份证
   B. 张某使用信用卡一次性购买了 3 000 元的不记名预付卡

C. 李某一次性购买了10万元的不记名预付卡,使用转账方式支付购卡款

D. 赵某使用现金一次性为本人预付卡充值了3 000元

5. 王某使用甲支付机构发行的记名预付卡,可以办理的业务是(　　)。

A. 将卡内资金转入信用卡还款　　　B. 提取现金

C. 购买其他商业预付卡　　　　　　D. 在甲支付机构签约的特约商户消费

6. 根据支付结算法律制度的规定,下列关于预付卡使用的表述中,正确的是(　　)。

A. 可在发卡机构签约的特约商户中使用

B. 可向银行账户转移卡内资金

C. 可用于提取现金

D. 可用于购买非本发卡机构发行的预付卡

7. 根据支付结算法律制度的规定,下列关于支付机构及支付账户的说法中,错误的是(　　)。

A. 支付机构必须依法取得《支付业务许可证》

B. 支付服务的种类包含网络支付、预付卡、银行卡收单

C. 网络支付的支付机构主要有金融型支付企业和互联网支付企业

D. 支付账户可以透支,不得出租、出借、出售

二、多项选择题

1. 根据支付结算法律制度的规定,下列属于支付服务的种类的有(　　)。

A. 网络支付　　B. 预付卡　　C. 银卡收单业务　　D. 汇兑

2. 根据支付结算法律制度的规定,下列关于网络支付的说法中,正确的有(　　)。

A. 支付账户不得透支,不得出借、出租、出售

B. 支付机构为客户开立支付账户的,应当对客户实行实名制管理

C. 支付机构为单位和个人开立支付账户时,应当与单位和个人签订协议

D. 不得开立匿名、假名支付账户

3. 根据支付结算法律制度的规定,下列关于网络支付的说法中,正确的有(　　)。

A. 支付机构为单位和个人开立支付账户时,应当与单位和个人签订协议

B. 支付机构为单位开立支付账户,应当要求单位提供相关证明文件,必须自主或者委托合作机构以面对面方式核实客户身份

C. 支付机构为客户开立支付账户时,客户采用包括数字证书或电子签名在内的两类(含)以上有效要素进行验证的交易,单日累计限额由支付机构与客户通过协议自主约定

D. 网络支付业务交易验证的要素与条码支付业务相同

4. 根据支付结算法律制度的规定,下列关于预付卡的表述中,正确的有(　　)。

A. 单位一次性购买预付卡5 000元以上,不得使用现金

B. 个人一次性购买预付卡50 000元以上的,不得使用现金

C. 预付卡一次性充值金额5 000元以上的,不得使用现金

D. 购买预付卡、为预付卡充值,均不得使用信用卡

5. 根据支付结算法律制度的规定,下列关于预付卡的说法中,正确的有(　　)。

A. 预付卡以人民币计价,不具有透支功能

B. 不记名预付卡不可挂失、不可赎回

C. 不记名预付卡的有效期不得低于 3 年

D. 发卡机构接受的、客户用于未来支付需要的预付卡资金，不属于发卡机构的自有财产，发卡机构不得挪用、挤占

三、判断题

1. 我国的支付宝、财付通都是互联网支付企业。（   ）
2. 支付机构是指依法取得支付业务许可证，在收付款人之间作为中介机构提供部分或全部货币资金转移服务的金融机构。（   ）
3. 单位一次性购买预付卡 1 000 元以上，个人一次性购买预付卡 5 000 元以上的，应当通过银行转账等非现金结算方式购买，不得使用现金。（   ）
4. 多用途预付卡可以使用信用卡进行充值。（   ）
5. Ⅲ类支付账户余额可以用于消费、转账以及购买投资理财等金融类产品，所有支付账户的余额付款交易年累计不超过 10 万元。（   ）
6. 支付机构在为单位和个人开立支付账户时，应当与单位和个人签订协议，约定支付账户与支付账户、支付账户与银行账户之间的日累计转账限额和笔数，超出限额和笔数的，不得再办理转账业务。（   ）

四、不定项选择题

2023 年 8 月 7 日，王某为购物消费便利，到甲支付机构一次性购买一张记名预付卡和若干张不记名预付卡，共计金额 6 万元。购卡后，王某在生活中广泛使用。2024 年 5 月王某因被派驻国外工作，将剩余不记名预付卡交由妻子刘某使用，同时委托妻子刘某将记名预付卡代理自己赎回。

要求：根据上述材料，不考虑其他因素，分析回答下列小题。

1. 甲支付机构向王某出售预付卡时，应当登记的信息是(   )。
   A. 王某的身份证名称和号码
   B. 王某的联系方式
   C. 购卡总金额
   D. 预付卡卡号

2. 王某本次购买预付卡，下列拟使用的资金结算方式中，正确的是(   )。
   A. 借记卡刷 POS 机 6 万元
   B. 现金支付 6 万元
   C. 手机银行转账 6 万元
   D. 信用卡刷 POS 机 6 万元

3. 下列各项中，王某可以使用记名预付卡办理的是(   )。
   A. 将卡内资金转入第三方支付账户
   B. 在甲支付机构签约的特约商户中购物消费
   C. 购买交通卡
   D. 在商场购买预付卡

4. 刘某为王某代理赎回预付卡时，必须出示的证件是(   )。
   A. 王某的记名预付卡
   B. 刘某与王某的结婚证件
   C. 刘某的有效身份证件
   D. 王某的有效身份证件

知识训练五 支付结算纪律与法律责任

一、单项选择题
1. 根据支付结算法律制度的规定,下列关于结算纪律的表述中,正确的是( )。
   A. 银行办理支付结算,不得以任何理由压票
   B. 单位和个人办理支付结算,不得以任何理由拒绝付款
   C. 银行办理支付结算,可以在支付结算制度之外附加条件
   D. 单位和个人办理支付结算,可以签发无资金保证的票据

2. 根据支付结算法律制度的规定,签发票面金额16 000元的空头支票,如能确定甲公司不是以骗取财务为目的,应由中国人民银行处以罚款( )元。
   A. 200   B. 800   C. 1 000   D. 2 000

3. 甲公司向乙公司签发金额为200 000元的支票用于支付货款,提示付款时被告知甲公司的银行存款余额仅为100 000元,则乙公司有权要求甲公司支付的赔偿金额为( )元。
   A. 5 000   B. 2 000   C. 10 000   D. 4 000

4. 存款人的下列行为,中国人民银行可以给予5 000元以上3万元以下罚款的有( )。
   A. 经营性存款人违反规定开立银行结算账户
   B. 经营性存款人违反规定支取现金
   C. 经营性存款人违反规定变造开户登记证
   D. 非经营性存款人违反规定不及时撤销银行结算账户

5. 下列关于账户违法行为的说法中,不正确的是( )。
   A. 存款人出租、出借银行卡账户应承担法律责任
   B. 伪造、变造证明文件欺骗银行开立银行结算账户构成犯罪的,移交司法机关依法追究刑事责任
   C. 伪造、变造、私自印制开户许可证的,均处以1万元以上3万元以下的罚款
   D. 伪造、变造、私自印制开户许可证构成犯罪的,移交司法机关依法追究刑事责任

6. 根据支付结算法律制度的规定,下列关于经营性存款人违反账户规定的行为中,适用给予警告并处以5 000元以上30 000元以下罚款的是( )。
   A. 出租、出借银行结算账户
   B. 违反规定不及时撤销银行结算账户
   C. 伪造、变造开户许可证
   D. 伪造、变造证明文件欺骗银行开立结算账户

7. 甲公司销售给乙公司一批货物,甲公司按合同约定按期交货,乙公司签发一张金额为30万元的转账支票,交给甲公司。甲公司到银行提示付款时,发现该支票是空头支票。根据我国《票据法》及其实施办法的规定,中国人民银行有权对乙公司处以罚款,甲公司有权要求乙公司给予经济赔偿。就乙公司签发该空头支票的行为,甲公司有权要求赔偿的最高金额为( )万元。
   A. 0.06   B. 0.15   C. 0.6   D. 1.5

二、多项选择题

1. 根据支付结算法律制度的规定,下列各项中,属于银行办理支付结算必须遵守的结算纪律有(   )。
   A. 不准违反规定为单位和个人开立账户
   B. 不准签发空头银行汇票、银行本票和办理空头汇款
   C. 不准签发没有资金保证的票据或远期支票,套取银行信用
   D. 不准受理无理拒付,不扣少扣滞纳金

2. 下列信用卡诈骗活动中,当事人应负刑事责任的有(   )。
   A. 郑某冒用他人信用卡,且数额较大
   B. 王某恶意透支信用卡,且数额较大
   C. 吴某使用作废的信用卡,且数额较大
   D. 周某使用伪造的信用卡,且数额较大

3. 根据支付结算法律制度的规定,下列各项中,属于银行办理支付结算必须遵守的结算纪律的有(   )。
   A. 不准违反规定为单位和个人开立账户
   B. 不准签发、取得和转让没有真实交易和债权债务的票据,套取银行和他人的资金
   C. 不准无理拒绝付款,任意占用他人资金
   D. 不准受理无理拒付,不扣少扣滞纳金

4. 下列各项中,属于违反支付结算规定的行为有(   )。
   A. 银行对到期的票据故意压票、拖延支付的
   B. 出票人签发无资金担保的汇票本票
   C. 单位签发空头支票
   D. 出租、出借银行结算账户

5. 银行在办理支付结算时,不得(   )。
   A. 违章签发、承诺、贴现票据套取银行资金
   B. 签发空头银行汇票、银行本票和办理空头汇款
   C. 拒绝受理、代理他行正常结算业务
   D. 在支付结算制度之外规定附加条件

6. 出票人签发下列支票,银行应予以退票并按票面金额处以票面金额5%但不低于1 000元罚款的有(   )。
   A. 签发空头支票
   B. 使用支付密码但支付密码错误的支票
   C. 出票日期未使用中文大写规范填写的支票
   D. 签发签章与预留银行签章不符的支票

三、判断题

1. 单位或个人签发空头支票的,由其开户银行处以罚款。(   )
2. 大量持有他人信用卡的,应追究其刑事责任。(   )
3. 单位或个人签发空头支票或者签发与其预留的签章不符的支票,不以骗取财物为目的,

由中国人民银行处以票面金额5%的罚款。 （ ）

4. 单位和个人签发空头支票或签发与其预留签章不符的支票,一律由中国人民银行处以票面金额5%但不低于2 000元的罚款。 （ ）

5. 中国人民银行是空头支票的处罚主体,银行机构发现空头支票行为时,应积极向中国人民银行分支机构举报,并协助送达相应的行政处罚法律文书。 （ ）

专题四 税法概述及货物和劳务税法律制度

知识训练一 税收法律制度概述

一、单项选择题

1. 下列各项中,不属于税收的特征的是( )。
   A. 自愿性 B. 固定性 C. 无偿性 D. 强制性
2. 根据税收征收管理法律制度的规定,下列税款由海关代征的是( )。
   A. 在境内未设立机构、场所的非居民企业来源于境内的股息所得应缴纳的企业所得税
   B. 提供研发服务,但在境内未设有经营机构的企业应缴纳的增值税
   C. 进口货物的企业在进口环节应缴纳的增值税
   D. 从境外取得所得的居民应缴纳的个人所得税
3. 下列各项中,属于税法核心要素的是( )。
   A. 计税依据 B. 征税对象 C. 税目 D. 税率
4. 下列税法要素中,可以作为区别不同税种的重要标志的是( )。
   A. 税收优惠 B. 纳税期限 C. 征税对象 D. 税率
5. 我国个人所得税中的综合所得采取的税率形式属于( )。
   A. 比例税率 B. 超额累进税率 C. 超率累进税率 D. 全额累进税率
6. 下列税种中,采用超率累进税率的是( )。
   A. 土地增值税 B. 印花税 C. 城镇土地使用税 D. 个人所得税
7. 下列税种中,由海关负责征收的是( )。
   A. 个人所得税 B. 关税 C. 城镇土地使用税 D. 城市维护建设税
8. 下列税种中,由税务机关负责征收的是( )。
   A. 印花税 B. 关税 C. 船舶吨税 D. 进口增值税
9. 下列税种中,可能由海关代征的是( )。
   A. 船舶吨税 B. 印花税 C. 城市维护建设税 D. 消费税

二、多项选择题

1. 下列各项中,属于税收特征的有( )。
   A. 强制性 B. 灵活性 C. 无偿性 D. 固定性
2. 2024年9月主管税务机关对甲公司2023年度企业所得税纳税情况进行检查,要求甲公

司补缴企业所得税税款56万元,并在规定时限内申报缴纳。甲公司以2023年企业所得税税款是聘请乙税务师事务所计算申报为由,请求主管税务机关向乙税务师事务所追缴税款。主管税务机关未接受甲公司的请求,并依照法律规定责令甲公司提供纳税担保。甲公司请丙公司提供纳税担保并得到税务机关的确认。上述事件中涉及的机关和企业中,属于税收法律关系主体的有( )。

A. 乙税务师事务所　　B. 主管税务机关　　C. 甲公司　　D. 丙公司

3. 下列各项中,属于税法要素的有( )。

A. 纳税环节　　B. 税收优惠　　C. 纳税人　　D. 税率

4. 我国现行的税率主要有( )。

A. 比例税率　　B. 比率税率　　C. 定额税率　　D. 累进税率

5. 根据税收征收管理法律制度的规定,下列各项中,属于税收法律关系主体的有( )。

A. 征税对象　　B. 纳税人　　C. 海关　　D. 税务机关

6. 下列各项中,可以成为我国税收法律关系主体的有( )。

A. 税务机关　　　　　　　　　　B. 在我国境内有所得的外国企业
C. 海关　　　　　　　　　　　　D. 在我国境内有所得的外籍个人

7. 下列税种中,由税务局负责征收和管理的有( )。

A. 车船税　　B. 个人所得税　　C. 企业所得税　　D. 环境保护税

8. 下列各项中,属于我国现行税收法律制度规定适用的税率形式的有( )。

A. 全额累进税率　　B. 定额税率　　C. 比例税率　　D. 超率累进税率

9. 下列税种中,由税务局负责征收和管理的有( )。

A. 房产税　　B. 印花税　　C. 关税　　D. 个人所得税

三、判断题

税收法律关系的内容是指税收法律关系主体双方的权利和义务所共同指向的对象。

( )

知识训练二　增值税法律制度

一、单项选择题

1. 下列关于增值税纳税人的说法中,错误的是( )。

A. 年应税销售额在500万元(含)以下的企业,为小规模纳税人
B. 小规模纳税人会计核算健全,能提供准确税务资料,可申请不作为小规模纳税人
C. 除国家税务总局另有规定外,已登记为小规模纳税人的企业不得再转为一般纳税人
D. 个体工商户以外的其他个人不得申请登记为一般纳税人

2. 根据增值税法律制度的规定,下列关于增值税纳税人的表述中,错误的是( )。

A. 销售货物,以销售方为纳税人
B. 提供运输服务,以运输服务提供方为纳税人
C. 资管产品运营过程中发生的增值税应税行为,以资管产品委托人为纳税人

D. 单位以承包、承租、挂靠方式经营的,承包人以发包人名义对外经营并由发包人承担相关法律责任的,以该发包人为纳税人

3. 根据增值税法律制度的规定,下列服务中,应按照"金融服务——贷款服务"税目计缴增值税的是( )。
   A. 资金结算
   B. 金融商品转让
   C. 信用卡透支利息收入
   D. 货币兑换

4. 纳税人以货币投资收取固定利润或保底利润按照( )征收增值税。
   A. 贷款服务
   B. 直接收费金融服务
   C. 保险服务
   D. 金融商品转让

5. 根据营业税改征增值税试点相关规定,下列各项中,应按照"销售服务——生活服务"税目计缴增值税的是( )。
   A. 文化创意服务
   B. 车辆停放服务
   C. 广播影视服务
   D. 旅游娱乐服务

6. 根据增值税法律制度的规定,下列各项中,应按照"租赁服务"缴纳增值税的是( )。
   A. 水路运输中的程租服务
   B. 水路运输中的期租服务
   C. 融资性售后回租
   D. 公交车广告位出租

7. 下列行为中,应当一并按销售货物征收增值税的是( )。
   A. 银行从事存、贷款业务并销售金、银
   B. 百货商店销售商品同时负责运输
   C. 建筑公司提供建筑业劳务的同时销售自产水泥预制构件等建筑材料
   D. 餐饮公司提供餐饮服务的同时销售酒水

8. 一般纳税人销售下列货物,适用增值税税率为13%的是( )。
   A. 农产品
   B. 图书
   C. 暖气
   D. 电力

9. 甲商业银行M分行为增值税一般纳税人,2023年10月销售一批股票,卖出价1 272万元,该批股票买入价636万元,除此之外无其他金融商品买卖业务,上一纳税期金融商品买卖销售额为正差且已纳税。已知金融商品转让适用的增值税税率为6%,则下列计算M分行该笔业务增值税销项税额的列式中,正确的是( )。
   A. 1 272×6%=76.32(万元)
   B. (1 272−636)×(1+6%)×6%=40.45(万元)
   C. (1 272−636)×6%=38.16(万元)
   D. (1 272−636)÷(1+6%)×6%=36(万元)

10. 根据增值税法律制度的规定,下列行为中,属于视同销售货物行为的是( )。
    A. 甲商贸公司将外购的矿泉水用于交际应酬
    B. 乙超市将外购的洗衣粉作为集体福利发给员工
    C. 丙玩具厂将自产的玩具无偿赠送给福利院
    D. 丁服装厂将外购的面料用于生产服装

11. 根据增值税法律制度的规定,下列各项中,应并入销售额计算销项税额的是( )。
    A. 以委托方名义开具发票代委托方收取的款项
    B. 销售货物向购买方收取的价款之外的手续费

C. 受托加工应征消费税的消费品所代收代缴的消费税

D. 销售货物的同时代办保险而向购买方收取的保险费

12. 根据增值税法律制度的规定，下列应税行为中，应按照交通运输服务缴纳增值税的是（　　）。
    A. 管道运输服务　　　　　　　　　B. 货运客运场站服务
    C. 装卸搬运服务　　　　　　　　　D. 收派服务

13. 根据增值税法律制度的规定，企业取得的下列收入中，不征收增值税的是（　　）。
    A. 会计师事务所取得的咨询费收入　　B. 物业管理公司取得的物业费收入
    C. 建筑工程公司取得的存款利息收入　D. 商业银行取得的贷款利息收入

14. 根据增值税法律制度的规定，下列关于增值税纳税人的表述中，正确的是（　　）。
    A. 转让无形资产，以无形资产受让方为纳税人
    B. 提供建筑安装服务，以建筑安装服务接收方为纳税人
    C. 资管产品运营过程中发生的增值税应税行为，以资管产品管理人为纳税人
    D. 单位以承包、承租、挂靠方式经营的，一律以承包人为纳税人

15. 下列行为中，不属于销售无形资产的是（　　）。
    A. 转让专利权　　　　　　　　　　B. 转让建筑永久使用权
    C. 转让网络游戏虚拟道具　　　　　D. 转让采矿权

16. 下列行为中，应按照"销售不动产"税目计缴增值税的是（　　）。
    A. 将建筑物广告位出租给其他单位用于发布广告
    B. 销售底商
    C. 转让高速公路经营权
    D. 转让国有土地使用权

17. 根据增值税法律制度的规定，下列各项中，应按照"提供应税劳务"税目计缴增值税的是（　　）。
    A. 制衣厂员工为本厂提供的加工服装服务
    B. 有偿提供安装空调服务
    C. 有偿修理机器设备服务
    D. 有偿提供出租车服务

18. 根据增值税法律制度的规定，下列各项中，应征收增值税的是（　　）。
    A. 物业管理单位代收的住宅专项维修资金
    B. 商业银行提供直接收费金融服务收取的手续费
    C. 存款人取得的存款利息
    D. 被保险人获得的保险赔付

19. 下列各项增值税服务中，适用增值税税率为13%的是（　　）。
    A. 邮政服务　　　　　　　　　　　B. 交通运输服务
    C. 有形动产租赁服务　　　　　　　D. 增值电信服务

20. 下列项目中，适用增值税零税率的是（　　）。
    A. 国际运输服务　　　　　　　　　B. 在境外提供广播影视节目的播映服务
    C. 工程项目在境外的建筑服务　　　D. 存储地点在境外的仓储服务

21. 一般纳税人销售自产的特殊货物,可选择按照简易办法计税,选择简易办法计算缴纳增值税后一定期限内不得变更,该期限是( )个月。
    A. 24   B. 12   C. 36   D. 18

22. 根据增值税法律制度的规定,一般纳税人销售货物向购买方收取的下列款项中,不计入销售额计算销项税额的是( )。
    A. 代办保险收取的保险费   B. 包装费
    C. 违约金   D. 手续费

23. 根据增值税法律制度的规定,下列关于增值税纳税义务发生时间的表述中,正确的是( )。
    A. 委托他人代销货物的,为货物发出的当天
    B. 从事金融商品转让的,为金融商品所有权转移的当天
    C. 采用预收货款方式销售货物,货物生产工期不超过 12 个月的,为收到预收款的当天
    D. 采取直接收款方式销售货物的,为货物发出的当天

24. 2024 年 8 月甲公司采用直接收款方式销售货物给乙公司,9 日签订合同,13 日开具发票,20 日发出货物,28 日收到货款。甲公司该笔业务的增值税纳税义务发生时间为( )。
    A. 8 月 13 日   B. 8 月 20 日   C. 8 月 9 日   D. 8 月 28 日

25. 根据增值税法律制度的规定,下列关于增值税专用发票记账联用途的表述中,正确的是( )。
    A. 作为购买方报送税务机关认证和留存备查的扣税凭证
    B. 作为销售方核算销售收入和增值税销项税额的记账凭证
    C. 作为购买方核算采购成本的记账凭证
    D. 作为购买方核算增值税进项税额的记账凭证

26. 根据增值税法律制度的规定,下列关于金融商品转让税务处理的表述中,正确的是( )。
    A. 金融商品转让,可以开具增值税专用发票
    B. 转让金融商品年末出现负差时,可以转入下一个会计年度
    C. 金融商品转让,按照卖出价扣除买入价后的余额为销售额
    D. 金融商品的买入价按照先进先出法进行核算

27. 甲医药企业向农民收购金银花一批用于应税药品生产,向农民开具农产品收购发票注明买价 1.1 万元,该批金银花在运输途中遭遇暴雨,毁损了 70%。已知,购进金银花适用的增值税扣除率为 10%。根据增值税法律制度的规定,甲医药企业上述业务可以抵扣的进项税额为( )。
    A. $1.1 \times 10\% = 0.11$(万元)
    B. $1.1 \times 10\% \times (1-70\%) = 0.033$(万元)
    C. $1.1 \div (1+10\%) \times 10\% = 0.1$(万元)
    D. $1.1 \div (1+10\%) \times 10\% \times (1-70\%) = 0.07$(万元)

28. 根据增值税法律制度的规定,一般纳税人发生的下列业务中,允许开具增值税专用发票的是( )。
    A. 家电商场向消费者个人销售电视机

B. 百货商店向小规模纳税人零售服装

C. 手机专卖店向消费者个人提供手机修理劳务

D. 商贸公司向一般纳税人销售办公用品

29. 某企业为增值税一般纳税人,2023年10月销售自产电视机10台,开具增值税专用发票注明价款30 000元,另外取得购买方支付的违约金2 260元。已知适用的增值税税率为13%,则该企业当月应缴纳的增值税税额为( )元。
    A. 4 193.8   B. 3 900   C. 4 160   D. 3 711.33

30. 甲公司为增值税一般纳税人,2023年1月进口一批化妆品,海关核定的关税完税价格为70万元,甲公司缴纳进口关税7万元、进口消费税33万元。已知适用的增值税税率为13%。根据增值税法律制度的规定,甲公司进口该批化妆品应当缴纳的增值税税额为( )。
    A. (70+33)×13%=13.39(万元)   B. 70×13%=9.1(万元)
    C. (70+7+33)×13%=14.3(万元)   D. (70+7)×13%=10.01(万元)

31. 甲商店(增值税一般纳税人)有金银销售资质,2024年8月销售金项链100条,其中有50条属于直接销售,另外50条采取以旧换新方式销售,已知每条新项链的含税销售价格为2 260元,收取的每条旧项链作价1 130元,则该商店销售金项链业务相应的增值税销项税额为( )元。(已知增值税税率为13%)
    A. 20 345   B. 22 035   C. 19 500   D. 29 380

32. 根据增值税法律制度的规定,一般纳税人收取的下列款项中,应作为价外费用并入销售额计算增值税销项税额的是( )。
    A. 受托加工应征消费税的消费品所代收代缴的消费税
    B. 销售货物时收取的包装费
    C. 销售货物的同时代办保险而向购买方收取的保险费
    D. 向购买方收取的代购买方缴纳的车辆牌照费

33. 根据增值税法律制度的规定,下列项目的进项税额可以从销项税额中抵扣的是( )。
    A. 接受的贷款服务
    B. 与非正常损失的购进货物相关的交通运输业服务
    C. 与非正常损失的在产品、产成品所耗用购进货物相关的交通运输业服务
    D. 用于生产经营项目购进的非专利技术

34. 某食品厂为增值税一般纳税人,2024年8月将上月外购的副食品用于集体福利,该批外购副食品在购进时已经抵扣了进项税额,账面成本为10 000元(其中含运费2 000元)。已知副食品适用的增值税税率为13%,运费的增值税税率为9%,则该食品厂2024年8月应转出的进项税额为( )元。
    A. 1 100.35   B. 1 220   C. 1 085.49   D. 1 300

35. 甲企业为增值税一般纳税人,2023年12月购进一批生产免税产品和应税产品的原材料,取得增值税专用发票,注明价款为100万元,增值税税额为13万元。当月免税产品的销售额为100万元,应税产品的不含税销售额为200万元。则甲企业当月可以抵扣的进项税额为( )万元。
    A. 4.33   B. 6.5   C. 8.67   D. 13

36. 甲企业为增值税一般纳税人,2023年12月将原用于职工食堂的发电设备改用于生产车间,该发电设备的原值为100万元,已经计提折旧30万元。已知该发电设备有合法的增值税扣税凭证,增值税税率为13%,则甲企业就此设备可以抵扣的进项税额为( )万元。
    A. 8.05   B. 13.79   C. 11.2   D. 13

37. 甲企业进口一批货物,经海关审定的关税完税价格113 000元,关税5 850元,该批货物适用的增值税税率13%,甲企业进口环节应缴纳增值税税额为( )元。
    A. 14 690   B. 15 450.5   C. 13 673.01   D. 760.5

38. 2024年5月8日,甲公司与乙公司签订了买卖电脑的合同,双方约定总价款为80万元。6月3日,甲公司就80万元货款全额开具了增值税专用发票,6月10日,甲公司收到乙公司第一笔货款45万元,6月25日,甲公司收到乙公司第二笔货款35万元。根据增值税法律制度的规定,甲公司增值税纳税义务发生时间为( )。
    A. 5月8日   B. 6月3日   C. 6月10日   D. 6月25日

39. 根据《增值税暂行条例》的规定,一般纳税人销售下列货物或者应税劳务适用免税规定的是( )。
    A. 农产品   B. 避孕药品
    C. 图书   D. 自己使用过的汽车

40. 根据增值税法律制度的规定,纳税人采取托收承付和委托银行收款方式销售货物的,其纳税义务的发生时间为( )。
    A. 货物发出的当天   B. 合同约定的收款日期的当天
    C. 收到销货款的当天   D. 发出货物并办妥托收手续的当天

41. 根据增值税法律制度的规定,下列销售结算方式中,以货物发出当天为增值税纳税义务发生时间的是( )。
    A. 采取直接收款方式销售货物
    B. 采取预收货款方式销售货物(货物生产工期未超过12个月)
    C. 采取书面合同约定收款日期的赊销方式销售货物
    D. 将货物交付他人代销

42. 下列项目中,可以免征增值税的是( )。
    A. 商场销售农产品
    B. 残疾人组成的福利工厂为社会提供的加工和修理、修配劳务
    C. 外国企业无偿援助的进口设备
    D. 张某销售自己使用过的旧家具

二、多项选择题

1. 甲公司的下列业务中,属于增值税视同销售货物行为的有( )。
    A. 将自产的800台Z型彩电委托某商场代销
    B. 将自产的400台Z型彩电作为投资提供给某培训机构
    C. 将购进的50台电脑奖励给业绩突出的职工
    D. 将自产的150台Z型彩电无偿赠送给某医院

2. 甲企业为增值税一般纳税人，主要从事房地产开发与销售业务。甲企业下列业务中，应缴纳增值税的有（　　）。
   A. 将500平方米底商用于抵偿工程款　　B. 将200平方米底商无偿赠送给关联企业
   C. 将600平方米底商用于出租　　D. 将100平方米底商转为办公自用

3. 根据增值税法律制度的规定，下列行为中，属于视同销售服务或无形资产的有（　　）。
   A. 单位向客户无偿转让专利技术使用权
   B. 单位向客户无偿提供运输服务
   C. 单位向本单位员工无偿提供搬家服务
   D. 单位向本单位员工无偿提供房屋装饰服务

4. 根据增值税法律制度的规定，下列各项中，不征收增值税的有（　　）。
   A. 物业管理单位代收的住宅专项维修资金
   B. 被保险人获得的医疗保险赔付
   C. 保险人取得的财产保险费收入
   D. 物业管理单位收取的物业费

5. 下列各项中，按照"销售货物"征收增值税的有（　　）。
   A. 建筑安装　　B. 零售商品
   C. 提供修理修配劳务　　D. 销售进口货物

6. 根据增值税法律制度的规定，下列各项中，不属于混合销售行为的有（　　）。
   A. 美容店提供美容服务的同时销售美容产品
   B. 餐饮业提供餐饮服务的同时销售酒水
   C. 销售自产的机器设备的同时提供安装服务
   D. 销售自产的钢结构件的同时提供安装服务

7. 根据增值税法律制度的规定，下列情形中，属于在境内销售服务的有（　　）。
   A. 境外会计师事务所向境内单位销售完全在境内发生的会计咨询服务
   B. 境内语言培训机构向境外单位销售完全在境外发生的培训服务
   C. 境内广告公司向境外单位销售完全在境内发生的广告服务
   D. 境外律师事务所向境内单位销售完全在境外发生的法律咨询服务

8. 根据增值税法律制度的规定，一般纳税人销售的下列购进货物中，适用增值税税率为9%的有（　　）。
   A. 洗衣液　　B. 文具盒　　C. 农产品　　D. 图书

9. 根据增值税法律制度的规定，下列各项中，应按照"金融服务"税目计算缴纳增值税的有（　　）。
   A. 转让外汇　　B. 融资性售后回租　　C. 货币兑换服务　　D. 财产保险服务

10. 下列关于增值税征税范围的说法中，错误的有（　　）。
    A. 语音通话服务和出租带宽业务属于基础电信服务
    B. 短信和彩信服务属于基础电信服务
    C. 互联网接入服务属于基础电信服务
    D. 卫星电视信号落地转接服务属于增值电信服务

11. 下列关于增值税征税范围的说法中，错误的有（　　）。

A. 航道疏浚服务属于"建筑服务"　　　　B. 工程勘察勘探服务属于"建筑服务"
C. 车辆停放服务属于"物流辅助服务"　　D. 道路通行服务属于"交通运输服务"

12. 下列各项中,按照"金融服务——直接收费金融服务"缴纳增值税的有(　　)。
    A. 融资性售后回租　　　　　　　　B. 银行卡收单业务手续费
    C. 转让外汇　　　　　　　　　　　D. 承兑银行承兑汇票,收取的手续费

13. 下列各项中,按照"生活服务"缴纳增值税的有(　　)。
    A. 市容市政管理服务　　　　　　　B. 物业管理服务
    C. 文化创意服务　　　　　　　　　D. 家政服务

14. 下列各项服务中,执行9%增值税税率的有(　　)。
    A. 邮政服务　　　　　　　　　　　B. 有形动产融资租赁服务
    C. 增值电信服务　　　　　　　　　D. 建筑服务

15. 一般纳税人提供(　　),实际税负超过3%的部分实行增值税即征即退政策。
    A. 管道运输服务　　　　　　　　　B. 有形动产融资租赁服务
    C. 不动产融资租赁服务　　　　　　D. 有形动产融资性售后回租服务

16. 根据增值税法律制度的规定,一般纳税人收取的下列款项中,应并入销售额计算销项税额的有(　　)。
    A. 包装物租金　　　　　　　　　　B. 手续费
    C. 违约金　　　　　　　　　　　　D. 受托加工应税消费品代收代缴的消费税

17. 一般纳税人企业下列各项中,进项税额不得抵扣的有(　　)。
    A. 甲公司因违法经营被强令销毁一批货物造成的损失
    B. 乙公司用外购的汽车作为出资投资给 ABC 公司
    C. 丙公司接受 A 银行的贷款服务
    D. 丁公司将外购的房屋作为集体宿舍,以福利方式供员工居住

18. 根据增值税法律制度的规定,一般纳税人发生的下列行为中,不得抵扣进项税额的有(　　)。
    A. 非正常损失的不动产所耗用的设计服务
    B. 购进的贷款服务
    C. 购进的居民日常服务
    D. 购进的餐饮服务

19. 根据增值税法律制度的规定,一般纳税人购进下列服务所负担的进项税额,不得抵扣的有(　　)。
    A. 餐饮服务　　　　　　　　　　　B. 贷款服务
    C. 建筑服务　　　　　　　　　　　D. 娱乐服务

20. 根据增值税法律制度的规定,下列各项可以作为增值税的扣税凭证的有(　　)。
    A. 税控机动车销售统一发票　　　　B. 海关进口增值税专用缴款书
    C. 符合规定的国内旅客运输发票　　D. 增值税普通发票

21. 根据增值税法律制度的规定,下列各项中,免征增值税的有(　　)。
    A. 学生勤工俭学提供的服务　　　　B. 提供社区养老服务
    C. 个人销售自建自用住房　　　　　D. 外国企业无偿援助的进口物资

22. 根据增值税法律制度的规定,下列情形中,不得开具增值税专用发票的有(　　)。
　　A. 商业企业一般纳税人零售烟酒
　　B. 一般纳税人企业转让金融商品
　　C. 一般纳税人企业销售避孕药品
　　D. 小规模纳税人向一般纳税人销售无形资产

23. 根据增值税法律制度的规定,下列关于增值税纳税义务发生时间的表述中,正确的有(　　)。
　　A. 纳税人发生应税销售行为,为收讫销售款或者取得索取销售款凭据的当天
　　B. 提供租赁服务采取预收款方式的,为租期届满的当天
　　C. 采取托收承付和委托银行收款方式销售货物,为收到银行款项的当天
　　D. 从事金融商品转让的,为金融商品所有权转移的当天

24. 根据增值税法律制度的规定,下列销售行为中,以差额计税确定销售额的有(　　)。
　　A. 甲建材公司提供建筑服务使用简易计税办法的
　　B. 旅游公司提供旅游服务,选择以差额计税的
　　C. 金融商品转让
　　D. 房地产开发企业(一般纳税人)销售其开发的房地产项目(选择简易计税办法的老项目除外)

25. 下列业务中,增值税一般纳税人可以选择简易计税办法缴纳增值税的有(　　)。
　　A. 影视公司的电影放映服务　　B. 批发、零售罕见病药品
　　C. 家具厂销售家具　　D. 装修公司提供安装服务

26. 根据增值税法律制度的规定,下列各项中,免予缴纳增值税的有(　　)。
　　A. 果农销售自产水果　　B. 药店销售避孕药品
　　C. 王某销售自己使用过的空调　　D. 直接用于教学的进口设备

27. 根据增值税法律制度的规定,下列行为中,外购货物进项税额准予从销项税额中抵扣的有(　　)。
　　A. 将外购货物无偿赠送给客户　　B. 将外购货物作为投资提供给联营单位
　　C. 将外购货物用于本单位职工福利　　D. 将外购货物分配给股东

28. 根据增值税法律制度的规定,一般纳税人提供下列应税服务,可以选择使用简易计税方法的有(　　)。
　　A. 公共交通运输　　B. 电影放映服务　　C. 装卸搬运服务　　D. 收派服务

29. 下列各项中的进项税额,不得从销项税额中抵扣的有(　　)。
　　A. 外购产品用于集体福利　　B. 外购产品用于个人消费
　　C. 外购货物因管理不善丢失　　D. 外购原材料因地震而毁损

30. 下列各项中,符合增值税纳税义务发生时间的有(　　)。
　　A. 将货物交付他人代销,为收到代销清单或者收到全部或者部分货款的当天
　　B. 采用预收货款方式销售货物,为发出货物的当天
　　C. 采用分期付款结算方式的,为收到首期货款的当天
　　D. 销售应税劳务,为提供劳务同时收讫销售额或者取得索取销售款的凭据的当天

31. 根据增值税法律制度的规定,企业发生的下列行为中,属于视同销售货物行为的有(　　)。
　　A. 将自产的货物分配给投资者　　B. 将货物交付他人代销
　　C. 将委托加工收回的货物用于集体福利　　D. 将购进的货物用于个人消费

三、判断题

1. 根据国家指令无偿提供用于公益事业的铁路运输服务,应征收增值税。（ ）
2. 年应税销售额超过规定标准的个人,应当办理一般纳税人登记。（ ）
3. 以货币资金投资收取的固定利润或者保底利润,应按照"租赁服务"税目计缴增值税。（ ）
4. 电信公司向用户收取的宽带安装费,应按照"基础电信服务"税目缴纳增值税。（ ）
5. 卫星电视信号落地转接服务,不征收增值税。（ ）
6. 中国境外单位或者个人在境内发生应税行为,在境内未设有经营机构的,以境内代理人为增值税扣缴义务人。（ ）
7. 小规模纳税人,转让其取得的不动产,按照3%的征收率征收增值税。（ ）
8. 航空运输企业的增值税销售额包括代收的机场建设费(民航发展基金)和代售其他航空运输企业客票而代收转付的价款。（ ）
9. 增值税起征点的适用范围限于个人,且不适用于登记为一般纳税人的个体工商户。（ ）
10. 增值税小规模纳税人月销售额不超过10万元(含10万元)的,免征增值税。（ ）
11. 增值税一般纳税人提供长途客运服务,可选择适用简易计税方法计缴增值税。（ ）
12. 根据增值税法律制度的规定,境外单位或个人在境内提供应税劳务,在境内未设有经营机构的,以其境内代理人为扣缴义务人;在境内没有代理人的,由境外单位自行缴纳。（ ）
13. 进口原产于我国的货物,无须缴纳进口环节增值税。（ ）
14. 纳税人提供劳务派遣服务,选择差额纳税的,按照5%的征收率征收增值税。（ ）
15. 固定电话、有线电视、宽带、水、电、燃气、暖气等经营者向用户收取的安装费、初装费、开户费、扩容费以及类似收费,按照"安装服务"缴纳增值税。（ ）
16. 将自产、委托加工或购进的货物无偿赠送给其他单位或个人视同销售,但于公益事业或者以社会公众为对象的除外。（ ）
17. 赵某于2024年5月出售自有房屋一套,售价880万元,由于销售服务、无形资产或不动产的年应税销售额超过500万元,因此应当登记为一般纳税人。（ ）
18. 会计核算不健全,不能向税务机关准确提供增值税销项税额、进项税额以及应纳税额数据的增值税一般纳税人,不得领购开具增值税专用发票。（ ）
19. 其他个人销售自己使用过的物品,按简易办法依照3%征收率减按2%征收增值税。（ ）
20. 纳税人取得符合规定的发票,应自开具之日起90天内到税务机关办理认证,并于认证通过的次月申报期内抵扣。（ ）
21. 纳税人外购货物因管理不善丢失的,该外购货物的增值税进项税额不得从销项税额中抵扣。（ ）
22. 增值税小规模纳税人标准为年应征增值税销售额500万元及以下。（ ）
23. 转登记日前连续12个月或者连续4个季度累计销售额未超过300万元的一般纳税人,在2019年12月31日前,可选择转登记为小规模纳税人。（ ）
24. 私营企业进口残疾人专用的物品免征增值税。（ ）

25. 小规模纳税人由于实行简易征税,因此无论在任何时候都不能使用增值税专用发票。（　）

26. 纳税人提供旅游服务可以选择以取得的全部价款和价外费用,扣除向旅游服务购买方收取并支付给其他单位或者个人的住宿费、餐饮费、交通费、签证费、门票费和支付给其他接团旅游企业的旅游费用后的余额为销售额。（　）

27. 纳税人接受贷款服务向贷款方支付的与该笔贷款直接相关的投融资顾问费、手续费、咨询费等费用,其进项税额可以按规定从销项税额中抵扣。（　）

28. 纳税人发生视同销售服务、无形资产或者不动产情形的,其纳税义务发生时间为服务、无形资产转让完成的当天或者不动产权属变更的当天。（　）

29. 张某将位于北京的一处购买3年的非普通住房对外销售,免征增值税。（　）

30. 纳税人提供有形动产租赁服务采取预收款方式的,其纳税义务发生时间为收到预收款的当天。（　）

31. 个人提供应税服务的销售额未达到增值税起征点的,免征增值税;达到起征点的,就超过部分计算缴纳增值税。（　）

32. 增值税扣缴义务发生时间为纳税人增值税纳税义务发生的当天。（　）

33. 固定业户应当向其机构所在地的税务机关申报缴纳增值税。（　）

34. 甲停车场提供的车辆停放服务,应当按照"交通运输服务"缴纳增值税。（　）

35. 采取委托银行收款方式销售货物,增值税纳税义务发生时间为发出货物并办妥托收手续的当天。（　）

36. 一般纳税人销售货物向购买方收取的包装物租金,应并入销售额计算增值税销项税额。（　）

四、不定项选择题

（一）甲商业银行为增值税一般纳税人,2023年第四季度经营情况如下：

(1) 提供贷款服务取得含增值税利息收入6 360万元,支付存款利息2 862万元,提供直接收费金融服务取得含增值税销售额1 272万元。

(2) 发生金融商品转让业务,金融商品卖出价2 289.6万元(含税),相关金融商品买入价2 120万元(含税);第三季度金融商品转让出现负差58.3万元(含税)。

(3) 购进各分支行经营用设备一批,取得增值税专用发票注明税额80万元;购进办公用品,取得增值税专用发票注明税额16万元;购进办公用小汽车一辆,取得增值税专用发票注明税额3.52万元;购进用于职工福利的货物一批,取得增值税专用发票注明税额0.32万元。

(4) 销售自己使用过的一批生产设备,取得含增值税销售额10.506万元,该批生产设备2008年购入,按固定资产核算。

已知：金融服务增值税税率为6%;销售自己使用过的依法不得抵扣且未抵扣进项税额的固定资产,按照简易办法依照3%征收率减按2%征收增值税。

要求：根据上述资料,不考虑其他因素,分析回答下列小题。

1. 下列计算甲商业银行贷款服务和直接收费金融服务增值税销项税额的列式中,正确的是(　　)。

A. (6 360+1 272)×6%=457.92(万元)
B. (6 360+1 272)÷(1+6%)×6%=432(万元)
C. (6 360−2 862+1 272)÷(1+6%)×6%=270(万元)
D. (6 360−2 862)÷(1+6%)×6%+1 272×6%=274.32(万元)

2. 下列计算甲商业银行金融商品转让增值税销项税额的列式中,正确的是( )。
A. (2 289.6−58.3)÷(1+6%)×6%=126.3(万元)
B. (2 289.6−2 120−58.3)÷(1+6%)×6%=6.3(万元)
C. (2 289.6−2 120)×6%=10.176(万元)
D. 2 289.6÷(1+6%)×6%=129.6(万元)

3. 甲商业银行的下列进项税额中,准予从销项税额中抵扣的是( )。
A. 购进各分支行经营用设备的进项税额80万元
B. 购进办公用品的进项税额16万元
C. 购进办公用小汽车的进项税额3.52万元
D. 购进用于职工福利的货物的进项税额0.32万元

4. 下列计算甲商业银行销售自己使用过的生产设备应缴纳增值税税额的列式中,正确的是( )。
A. 10.506÷(1+2%)×2%=0.206(万元)
B. 10.506×2%=0.210 12(万元)
C. 10.506÷(1+3%)×2%=0.204(万元)
D. 10.506÷(1+2%)×3%=0.309(万元)

(二) 甲航空公司为增值税一般纳税人,主要提供国内、国际运输服务。2023年10月有关经营情况如下:
(1) 提供国内旅客运输服务取得含税票款收入9 990万元,另收取特价机票改签费499.5万元。
(2) 代收转付航空意外保险费200万元,代收机场建设费(民航发展基金)266.4万元,代收转付其他航空公司客票款199.8万元。
(3) 出租飞机广告位取得含税收入299.52万元,同时收取延期付款违约金4.68万元。
已知:交通运输服务适用的增值税税率为9%,有形动产租赁服务适用的增值税税率为13%。
要求:根据上述资料,不考虑其他因素,分析回答下列小题。

1. 甲航空公司提供的国际运输服务,适用的增值税税率是( )。
A. 13%　　B. 9%　　C. 6%　　D. 0

2. 甲航空公司当月取得的下列款项中,应计入销售额计缴增值税的是( )。
A. 特价机票改签费499.5万元
B. 代收转付其他航空公司客票款199.8万元
C. 代收转付航空意外保险费200万元
D. 代收机场建设费(民航发展基金)266.4万元

3. 下列计算甲航空公司当月提供国内旅客运输服务增值税销项税额的列式中,正确的是( )。

A. (9 990+499.5)÷(1+9%)×9%=866.11(万元)
B. (9 990+200+266.4+199.8)×9%=959.06(万元)
C. (9 990+266.4+199.8)÷(1+9%)×9%=863.36(万元)
D. (9 990+499.5+200+266.4)×9%=986.03(万元)

4. 下列计算甲航空公司当月提供飞机广告位出租服务增值税销项税额的列式中,正确的是( )。

A. 299.52×13%=38.938(万元)
B. (299.52+4.68)÷(1+13%)×13%=34.996(万元)
C. 299.52÷(1+13%)×13%=34.458(万元)
D. (299.52+4.68)×13%=39.556(万元)

(三) 甲旅游公司为增值税一般纳税人,主要从事旅游服务,2023 年 10 月有关经营情况如下:

(1) 提供旅游服务取得含增值税收入 720.8 万元,替游客向其他单位支付交通费 53 万元、住宿费 25.44 万元、门票费 22.26 万元;并支付本单位导游工资 2.12 万元。

(2) 将本年购入商铺对外出租,每月含增值税租金 10.9 万元,本月一次性收取 3 个月的含增值税租金 32.7 万元。

(3) 购进职工通勤用班车,取得增值税专用发票注明税额 7.8 万元。

(4) 购进广告设计服务,取得增值税专用发票注明税额 0.6 万元。

(5) 购进电信服务,取得增值税专用发票注明税额 0.18 万元。

(6) 购进会议展览服务,取得增值税专用发票注明税额 2.4 万元。

已知:旅游服务增值税税率为 6%,不动产租赁服务增值税税率为 9%;甲旅游公司提供旅游服务选择差额计税方法计缴增值税。

要求:根据上述资料,不考虑其他因素,分析回答下列小题。

1. 甲旅游公司的下列支出中,在计算当月旅游服务增值税销售额时,准予扣除的是( )。

A. 门票费 22.26 万元　　　　　B. 交通费 53 万元
C. 导游工资 2.12 万元　　　　　D. 住宿费 25.44 万元

2. 下列计算甲旅游公司当月提供旅游服务增值税销项税额的列式中,正确的是( )。

A. (720.8－25.44－22.26)×6%=40.386(万元)
B. (720.8－53－25.44－22.26)÷(1+6%)×6%=35.1(万元)
C. (720.8－53－2.12)×6%=39.940 8(万元)
D. (720.8－53－25.44－22.26－2.12)÷(1+6%)×6%=34.98(万元)

3. 下列计算甲旅游公司当月出租商铺增值税销项税额的列式中,正确的是( )。

A. 32.7÷(1+9%)×9%=2.7(万元)
B. 10.9×9%=0.981(万元)
C. 10.9÷(1+9%)×9%=0.9(万元)
D. 32.7×9%=2.943(万元)

4. 甲旅游公司的下列进项税额中,准予从销项税额中抵扣的是( )。

专题四 税法概述及货物和劳务税法律制度

A. 购进会议展览服务所支付的进项税额2.4万元
B. 购进电信服务所支付的进项税额0.18万元
C. 购进职工通勤用班车所支付的进项税额7.8万元
D. 购进广告设计服务所支付的进项税额0.6万元

（四）甲电信公司为增值税一般纳税人，主要提供各类电信服务及手机销售业务。2023年10月有关经营情况如下：

（1）提供语音通话服务，取得不含增值税收入20 000 000元；提供短信服务，取得不含增值税收入3 000 000元；提供卫星电视信号落地转接服务，取得不含增值税收入7 000 000元；为客户开通宽带收取开户费，取得不含增值税收入200 000元。

（2）采取折扣方式向乙公司销售M型手机100部，该M型手机含增值税单价2 260元/部，甲电信公司给予乙公司10%的折扣，并将销售额和折扣额在同一张发票上的"金额"栏分别注明。

（3）采取以旧换新方式向消费者销售N型手机200部，该N型手机含增值税单价3 390元/部，换回的旧手机作价237.3元/部，甲电信公司实际收取差价款3 152.7元/部。

（4）支付本公司营业厅租金，取得增值税专用发票注明税额18 000元；购进办公耗材，取得增值税专用发票注明税额3 900元；购进用于员工节日福利的货物，取得增值税专用发票注明税额2 210元；支付外出就餐费，取得增值税普通发票注明税额1 200元。

已知：销售货物增值税税率为13%，甲公司取得的增值税扣税凭证均符合抵扣规定。
要求：根据上述资料，不考虑其他因素，分析回答下列小题。

1. 甲电信公司的下列收入中，应按照"增值电信服务"税目计缴增值税的是（　　）。
   A. 宽带开户费收入200 000元
   B. 提供短信服务的收入3 000 000元
   C. 提供语音通话服务的收入20 000 000元
   D. 提供卫星电视信号落地转接服务的收入7 000 000元

2. 下列计算甲电信公司当月采取折扣方式向乙公司销售M型手机增值税销项税额的列式中，正确的是（　　）。
   A. $100 \times 2\ 260 \div (1+13\%) \times 13\% = 26\ 000$（元）
   B. $100 \times 2\ 260 \div (1+13\%) \times (1-10\%) \times 13\% = 23\ 400$（元）
   C. $100 \times 2\ 260 \times (1-10\%) \times 13\% = 26\ 442$（元）
   D. $100 \times 2\ 260 \times 13\% = 29\ 380$（元）

3. 下列计算甲电信公司当月采取以旧换新方式向消费者销售N型手机增值税销项税额的列式中，正确的是（　　）。
   A. $200 \times 3\ 390 \times 13\% = 88\ 140$（元）
   B. $200 \times 3\ 152.7 \times 13\% = 81\ 970.2$（元）
   C. $200 \times 3\ 390 \div (1+13\%) \times 13\% = 78\ 000$（元）
   D. $200 \times 3\ 152.7 \div (1+13\%) \times 13\% = 72\ 540$（元）

4. 下列计算甲电信公司允许抵扣增值税进项税额的列式中，正确的是（　　）。

A. 3 900+2 210=6 110(元)
B. 18 000+2 210+1 200=21 410(元)
C. 18 000+3 900+2 210+1 200=25 310(元)
D. 18 000+3 900=21 900(元)

知识训练三 消费税法律制度

一、单项选择题

1. 根据消费税法律制度的规定,下列商品中,不属于消费税征税范围的是(   )。
A. 金银首饰   B. 调味料酒   C. 汽油   D. 烟丝

2. 根据消费税法律制度的规定,下列应税消费品中,在零售环节加征消费税的是(   )。
A. 金银首饰   B. 超豪华小汽车   C. 卷烟   D. 白酒

3. 根据消费税法律制度的规定,下列各项中,属于消费税征税范围的是(   )。
A. 中轻型商用客车   B. 大型商用客车
C. 货车   D. 拖拉机

4. 根据消费税法律制度的规定,下列各项中,不属于消费税纳税人的是(   )。
A. 金首饰零售商   B. 高档化妆品进口商
C. 涂料生产商   D. 鞭炮批发商

5. 根据消费税法律制度的规定,下列各项中,属于消费税征税范围的是(   )。
A. 高档手机   B. 实木地板   C. 实木书橱   D. 高档旗袍

6. 根据消费税法律制度的规定,下列各项中,属于消费税纳税人的是(   )。
A. 酒精生产商   B. 玉首饰零售商   C. 乘用车进口商   D. 涂料批发商

7. 根据消费税法律制度的规定,下列车辆属于应税小汽车征税范围的是(   )。
A. 电动汽车
B. 高尔夫车
C. 用中轻型商用客车底盘改装的中轻型商用客车
D. 雪地车

8. 对超豪华小汽车,在生产(进口)环节按现行税率征收消费税的基础上,在零售环节加征消费税,税率为(   )。
A. 5%   B. 10%   C. 11%   D. 15%

9. 根据消费税法律制度的规定,下列各项中,不缴纳消费税的是(   )。
A. 零售超豪华小汽车   B. 进口钻石饰品
C. 生产销售白酒   D. 委托加工烟丝

10. 根据消费税法律制度的规定,下列各项中,应征收消费税的是(   )。
A. 超市零售白酒   B. 汽车厂销售自产电动汽车
C. 地板厂销售自产实木地板   D. 百货公司零售高档化妆品

11. 根据消费税法律制度的规定,下列各项中,不征收消费税的是(   )。
A. 酒厂用于交易会样品的自产白酒

B. 卷烟厂用于连续生产卷烟的自产烟丝

C. 日化厂用于职工奖励的自产高档化妆品

D. 地板厂用于本厂办公室装修的自产实木地板

12. 根据消费税法律制度的规定，企业发生的下列经营行为中，外购应税消费品已纳消费税税额准予从应纳消费税税额中扣除的是(　　)。

   A. 外购已税蒸馏酒生产配制酒 B. 外购已税溶剂油为原料生产成品油

   C. 外购已税烟丝生产卷烟 D. 外购已税电池生产应税摩托车

13. 甲酒厂为增值税一般纳税人，2024年5月销售果木酒，取得不含增值税销售额10万元，同时收取包装物租金0.565万元、优质费2.26万元。已知果木酒增值税税率为13%，消费税税率为10%，则下列甲酒厂当月对销售果木酒计算应缴纳消费税税额的列式中，正确的是(　　)。

   A. (10+0.565+2.26)×10%=1.28(万元)

   B. (10+0.565)×10%=1.06(万元)

   C. [10+(0.565+2.26)÷(1+13%)]×10%=1.25(万元)

   D. [10+0.565÷(1+13%)]×10%=1.05(万元)

14. 某啤酒厂为增值税一般纳税人，2024年8月份销售乙类啤酒400吨，销售价格为不含增值税2800元/吨，本月啤酒包装物押金逾期收入6000元。已知乙类啤酒适用的增值税税率为13%，消费税税额为220元/吨，则下列计算8月应纳增值税及消费税税额合计的列式中，正确的是(　　)。

   A. 400×220=88 000(元)

   B. 400×2 800×13%=145 600(元)

   C. 400×220+[400×2 800+6 000÷(1+13%)]×13%=234 290.27(元)

   D. 400×220+(400×2 800+6 000)×13%=234 380(元)

15. 某卷烟生产企业为增值税一般纳税人，本月销售乙类卷烟1 500标准条，取得含增值税销售额87 000元。已知乙类卷烟适用的消费税比例税率为36%，定额税率为0.003元/支，1标准条有200支；适用增值税税率为13%。则下列计算本月应纳消费税税额的列式中，正确的是(　　)。

   A. 87 000÷(1+13%)×36%=27 716.81(元)

   B. 1 500×200×0.003=900(元)

   C. 87 000×36%+1 500×200×0.003=32 220(元)

   D. 87 000÷(1+13%)×36%+1 500×200×0.003=28 616.81(元)

16. 2024年9月甲酒厂将自产的1吨药酒用于抵偿债务，该批药酒生产成本35 000元/吨，甲酒厂同类药酒不含增值税最高销售价格62 000元/吨，不含增值税平均销售价格60 000元/吨，不含增值税最低销售价格59 000元/吨，已知消费税税率10%，则下列计算甲酒厂当月该笔业务应缴纳消费税税额的列式中，正确的是(　　)。

   A. 59 000×10%=5 900(元) B. 60 000×10%=6 000(元)

   C. 62 000×10%=6 200(元) D. 35 000×10%=3 500(元)

17. 甲公司受托加工高档化妆品，收取不含增值税加工费14万元，委托方提供主要材料成本56万元。甲公司无同类化妆品销售价格。已知高档化妆品适用的消费税税率为

15%。则下列计算甲公司受托加工业务应代收代缴消费税税额的列式中,正确的是( )。

A. (56+14)÷(1-15%)×15%=12.35(万元)

B. 56÷(1-15%)×15%=9.88(万元)

C. (56+14)×15%=10.5(万元)

D. 56×15%=8.4(万元)

18. 某公司为增值税一般纳税人,外购高档护肤类化妆品,生产高档修饰类化妆品,2023年10月份生产销售高档修饰类化妆品取得不含税销售收入100万元。该公司10月初库存的高档护肤类化妆品0万元,10月购进高档护肤类化妆品100万元,10月底库存高档护肤类化妆品10万元,已知高档化妆品适用的消费税税率为15%。则下列计算该公司当月应缴纳消费税的列式中,正确的是( )。

A. 100×15%-100×15%=0

B. 100×15%-(100-10)×15%=1.5(万元)

C. 100×15%-10×15%=13.5(万元)

D. 100×15%=15(万元)

19. 根据消费税法律制度的规定,下列应缴纳消费税的是( )。

A. 实木地板批发企业向某商场批发销售实木地板

B. 高档化妆品批发企业向某商场批发销售高档化妆品

C. 烟草批发企业向某商场批发销售卷烟

D. 白酒批发企业向某商场批发销售白酒

20. 2024年8月甲药酒厂生产240吨药酒,销售140吨,取得不含增值税销售额1 000万元,增值税税额130万元。甲药酒厂当月销售药酒消费税计税依据为( )。

A. 1 000万元　　　B. 1 130万元　　　C. 240吨　　　D. 140吨

21. 2024年9月甲啤酒厂生产150吨啤酒,销售100吨,取得不含增值税销售额30万元,增值税税额3.9万元。甲啤酒厂当月销售啤酒消费税计税依据为( )。

A. 100吨　　　B. 33.9万元　　　C. 30万元　　　D. 150吨

22. 甲化妆品厂为增值税一般纳税人,2024年9月销售高档化妆品"元旦"套装400套,每套含增值税售价678元,将同款"元旦"套装30套用于对外赞助。已知增值税税率为13%,消费税税率为15%,则下列计算甲化妆品厂当月"元旦"套装应缴纳消费税税额的列式中,正确的是( )。

A. 400×678÷(1+13%)×15%=36 000(元)

B. 400×678×15%=40 680(元)

C. (400+30)×678÷(1+13%)×15%=38 700(元)

D. (400+30)×678×13%=37 900.2(元)

23. 根据消费税法律制度的规定,下列应税消费品中,应当以纳税人同类应税消费品的最高销售价格作为计税依据计缴消费税的是( )。

A. 用于职工福利的自产高档化妆品　　B. 用于广告宣传的自产白酒

C. 用于运输车队的自产柴油　　D. 用于抵偿债务的自产小汽车

24. 甲汽车厂将1辆生产成本5万元的自产小汽车用于抵偿债务,同型号小汽车不含增值税的平均售价 10 万元/辆,不含增值税最高售价 12 万元/辆。已知小汽车消费税税率为 5%。则下列计算甲汽车厂该笔业务应缴纳消费税税额的列式中,正确的是( )。
  A. 1×5×5%=0.25(万元)   B. 1×10×5%=0.5(万元)
  C. 1×12×5%=0.6(万元)   D. 1×5×(1+5%)×5%=0.262 5(万元)

25. 根据消费税法律制度的规定,下列项目中不可以抵扣已纳税款的是( )。
  A. 用外购已税烟丝继续加工成卷烟
  B. 用自制的高档化妆品继续加工高档化妆品
  C. 委托加工收回的已税木制一次性筷子继续加工木制一次性筷子
  D. 委托加工收回的已税鞭炮继续加工鞭炮

26. 根据消费税法律制度的规定,下列各项中,可以按当期生产领用数量计算准予扣除的外购应税消费品已纳消费税税款的是( )。
  A. 外购已税白酒生产的药酒
  B. 外购已税烟丝生产的卷烟
  C. 外购已税翡翠生产加工的金银翡翠首饰
  D. 外购已税钻石生产的高档手表

27. 根据消费税法律制度的规定,下列各项中,委托加工收回的应税消费品的已纳税款可以扣除的是( )。
  A. 以委托加工收回的已税小汽车连续生产的小汽车
  B. 以委托加工收回的已税高档化妆品为原料生产的高档化妆品
  C. 以委托加工收回的已税珠宝、玉石为原料生产的金银首饰
  D. 以委托加工收回的已税白酒为原料生产的白酒

28. 甲企业为增值税一般纳税人,2024 年 7 月初库存烟丝不含增值税买价 37 万元,本月外购烟丝不含增值税买价 126 万元,月末库存烟丝不含增值税买价 30 万元,领用的烟丝全部用于连续生产卷烟。已知烟丝适用的消费税税率为 30%。下列计算甲企业本月准予扣除的外购烟丝已缴纳消费税税额的列式中,正确的是( )。
  A. (37+126)×30%=48.9(万元)   B. 126×30%=37.8(万元)
  C. (37+126-30)×30%=39.9(万元)   D. (37-30)×30%=2.1(万元)

29. 根据消费税法律制度的规定,企业发生的下列经营行为中,外购应税消费品已纳消费税税额不得从应纳消费税税额中扣除的是( )。
  A. 外购已税汽油为原料生产汽油
  B. 外购已税白酒生产白酒
  C. 外购已税烟丝生产卷烟
  D. 外购已税高档化妆品为原料生产高档化妆品

30. 甲公司是一家化妆品生产企业,属于增值税一般纳税人,2024 年 8 月,该厂销售高档化妆品取得不含增值税销售收入 100 万元,销售普通化妆品取得不含增值税销售收入 80 万元,将高档化妆品与普通化妆品组成礼盒成套销售,取得不含增值税销售额 50 万元,已知高档化妆品适用的消费税税率为 15%,增值税税率为 13%。则下列计算甲企业当月应纳消费税税额的列式中,正确的是( )。
  A. 100×15%=15(万元)   B. 100×13%=13(万元)

C. (100+50)×15%=22.5(万元)　　　　D. (100+50)×13%=19.5(万元)

31. 2024年12月,甲公司销售自产的高尔夫球杆3 000支,不含增值税单价1 500元/支;销售自产的高尔夫球包500个,不含增值税单价1 000元/个;销售自产的高尔夫球帽100顶,不含增值税单价150元/顶。已知高尔夫球及球具适用消费税税率为10%。则下列计算甲公司当月上述业务应缴纳消费税税额的列式中,正确的是(　　)。
    A. (3 000×1 500+100×150)×10%=451 500(元)
    B. (3 000×1 500+500×1 000)×10%=500 000(元)
    C. (3 000×1 500+500×1 000+100×150)×10%=501 500(元)
    D. 3 000×1 500×10%=450 000(元)

32. 2024年5月甲石化公司销售自产汽油800吨,办公用小汽车领用自产汽油1吨,向子公司无偿赠送自产汽油0.5吨。已知汽油的消费税税率为1.52元/升,1吨=1 388升。则下列计算甲石化公司当月上述业务应缴纳消费税税额的列式中,正确的是(　　)。
    A. (800+0.5)×1 388×1.52=1 688 862.88(元)
    B. 800×1 388×1.52=1 687 808(元)
    C. (800+1+0.5)×1 388×1.52=1 690 972.64(元)
    D. (800+1)×1 388×1.52=1 689 917.76(元)

33. 某摩托车生产企业为增值税一般纳税人,2024年6月份将生产的某型号摩托车30辆,以每辆出厂价12 000元(不含增值税)给自设非独立核算的门市部;门市部又以每辆15 820元(含增值税)全部销售给消费者。已知摩托车适用的消费税税率为10%,则下列计算该企业6月份应缴纳消费税税额的列式中,正确的是(　　)。
    A. 12 000×30×10%=36 000(元)
    B. 15 820÷(1+13%)×30×10%=42 000(元)
    C. 15 820×(1+13%)×30×10%=53 629.8(元)
    D. 15 820×30×10%=47 460(元)

34. 2024年5月甲化妆品厂将一批自产高档化妆品用于馈赠客户,该批高档化妆品生产成本为17 000元,无同类高档化妆品销售价格,已知消费税税率为15%,成本利润率为5%。则下列计算甲化妆品厂当月该笔业务应缴纳消费税税额的列式中,正确的是(　　)。
    A. 17 000×(1+5%)×15%=2 677.5(元)
    B. 17 000×(1+5%)÷(1-15%)×15%=3 150(元)
    C. 17 000÷(1-15%)×15%=3 000(元)
    D. 17 000×15%=2 550(元)

35. 甲卷烟厂2023年10月初库存外购烟丝买价37万元,本月外购烟丝买价126万元,月末库存外购烟丝买价30万元,库存减少的外购烟丝全部领用用于生产卷烟。已知烟丝适用的消费税税率为30%。则下列计算甲卷烟厂当月准予扣除外购烟丝已纳消费税税款的列式中,正确的是(　　)。
    A. 126×30%=37.8(万元)
    B. 126÷(1-30%)×30%=54(万元)
    C. (37+126-30)×30%=39.9(万元)

D. (37+126-30)÷(1-30%)×30%=57(万元)

36. 下列关于消费税纳税义务发生时间的表述中,不正确的是( )。
    A. 纳税人自产自用应税消费品的,为移送使用的当天
    B. 纳税人进口应税消费品的,为报关进口的当天
    C. 纳税人委托加工应税消费品的,为支付加工费的当天
    D. 纳税人采取预收货款结算方式销售应税消费品的,为发出应税消费品的当天

37. 下列关于消费税纳税地点的表述中,正确的是( )。
    A. 纳税人销售的应税消费品,除另有规定外,应当向纳税人机构所在地或者居住地的税务机关申报纳税
    B. 纳税人的总机构与分支机构不在同一省的,由总机构汇总向总机构所在地的税务机关申报缴纳消费税
    C. 进口的应税消费品,由进口人或者其代理人向机构所在地的税务机关申报纳税
    D. 委托加工的应税消费品,受托方为个人的,由受托方向居住地的税务机关申报纳税

二、多项选择题

1. 根据消费税法律制度的规定,下列各项中,应征收消费税的有( )。
   A. 甲电池厂生产销售电池 B. 丁百货公司零售钻石胸针
   C. 丙首饰厂生产销售玉手镯 D. 乙超市零售啤酒

2. 下列各项中,属于在零售环节征收消费税的有( )。
   A. 金银首饰 B. 珍珠 C. 铂金首饰 D. 钻石首饰

3. 下列关于金银首饰零售环节缴纳消费税的说法中,正确的有( )。
   A. 金银首饰仅限于金、银以及金基、银基合金首饰和金基、银基合金的镶嵌首饰
   B. 对既销售金银首饰,又销售非金银首饰的生产、经营单位,应将两类商品划分清楚,分别核算销售额,凡划分不清楚或不能分别核算的一律按金银首饰征收消费税
   C. 金银首饰连同包装物一起销售的,无论包装物是否单独计价,均应并入金银首饰的销售额,计征消费税
   D. 带料加工的金银首饰,应按委托方销售同类金银首饰的销售价格确定计税依据征收消费税,没有同类金银首饰销售价格的,按照组成计税价格计算纳税

4. 下列各项中,不属于消费税征税范围的有( )。
   A. 高档护肤类化妆品与普通修饰类化妆品组成的礼品套装
   B. 电动汽车
   C. 体育上用的发令纸
   D. 植物性润滑油

5. 下列各项中,不属于消费税征税范围的有( )。
   A. 施工状态下挥发性有机物含量低于420克/升的涂料
   B. 太阳能电池
   C. 汽车轮胎
   D. 酒精

6. 2024年8月甲酒厂发生的下列业务中,应缴纳消费税的有( )。

A. 以自产低度白酒用于奖励职工

B. 以自产高度白酒用于馈赠客户

C. 以自产高度白酒用于连续加工低度白酒

D. 以自产低度白酒用于市场推广

7. 根据消费税法律制度的规定,下列应税消费品中,采用从量计征办法计缴消费税的有(　　)。

   A. 黄酒　　　　B. 葡萄酒　　　　C. 啤酒　　　　D. 药酒

8. 根据消费税法律制度的规定,下列应税消费品中,实行从量定额与从价定率相结合的复合计征办法征收消费税的有(　　)。

   A. 雪茄烟　　　B. 卷烟　　　　C. 黄酒　　　　D. 白酒

9. 根据消费税法律制度的规定,下列情形中,应缴纳消费税的有(　　)。

   A. 金银饰品店将购进的黄金首饰用于奖励员工

   B. 摩托车厂将自产的摩托车用于广告样品

   C. 筷子厂将自产的木制一次性筷子用于本厂食堂

   D. 化妆品公司将自产的高档化妆品用于赠送客户

10. 下列各项中,纳税人应缴纳消费税的有(　　)。

    A. 将自产的网球及球拍作为福利发放给本企业职工

    B. 销售白酒同时收取的包装物押金,合同约定3个月后到期

    C. 将自产的实木地板用于本企业职工宿舍装修

    D. 使用自产高档香水生产高档化妆品

11. 根据消费税法律制度的规定,下列行为中,应当以纳税人同类应税消费品的最高销售价格作为计税依据的有(　　)。

    A. 将自产应税消费品用于对外捐赠

    B. 将自产应税消费品用于投资入股

    C. 将自产应税消费品用于换取生产资料

    D. 将自产应税消费品用于抵偿债务

12. 下列应税消费品中,实行从量定额计征消费税的有(　　)。

    A. 涂料　　　　B. 柴油　　　　C. 电池　　　　D. 黄酒

13. 根据消费税法律制度的规定,下列各项中,应缴纳消费税的有(　　)。

    A. 批发外购的涂料　　　　　　B. 进口实木地板

    C. 零售外购的珍珠饰品　　　　D. 销售自产鞭炮

14. 根据消费税法律制度的规定,纳税人销售下列酒类产品同时收取的包装物押金,无论是否返还均应并入当期销售额计征消费税的有(　　)。

    A. 葡萄酒　　　B. 黄酒　　　　C. 啤酒　　　　D. 白酒

15. 根据消费税法律制度的规定,下列各项中,应当以纳税人同类应税消费品的最高销售价格作为计税依据计缴消费税的有(　　)。

    A. 乙化妆品厂将自产的高档化妆品赠送客户

    B. 丙首饰店将购进的金项链奖励优秀员工

    C. 丁汽车厂将自产的小汽车用于投资入股

D. 甲酒厂将自产的白酒用于抵偿债务

16. 甲酒厂主要从事白酒生产销售业务,该酒厂销售白酒取得的下列款项中,应并入销售额缴纳消费税的有( )。
   A. 向 W 公司收取的产品优质费
   B. 向 X 公司收取的包装物租金
   C. 向 Y 公司收取的品牌使用费
   D. 向 Z 公司收取的储备费

17. 甲公司为增值税一般纳税人,机构所在地在 S 市。2024 年 2 月,在 S 市销售货物一批;在 W 市海关报关进口货物一批;接受 Y 市客户委托加工应缴纳消费税的货物一批。下列关于甲公司上述业务纳税地点的表述中,正确的有( )。
   A. 委托加工货物应向 Y 市税务机关申报缴纳增值税
   B. 委托加工货物应向 S 市税务机关解缴代收的消费税
   C. 进口货物应向 W 市海关申报缴纳增值税
   D. 销售货物应向 S 市税务机关申报缴纳增值税

三、判断题

1. 企业购进货车或厢式货车改装生产的商务车,应按规定征收消费税。( )
2. 某卷烟厂通过自设独立核算门市部销售自产卷烟,应当按照门市部对外销售额或销售数量计算征收消费税。( )
3. 白酒生产企业向商业销售单位收取的"品牌使用费",应并入白酒的销售额缴纳消费税。( )
4. 用自产的应税消费品,连续生产应税消费品,在计征消费税时,可以按当期生产领用数量计算准予扣除的应税消费品已纳消费税税款。( )
5. 委托加工的应税消费品,除受托方为个人之外,应由受托方在向委托方交货时代收代缴消费税。( )
6. 纳税人采用以旧换新方式销售的金银首饰,应按实际收取的不含增值税的全部价款征收消费税。( )
7. A 市甲企业委托 B 市乙企业加工一批应税消费品,该批消费品应缴纳的消费税税款应由乙企业向 B 市税务机关解缴。( )
8. 甲企业 3 月受托加工一批烟丝,已收到由委托方提供的材料及加工费,该烟丝计划于 4 月 10 日加工完成并交付。则甲企业应于 4 月 15 日前向税务机关缴纳代收代缴的委托加工环节消费税。( )

四、不定项选择题

(一) 甲公司为增值税一般纳税人,主要生产和销售高档化妆品。2023 年 10 月有关经济业务如下:
   (1) 销售高档香水 150 箱,不含增值税单价为 2 万元/箱,另收取品牌使用费 11.3 万元。
   (2) 受托加工高档香水精,收取不含增值税加工费 5 万元,委托方提供的原材料成本 58 万元,甲公司无同类产品销售价格。
   (3) 销售高档口红两批,第一批 100 箱,不含增值税单价为 0.2 万元/箱;第二批 200 箱,不含增值税单价为 0.16 万元/箱。

(4) 将高档口红 50 箱赞助给国内某化妆品展销会。

已知：销售货物增值税税率为 13%，高档化妆品适用的消费税税率为 15%。

要求：根据上述资料，不考虑其他因素，分析回答下列小题。

1. 下列计算甲公司本月销售高档香水应缴纳消费税税额的列式中，正确的是（　　）。
   A. 2×150×15%=45(万元)
   B. (2×150+11.3)×15%=46.695(万元)
   C. (2×150+11.3)÷(1+13%)×15%=41.32(万元)
   D. [2×150+11.3÷(1+13%)]×15%=46.5(万元)

2. 下列计算甲公司受托加工高档香水精应代收代缴消费税税额的下列计算中，正确的是（　　）。
   A. 58×15%=8.7(万元)
   B. (58+5)×15%=9.45(万元)
   C. (58+5)÷(1−15%)×15%=11.12(万元)
   D. (58+5)÷(1+15%)×15%=8.22(万元)

3. 关于甲公司销售高档口红的增值税和消费税处理，下列计算正确的是（　　）。
   A. 甲公司销售高档口红共应确认增值税销项税额=(0.2×100+0.16×200)×13%=6.76(万元)
   B. 甲公司销售高档口红共应确认增值税销项税额=0.2×(100+200)×13%=7.8(万元)
   C. 甲公司销售高档口红应缴纳的消费税税额=(0.2×100+0.16×200)×15%=7.8(万元)
   D. 甲公司销售高档口红应缴纳的消费税税额=0.2×(100+200)×15%=9(万元)

4. 下列计算甲公司将高档口红赞助给国内某化妆品展销会应缴纳消费税税额的列式中，正确的是（　　）。
   A. 0.16×50×15%=1.2(万元)
   B. 0.2×50×15%=1.5(万元)
   C. (0.2+0.16)÷2×50×15%=1.35(万元)
   D. (0.2×100+0.16×200)÷(100+200)×50×15%=1.3(万元)

(二) 甲公司为增值税一般纳税人，主要从事葡萄酒的生产和销售业务。2023 年 10 月有关经营情况如下：

(1) 进口酿酒设备，取得海关进口增值税专用缴款书注明税额 160 000 元。
(2) 支付葡萄酒广告费取得增值税专用发票注明金额 300 000 元，税额 18 000 元。
(3) 支付销售葡萄酒运输费取得增值税专用发票注明税额 2 000 元。
(4) 销售自产 W 品牌葡萄酒取得含增值税价款 5 085 000 元，另收取优质费 113 000 元。
(5) 将 100 箱自产 Y 品牌葡萄酒作为福利向员工免费发放，同类葡萄酒含增值税平均售价 1 037.04 元/箱。
(6) 上期留抵增值税税额为 106 000 元。

已知：销售货物增值税税率为 13%；葡萄酒适用的消费税税率为 10%；甲公司取得的

扣税凭证均符合抵扣规定。

要求:根据上述资料,不考虑其他因素,分析回答下列小题。

1. 甲公司的下列进项税额中,准予从销项税额中扣除的是( )。
   A. 上期留抵增值税税额 106 000 元
   B. 支付葡萄酒广告费的进项税额 18 000 元
   C. 进口酿酒设备的进项税额 160 000 元
   D. 支付销售葡萄酒运输费的进项税额 2 000 元

2. 下列计算甲公司当月销售 W 品牌葡萄酒增值税销项税额的列式中,正确的是( )。
   A. 5 085 000÷(1+13%)×13%+113 000×13%=599 690(元)
   B. 5 085 000÷(1+13%)×13%=585 000(元)
   C. (5 085 000+113 000)×13%=675 740(元)
   D. (5 085 000+113 000)÷(1+13%)×13%=598 000(元)

3. 甲公司当月的下列业务中,应缴纳消费税的是( )。
   A. 将自产的 Y 品牌葡萄酒作为福利向员工免费发放
   B. 支付葡萄酒广告费
   C. 进口酿酒设备
   D. 销售 W 品牌葡萄酒

4. 下列计算甲公司当月应缴纳消费税税额的列式中,正确的是( )。
   A. (5 085 000+113 000)÷(1+13%)×10%+1 037.04×100÷(1−10%)×10%=471 522.67(元)
   B. (5 085 000+113 000)÷(1−10%)×10%+1 037.04×100÷(1−10%)×10%=589 078.23(元)
   C. (5 085 000+113 000)÷(1+13%)×10%+1 037.04×100÷(1+10%)×10%=469 177.35(元)
   D. (5 085 000+113 000)÷(1−10%)×10%+1 037.04×100÷(1+13%)×10%=586 732.91(元)

(三) 甲公司为增值税一般纳税人,主要从事化妆品生产和销售业务,2024 年 6 月有关经营情况如下:

(1) 销售自产高档美容类化妆品,取得不含增值税销售额 3 000 000 元。
(2) 将 100 套自产高档美容类化妆品无偿赠送给客户,当月同类化妆品不含增值税单价 1 000 元/套。
(3) 将 40 套自产高档护肤类化妆品奖励给公司优秀员工,当月同类化妆品不含增值税单价 500 元/套。
(4) 以银行存款 5 000 000 元投资乙商场。
(5) 受托为丙公司加工一批高档修饰类化妆品,收取加工费开具增值税专用发票,注明金额 250 000 元,税额 32 500 元,丙公司提供材料成本 600 000 元;甲公司无同类化妆品销售价格。
(6) 进口一批成套化妆品,海关审定关税完税价格 935 000 元,取得海关进口增值税专用缴款书。

已知:销售货物增值税税率为13%,高档化妆品适用的消费税税率为15%,关税税率为5%。甲公司取得的扣税凭证均符合抵扣规定。

要求:根据上述资料,不考虑其他因素,分析回答下列小题。

1. 甲公司当月下列业务中,应缴纳消费税的是(　　)。
   A. 将自产高档护肤类化妆品奖励给公司优秀员工
   B. 销售自产高档美容类化妆品
   C. 将自产高档美容类化妆品无偿赠送给客户
   D. 以银行存款投资乙商场

2. 下列计算甲公司当月受托加工高档修饰类化妆品应代收代缴消费税税额的列式中,正确的是(　　)。
   A. (600 000+250 000)×15%=127 500(元)
   B. (600 000+250 000)÷(1−15%)×15%=150 000(元)
   C. 600 000×15%=90 000(元)
   D. (600 000+250 000+32 500)×15%=132 375(元)

3. 下列计算甲公司当月进口成套化妆品应缴纳消费税税额的列式中,正确的是(　　)。
   A. 935 000×15%=140 250(元)
   B. 935 000÷(1−15%)×15%=165 000(元)
   C. (935 000+935 000×5%)÷(1−15%)×15%=173 250(元)
   D. (935 000+935 000×5%)×15%=147 262.5(元)

4. 下列计算甲公司当月应向税务机关缴纳增值税税额的列式中,正确的是(　　)。
   A. 3 000 000×13%+32 500=422 500(元)
   B. 3 000 000×13%+32 500−(935 000+935 000×5%)×13%=294 872.5(元)
   C. (3 000 000+100×1 000)×13%−(935 000+935 000×5%)×13%=275 372.5(元)
   D. (3 000 000+100×1 000+500×40)×13%+32 500−(935 000+935 000×5%)÷(1−15%)×13%=287 950(元)

知识训练四　城市建设维护税、教育费附加和地方教育附加法律制度

一、单项选择题

1. 根据城市维护建设税法律制度的规定,纳税人向税务机关实际缴纳的下列税款中,应作为城市维护建设税计税依据的是(　　)。
   A. 企业所得税税款　　　　　　　　B. 契税税款
   C. 房产税税款　　　　　　　　　　D. 增值税税款

2. 2023年10月,甲公司向税务机关应缴纳增值税100 000元,实际缴纳增值税50 000元,向税务机关应缴纳消费税80 000元,实际缴纳消费税70 000元。已知教育费附加征收

比率为3%。则下列计算甲公司当月应缴纳教育费附加的列式中,正确的是( )。
   A. (100 000+50 000)×3%=4 500(元)
   B. 70 000×3%=2 100(元)
   C. (50 000+70 000)×3%=3 600(元)
   D. (100 000+80 000)×3%=5 400(元)

3. 2023年10月甲公司向税务机关实际缴纳增值税70 000元、消费税50 000元;向海关缴纳进口环节增值税40 000元、消费税30 000元。已知城市维护建设税适用税率为7%,计算甲公司当月应缴纳城市维护建设税税额的下列算式中,正确的是( )。
   A. (70 000+50 000+40 000+30 000)×7%=13 300(元)
   B. (70 000+40 000)×7%=7 700(元)
   C. (50 000+30 000)×7%=5 600(元)
   D. (70 000+50 000)×7%=8 400(元)

4. 甲公司委托乙公司加工一批高档化妆品,材料费20 000元,加工费3 360元,该批产品没有同类产品销售价格,已知消费税税率为15%,甲公司、乙公司所在地城市维护建设税的税率分别为5%和7%,下列计算甲公司应缴纳城市维护建设税税额的列式中,正确的是( )。
   A. (20 000+3 360)×15%×5%=175.2(元)
   B. (20 000+3 360)×15%×7%=245.28(元)
   C. (20 000+3 360)÷(1-15%)×15%×5%=206.12(元)
   D. (20 000+3 360)÷(1-15%)×15%×7%=288.56(元)

5. 下列关于城市维护建设税税收优惠的表述中,不正确的是( )。
   A. 对出口货物退还增值税的,可同时退还已缴纳的城市维护建设税
   B. 海关对进口货物代征的增值税,不征收城市维护建设税
   C. 对增值税实行先征后退办法的,除另有规定外,不予退还对随增值税附征的城市维护建设税
   D. 对增值税实行即征即退办法的,除另有规定外,不予退还对随增值税附征的城市维护建设税

6. 2023年12月甲企业当月应缴增值税30万元,实际缴纳20万元,应缴消费税28万元,实际缴纳12万元,已知教育费附加征收比率为3%,则下列计算该企业当月应缴纳的教育费附加的列式中,正确的是( )。
   A. (30+28)×3%=1.74(万元)
   B. (20+12)×3%=0.96(万元)
   C. 30×3%=0.9(万元)
   D. 20×3%=0.6(万元)

7. 甲化妆品公司为增值税一般纳税人,2024年6月销售高档化妆品缴纳增值税68万元、消费税60万元,销售普通化妆品缴纳增值税22万元,缴纳本月房产税2万元。已知甲公司所在地使用的城市维护建设税税率为7%。则下列计算甲公司2024年6月应缴纳的城市维护建设税税额的列式中,正确的是( )。
   A. (68+60+22+2)×7%=10.64(万元)

B. (68+60+22)×7%=10.5(万元)
C. (68+60)×7%=8.96(万元)
D. (68+60+2)×7%=9.1(万元)

8. 下列关于城市维护建设税税率的说法中，错误的是（　　）。
   A. 市区的税率为7%
   B. 县的税率为5%
   C. 农村的税率为0
   D. 镇的税率为5%

二、多项选择题

1. 下列关于城市维护建设税税收优惠的说法中，正确的有（　　）。
   A. 由受托方代征、代扣增值税、消费税的单位和个人，其代征、代扣的城市维护建设税适用受托方所在地的税率
   B. 对进口货物缴纳的增值税、消费税税额，不征收城市维护建设税
   C. 对出口产品退还增值税、消费税的，应同时退还已缴纳的城市维护建设税
   D. 对增值税、消费税实行先征后返、先征后退、即征即退办法的，应同时退还已缴纳的城市维护建设税

2. 下列属于城市维护建设税计税依据的有（　　）。
   A. 纳税人实际缴纳的增值税
   B. 纳税人实际缴纳的教育费附加
   C. 纳税人实际缴纳的土地增值税
   D. 纳税人实际缴纳的消费税

三、判断题

1. 对海关进口产品征收的增值税、消费税，不征收教育费附加。（　　）
2. 城市维护建设税的计税依据为纳税人实际缴纳的增值税、消费税税额。（　　）
3. 对由于减免增值税、消费税而发生退税的，已征收的城市维护建设税不予退还。（　　）
4. 对出口产品退还增值税、消费税的，应同时退还已缴纳的城市维护建设税。（　　）
5. 城市维护建设税的计税依据包括进口增值税。（　　）

知识训练五　车辆购置税法律制度

一、单项选择题

1. 下列各项中，不属于车辆购置税征税范围的是（　　）。
   A. 电动自行车
   B. 汽车
   C. 挂车
   D. 有轨电车

2. 甲公司2024年8月进口自用小汽车一辆，海关审定关税完税价格120万元，缴纳关税30万元、消费税50万元，已知车辆购置税税率为10%，则下列计算甲公司进口自用该小汽车应缴纳车辆购置税税额的列式中，正确的是（　　）。
   A. (120+30)×10%=15(万元)
   B. (120+50)×10%=17(万元)
   C. 120×10%=12(万元)
   D. (120+30+50)×10%=20(万元)

3. 根据车辆购置税法律制度的规定，下列车辆中，不属于车辆购置税免税项目的是（　　）。

A. 外国驻华使馆的自用小汽车　　　　　B. 设有固定装置的非运输专用作业车辆
C. 城市公交企业购置的公共汽电车　　　D. 个人购买的经营用小汽车

4. 甲公司机构所在地为 M 市,于 N 市购进一辆应税汽车,在 P 市办理车辆登记,该汽车生产企业机构所在地为 Q 市。甲公司购置该汽车车辆购置税的纳税地点是（　　）。
A. N 市　　　　　B. Q 市　　　　　C. M 市　　　　　D. P 市

5. 赵某 2023 年 6 月 1 日购入一辆小汽车自用,7 月 30 日申报并缴纳车辆购置税 10 万元。由于车辆制动系统存在严重问题,2024 年 6 月 30 日赵某将该车退回,则赵某可以申请退还的车辆购置税税额为（　　）万元。
A. 10　　　　　B. 9　　　　　C. 8　　　　　D. 0

6. 根据车辆购置税法律制度的规定,下列车辆,免征车辆购置税的是（　　）。
A. 排气量为 180 毫升的摩托车　　　　B. 有轨电车
C. 汽车挂车　　　　　　　　　　　　　D. 城市公交企业购置的公共汽电车辆

7. 根据车辆购置税法律制度的规定,下列各项中,不属于车辆购置税征税范围的是（　　）。
A. 有轨电车　　　　　　　　　　　　B. 小轿车
C. 汽车挂车　　　　　　　　　　　　D. 排量为 100 毫升的摩托车

8. 甲汽车专卖店购入小汽车(非新能源车辆)12 辆,下列行为中,应当由甲汽车专卖店作为纳税人缴纳车辆购置税的是（　　）。
A. 将其中 6 辆销售给客户
B. 将其中 2 辆作为董事长、总经理的专用轿车
C. 将其中 1 辆赠送给乙企业
D. 库存 3 辆尚未售出

二、多项选择题

1. 根据车辆购置税法律制度的有关规定,下列有关我国车辆购置税的表述中,正确的有（　　）。
A. 车辆购置税采用比例税率
B. 车辆购置税的计税依据中不包括增值税税款
C. 车辆购置税实行一次征收制度,购置已征车辆购置税的车辆,不再征收车辆购置税
D. 纳税人应当在向公安机关交通管理部门办理车辆注册登记前,缴纳车辆购置税

2. 下列单位和个人中,属于车辆购置税纳税人的有（　　）。
A. 购买应税货车并自用的某外商投资企业
B. 进口应税小轿车并自用的某外贸公司
C. 获得奖励应税轿车并自用的李某
D. 受赠应税小型客车并自用的某学校

3. 下列各项中,属于车辆购置税纳税人的有（　　）。
A. 购买私家车并自用的个人　　　　　B. 进口车辆并对外出售的单位
C. 将自产汽车自用的单位　　　　　　D. 获奖取得汽车并自用的个人

4. 下列各项中,免征车辆购置税的有（　　）。

A. 外国驻华使领馆、国际组织驻华机构及其外交人员自用的车辆
B. 设有固定装置的非运输专用作业车辆
C. 城市公交企业购置的公共汽车
D. 购置挂车

5. 根据车辆购置税法律制度的规定,下列各项中,应征收车辆购置税的有( )。
A. 游艇　　　　B. 火车　　　　C. 有轨电车　　　　D. 汽车

6. 根据车辆购置税法律制度的规定,下列说法正确的有( )。
A. 排气量140毫升的摩托车需要缴纳车辆购置税
B. 车辆购置税采用地区差别比例税率
C. 城市公交企业购置的公共汽电车辆免征车辆购置税
D. 购置已征车辆购置税的车辆,不再征收车辆购置税

三、判断题

1. 纳税人应当自购置应税车辆之日起30日内申报缴纳车辆购置税。　　　　( )
2. 购置不需要办理车辆登记的应税车辆的,应当向车辆登记地的主管税务机关申报缴纳车辆购置税。　　　　( )
3. 车辆购置税实行一次征收制度,税款应当一次缴清。　　　　( )
4. 纳税人自产自用应税车辆的计税价格,按照纳税人生产的同类应税车辆的销售价格再加上增值税税款。　　　　( )

知识训练六　关税法律制度

一、单项选择题

1. 根据关税法律制度的规定,对从境外采购进口的原产于中国境内的货物,按照( )征税。
A. 普通税率　　　B. 协定税率　　　C. 特惠税率　　　D. 最惠国税率

2. 2024年9月甲公司进口一批货物,海关审定的成交价格为1 100万元,货物运抵我国关境内输入地点起卸前的运费96万元、保险费4万元,另支付买方佣金1万元,已知关税税率为10%。下列计算甲公司该笔业务应缴纳关税税额的列式中,正确的是( )。
A. (1 100+96+4)×10%=120(万元)　　B. (1 100+1)×10%=110.1(万元)
C. 1 100×10%=110(万元)　　D. (1 100+96+4+1)×10%=120.1(万元)

3. 根据关税法律制度的规定,进出口货物完税后,如因收发货人违反规定而造成少征或漏征税款的,海关在一定期限内可以追缴。该期限为( )。
A. 6年　　　　B. 5年　　　　C. 4年　　　　D. 3年

4. 甲公司将一台设备运往境外修理,出境前向海关报关出口并在海关规定期限内复运进境,该设备经修理后的市场价格为500万元,经海关审定的修理费和料件费分别为15万元和20万元。则下列计算甲公司该设备复运进境时进口关税完税价格的列式中,正确的是( )。

A. 500－15＝485(万元)　　　　B. 500－15－20＝465(万元)
C. 500＋15＋20＝535(万元)　　D. 15＋20＝35(万元)

5. 根据关税法律制度的规定，下列应纳税额计算方法中，税率随着进口商品价格的变动而反方向变动的是(　　)。
   A. 从价税计算方法　　　　　B. 复合税计算方法
   C. 从量税计算方法　　　　　D. 滑准税计算方法

6. 2024年9月甲公司进口生产设备一台，海关审定的货价45万元，运抵我国关境内输入地起卸前的运费4万元、保险费2万元，已知关税税率为10%。下列计算甲公司当月该笔业务应缴纳关税税额的列式中，正确的是(　　)。
   A. (45＋4＋2)×10%＝5.1(万元)　　B. 45÷(1－10%)×10%＝5(万元)
   C. (45－2)×10%＝4.3(万元)　　　　D. (45－4)×10%＝4.1(万元)

7. 下列关于出口货物关税完税价格的计算公式中，正确的是(　　)。
   A. 关税完税价格＝离岸价格÷(1－出口税率)
   B. 关税完税价格＝离岸价格÷(1＋出口税率)
   C. 关税完税价格＝离岸价格×(1－出口税率)
   D. 关税完税价格＝离岸价格×(1＋出口税率)

8. 下列各项中，海关可以酌情减免关税的是(　　)。
   A. 进出境运输工具装载的途中必需的燃料、物料和饮食用品
   B. 无商业价值的广告品及货样
   C. 国际组织无偿赠送的物资
   D. 在境外运输途中遭受到损坏的进口货物

9. 下列各项中，经海关审查无误，可以免征关税的是(　　)。
   A. 关税税额为人民币200元的一票货物
   B. 广告品和货样
   C. 外国公司无偿赠送的物资
   D. 进出境运输工具装载的途中必需的燃料、物料和饮食用品

10. 甲公司从境外的乙公司进口一批平板电脑，委托丙公司代为办理进口报关手续，则下列关于我国进出口关税纳税人的说法中正确的是(　　)。
    A. 甲公司是进口货物的收货人，因此甲公司是进出口关税的纳税人
    B. 乙公司是出口货物的发货人，因此乙公司是进出口关税的纳税人
    C. 丙公司是进口货物的代理人，因此丙公司是进出口关税的纳税人
    D. 甲、乙、丙均不是进出口关税的纳税人

11. 下列进口货物中，实行从量计征进口关税的是(　　)。
    A. 卷烟　　　B. 汽车　　　C. 高档手表　　　D. 原油

二、多项选择题

1. 根据关税法律制度的规定，下列各项中，应计入进口货物关税完税价格的有(　　)。
   A. 货物运抵我国关境内输入地点起卸前的运费、保险费
   B. 货物运抵我国关境内输入地点起卸后的运费、保险费

C. 支付给卖方的佣金
D. 向境外采购代理人支付的买方佣金

2. 下列各项中,属于关税纳税人的有( )。
   A. 进口货物的收货人	B. 进口货物的代理人
   C. 出口货物的发货人	D. 个人邮递物品的发件人

3. 下列各项中,应计入进口货物关税完税价格的有( )。
   A. 货物运抵我国关境内输入地点起卸前的运费、保险费
   B. 货物运抵我国关境内输入地点起卸后的运费、保险费
   C. 支付给卖方的佣金
   D. 向境外采购代理人支付的买方佣金

4. 下列进口货物中,实行从价加从量复合计征进口关税的有( )。
   A. 啤酒	B. 放像机	C. 广播用录像机	D. 摄影机

5. 下列各项中,应当计入关税完税价格的有( )。
   A. 进口货物的买方为购买该项货物向卖方实际支付或应当支付的价格
   B. 进口人在成交价格外另支付给买方代理人的佣金
   C. 货物运抵我国关境内输入地点起卸前的包装费、运费、保险费和其他劳务费
   D. 为了在境内生产、制造、使用或出版、发行的目的而向境外支付的与该进口货物有关的专利、商标、著作权,以及专有技术、计算机软件和资料等费用

6. 下列企业的行为中,免征进口关税的有( )。
   A. 赵某请美国的朋友代购皮包,报关进口时海关审定的关税完税价格为450元,我国箱包类产品关税税率为10%
   B. 甲公司想从新加坡进口一批特种纸,又担心该纸张无法满足设计及印刷需要,请厂家先运来一批纸样,该批纸样厂家已做特别标注,无商业价值
   C. 法国的一家葡萄酒厂无偿赠送中国葡萄酒生产企业一批葡萄酒
   D. 我国一家服装加工厂出口俄罗斯一批服装,因设计款式偏瘦被对方退回

7. 根据关税法律制度的规定,下列旅客携运进、出境的行李物品海关暂不予放行的有( )。
   A. 旅客不能当场缴纳进境物品税款
   B. 进出境的物品属于许可证件管理的范围,但旅客不能当场提交
   C. 进出境的物品超出自用合理数量,按规定应当办理货物报关手续或者其他海关手续,尚未办理
   D. 对进出境物品的属性、内容存疑,需要由有关主管部门进行认定、鉴定、验核

8. 下列各项中,海关可以酌情减免关税的有( )。
   A. 无商业价值的广告品及货样
   B. 起卸后海关放行前,因不可抗力遭受损坏的进口机械
   C. 外国企业无偿赠送的物资
   D. 在境外运输途中遭受到损坏的进口货物

9. 下列各项中,属于关税纳税人的有( )。
   A. 外贸进出口公司

B. 工贸或农贸结合的进出口公司
C. 入境旅客随身携带的行李、物品的持有人
D. 进口个人邮件的收件人

三、判断题

1. 对于从境外采购进口的原产于中国境内的货物,应按规定征收进口关税。（ ）
2. 在进口货物成交过程中,卖方付给进口人的正常回扣,在计算进口货物完税价格时不得从成交价格中扣除。（ ）
3. 进口货物适用的关税税率是以进口货物原产地为标准的。（ ）
4. 滑准税是指关税的税率随着进口商品价格的变动而同方向变动的一种税率形式,即"价格越高,税率越高",税率为比例税率。（ ）
5. 出口货物关税完税价格的计算公式为:关税完税价格＝离岸价格÷(1＋出口税率)。（ ）
6. 无商业价值的广告品及货样,经海关审核无误后可以免征关税。（ ）
7. 对从境外采购进口的原产于中国境内的货物,不征收进口关税。（ ）
8. 对于因故退还的中国出口货物已经征收的出口关税,海关予以退还。（ ）

专题五 所得税法律制度

知识训练一 企业所得税法律制度

一、单项选择题

1. 根据企业所得税法律制度的规定,下列各项中,不属于企业所得税纳税人的是( )。
   A. 外商独资企业　　　　　　　　B. 一人有限责任公司
   C. 个人独资企业　　　　　　　　D. 社会团体

2. 根据企业所得税法律制度的规定,非居民企业的下列所得中,不属于企业所得税征税对象的是( )。
   A. 在中国境内设立机构、场所的,发生在境外且与其机构、场所没有实际联系的所得
   B. 在中国境内未设立机构、场所的,其来源于中国境内的所得
   C. 在中国境内设立机构、场所的,其所设机构、场所来源于中国境内的所得
   D. 在中国境内设立机构、场所的,发生在境外但与其机构、场所有实际联系的所得

3. 根据企业所得税法律制度的规定,下列关于来源于中国境内、境外所得确定来源地的表述中,不正确的是( )。
   A. 提供劳务所得,按照劳务发生地确定
   B. 股息、红利等权益性投资收益所得,按照分配所得的企业所在地确定
   C. 动产转让所得,按照转让动产活动发生地确定
   D. 销售货物所得,按照交易活动发生地确定

4. 根据企业所得税法律制度的规定,下列关于在中国境内未设立机构、场所的非居民企业取得的来源于中国境内的所得,其应纳税所得额确定的表述中,不正确的是( )。
   A. 租金所得以收入全额为应纳税所得额
   B. 股息所得以收入全额为应纳税所得额
   C. 特许权使用费所得以收入全额为应纳税所得额
   D. 转让财产所得以收入全额为应纳税所得额

5. 某企业于 2024 年 6 月 15 日购入生产用设备一台,金额 450 万元,按照企业所得税法的规定,该设备应按照( )年计提折旧。
   A. 0　　　　　　　B. 10　　　　　　　C. 5　　　　　　　D. 4

6. 自 2018 年 1 月 1 日起,当年具备资格的高新技术企业,其具备资格年度之前 5 个年度发生的尚未弥补完的亏损,准予结转以后年度弥补,但是最长不得超过一定期限。该期限是( )。

A. 3年　　　　　B. 5年　　　　　C. 10年　　　　　D. 20年

7. 根据企业所得税法律制度的规定,下列各项中,应以该资产的公允价值和支付的相关税费为计税基础的是(　　)。
   A. 盘盈的固定资产
   B. 自行建造的固定资产
   C. 外购的固定资产
   D. 通过捐赠取得的固定资产

8. 甲公司2023年取得会计利润80万元,当年发生研发支出40万元,未形成无形资产,已作管理费用扣除,假设甲公司无其他纳税调整事项,则下列计算甲公司2023年应缴纳企业所得税税额的列式中,正确的是(　　)。
   A. 80×25%=20(万元)
   B. (80−40×50%)×25%=15(万元)
   C. (80−40×75%)×25%=12.5(万元)
   D. (80−40×100%)×25%=10(万元)

9. 下列固定资产中,在计算企业所得税应纳税所得额时准予计算折旧费扣除的是(　　)。
   A. 以融资租赁方式租出的大型机床
   B. 已投入使用的厂房
   C. 以经营租赁方式租入的载货汽车
   D. 已足额提取折旧仍继续使用的电脑

10. 根据企业所得税法律制度的规定,企业中符合条件的固定资产可以缩短计提折旧年限,但不得低于税法规定折旧年限的一定比例。该比例最高为(　　)。
    A. 30%　　　　　B. 40%　　　　　C. 50%　　　　　D. 60%

11. 根据企业所得税法律制度的规定,下列各项中,不属于货币形式的收入的是(　　)。
    A. 现金
    B. 准备持有至到期的债券
    C. 不准备持有至到期的债券
    D. 应收票据

12. 根据企业所得税法律制度的规定,下列各项中,不属于财产转让所得的是(　　)。
    A. 转让房屋所有权
    B. 转让土地使用权
    C. 转让专利技术所有权
    D. 转让商标使用权

13. 根据企业所得税法律制度的规定,下列关于不同方式下销售商品收入金额确定的表述中,正确的是(　　)。
    A. 采用商业折扣方式销售商品的,按照商业折扣前的金额确定销售商品收入金额
    B. 采用现金折扣方式销售商品的,按照现金折扣前的金额确定销售商品收入金额
    C. 采用售后回购方式销售商品的,按照扣除回购商品公允价值后的余额确定销售商品收入金额
    D. 采用以旧换新方式销售商品的,按照扣除回收商品公允价值后的余额确定销售商品收入金额

14. 甲公司2023年度利润总额300万元,预缴企业所得税税额60万元,在"营业外支出"账户中列支了通过公益性社会组织向灾区的捐款38万元。已知企业所得税税率为25%;公益性捐赠支出不超过年度利润总额12%的部分,准予在计算企业所得税应纳税所得额时扣除。下列计算甲公司当年应补缴企业所得税税额的列式中,正确的是(　　)。
    A. 300×25%−60=15(万元)
    B. (300+300×12%)×25%−60=24(万元)
    C. [300+(38−300×12%)]×25%−60=15.5(万元)

D. (300+38)×25%−60=24.5(万元)

15. 某公司2023年度支出合理的工资薪金总额1 000万元,按规定标准为职工缴纳基本社会保险费150万元,为受雇的全体员工支付补充养老保险费80万元,补充医疗保险45万元,为公司高管缴纳商业保险费30万元。根据企业所得税法律制度的规定,该公司2023年度发生的上述保险费在计算应纳税所得额时,准予扣除的金额为( )万元。
    A. 305
    B. 275
    C. 200
    D. 245

16. 甲公司2023年应纳税所得额为1 000万元,当年购入一台安全生产专用设备增值税发票上注明的价款为100万元,取得境外所得,在中国境内可以抵免税额为20万元,则下列计算甲公司2023年度企业所得税应纳税额的列式中,正确的是( )。
    A. (1 000−100×70%)×25%−20=212.5(万元)
    B. 1 000×25%−100×10%−20=220(万元)
    C. 1 000×25%−100×10%=240(万元)
    D. 1 000×25%=250(万元)

17. 境外某公司在中国境内未设立机构、场所,2023年取得境内甲公司支付的股息500万元,发生相关支出1万元,取得境内乙公司支付的特许权使用费350万元,发生相关支出2万元。2023年度该境外公司在我国的应纳税所得额为( )万元。
    A. 348
    B. 499
    C. 847
    D. 850

18. 根据企业所得税法律制度的规定,下列各项中,属于特许权使用费收入的是( )。
    A. 提供生产设备使用权取得的收入
    B. 提供运输工具使用权取得的收入
    C. 提供房屋使用权取得的收入
    D. 提供商标权的使用权取得的收入

19. 甲公司2023年度取得销售货物收入1 000万元,发生的与生产经营活动有关的业务招待费支出6万元,已知在计算企业所得税应纳税所得额时,业务招待费支出按照发生额的60%扣除,但最高不得超过当年销售(营业)收入的5‰。甲公司在计算2023年度企业所得税应纳税所得额时,准予扣除的业务招待费支出为( )万元。
    A. 6
    B. 5
    C. 4.97
    D. 3.6

20. 甲企业2023年利润总额为6 000万元,通过县民政部门捐赠1 000万元,其中400万元是向残疾人扶持事业的捐赠,600万元是向目标脱贫地区的扶贫捐赠支出。已知公益性捐赠支出在年度利润总额12%以内的部分,准予扣除。甲企业计算2023年度企业所得税应纳税所得额时可以扣除的捐赠额为( )万元。
    A. 400
    B. 600
    C. 720
    D. 1 000

21. 2023年8月,甲公司向金融企业借入流动资金900万元,期限3个月,年利率为6%;向非关联企业乙公司借入同类借款1 800万元,期限3个月,年利率为12%。已知金融企业同期同类贷款年利率为6%。下列计算甲公司2023年度企业所得税应纳税所得额时准予扣除利息费用的列式中,正确的是( )。
    A. 1 800×12%÷12×3=54(万元)
    B. 900×6%÷12×3+1 800×12%÷12×3=67.5(万元)
    C. 900×6%÷12×3=13.5(万元)
    D. 900×6%÷12×3+1 800×6%÷12×3=40.5(万元)

22. 2023年5月甲公司向非关联企业乙公司借款100万元用于生产经营,期限为半年,双方约定年利率为10%。已知甲、乙公司都是非金融企业,金融企业同期同类贷款年利率为7.8%,甲公司在计算当年企业所得税应纳税所得额时,准予扣除的利息费用为(　　)万元。
    A. 7.8 B. 10 C. 3.9 D. 5

23. 居民企业甲公司2023年将自行开发的一项专利技术转让,取得转让收入800万元,与该项技术转让有关的成本和费用为160万元。已知在一个纳税年度内,居民企业技术转让所得不超过500万元的部分,免征企业所得税;超过500万元的部分,减半征收企业所得税。根据企业所得税法律制度的规定,在计算甲公司2023年企业所得税应纳税所得额时,该项技术转让所得应当(　　)。
    A. 纳税调增570万元
    B. 纳税调增320万元
    C. 纳税调减570万元
    D. 纳税调减320万元

24. 甲公司2023年度企业所得税应纳税所得额1 000万元,减免税额10万元,抵免税额20万元,已知企业所得税税率为25%。下列计算甲公司当年企业所得税应纳税额的列式中,正确的是(　　)。
    A. 1 000×25%－10－20＝220(万元)
    B. 1 000×25%－10＝240(万元)
    C. 1 000×25%＝250(万元)
    D. 1 000×25%－20＝230(万元)

25. 甲公司2023年度企业所得税应纳税所得额2 000万元,当年购置并实际使用一台符合《环境保护专用设备企业所得税优惠目录》规定的环境保护专用设备,该专用设备投资额600万元,已知企业所得税税率为25%。下列计算甲公司2023年度应缴纳企业所得税税额的列式中,正确的是(　　)。
    A. (2 000－600)×25%＝350(万元)
    B. 2 000×25%＝500(万元)
    C. (2 000－600×10%)×25%＝485(万元)
    D. 2 000×25%－600×10%＝440(万元)

26. 2023年9月1日,甲公司与乙公司签订合同,采用预收款方式销售商品一批,并于9月10日收到全部款项。甲公司9月20日发出商品,乙公司9月21日收到该批商品。下列关于甲公司确认该业务企业所得税销售收入实现时间的表述中,正确的是(　　)。
    A. 9月10日确认销售收入
    B. 9月20日确认销售收入
    C. 9月21日确认销售收入
    D. 9月1日确认销售收入

27. 某居民企业2023年度产品销售收入4 800万元,发生的成本费用3 600万元,材料销售收入400万元,境内分回的投资收益761万元(被投资方税率为15%),实际发生业务招待费15万元,该企业2023年度所得税前可以扣除的业务招待费用为(　　)万元。
    A. 9 B. 15 C. 18 D. 26

28. 根据企业所得税法律制度的规定,企业发生的广告费和业务宣传费支出,不超过当年销售(营业)收入30%的部分,准予扣除;超过部分,准予在以后纳税年度结转扣除。以下适用该扣除规定的行业是(　　)。
    A. 化妆品销售
    B. 烟草零售
    C. 酒类饮料的制造
    D. 销售药品的药店

29. 纳税人应纳税所得额的计算,以( )为原则。
    A. 收付实现制
    B. 权责发生制
    C. 企业财务会计核算制
    D. 税法确定的纳税义务发生时间

30. 某企业2023年度的下列支出,在计算企业所得税时可以税前扣除的是( )。
    A. 因签发空头支票而被中国人民银行处以的罚款
    B. 因逾期偿还借款而被借款银行处以的罚息
    C. 因逾期缴纳税款而被税务机关加收的税收滞纳金
    D. 经营租入的固定资产折旧

31. 甲公司为居民企业,2023年度取得境内所得800万元、境外所得100万元,已在境外缴纳企业所得税税款20万元。已知企业所得税税率为25%。下列计算甲公司2023年度应缴纳企业所得税税额的列式中,正确的是( )。
    A. 800×25%=200(万元)
    B. 800×25%−100×25%=175(万元)
    C. (800+100)×25%=225(万元)
    D. (800+100)×25%−20=205(万元)

32. 根据企业所得税法律制度的规定,在中国境内未设立机构、场所的非居民企业取得的来源于中国境内的下列所得中,以收入金额减除财产净值后的余额为应纳税所得额的是( )。
    A. 转让财产所得
    B. 特许权使用费所得
    C. 股息所得
    D. 租金所得

33. 2024年9月甲电子公司销售一批产品,含增值税价格45.2万元。由于购买数量多,甲电子公司给予购买方9折优惠。已知增值税税率为13%,甲电子公司在计算企业所得税应纳税所得额时,应确认的产品销售收入为( )万元。
    A. 40
    B. 41.76
    C. 46.4
    D. 36

34. 根据企业所得税法律制度的规定,下列关于确认收入实现时间的表述中,正确的是( )。
    A. 销售商品采用托收承付方式的,在签订合同时确认
    B. 销售商品采用支付手续费方式委托代销的,在销售时确认
    C. 销售商品采用预收款方式的,在发出商品时确认
    D. 销售商品需要安装的,在商品发出时确认

35. 根据企业所得税法律制度的规定,下列关于确认收入实现时间的表述中,正确的是( )。
    A. 接受捐赠收入,按照合同约定的捐赠日期确认收入的实现
    B. 利息收入,按照合同约定的债务人应付利息的日期确认收入的实现
    C. 租金收入,按照出租人实际收到租金的日期确认收入的实现
    D. 权益性投资收益,按照投资方实际收到利润的日期确认收入的实现

36. 根据企业所得税法律制度规定,下列各项中,属于特许权使用费收入的是( )。
    A. 提供生产设备使用权取得的收入
    B. 提供运输工具使用权取得的收入
    C. 提供房屋使用权取得的收入
    D. 提供商标权的使用权取得的收入

37. 根据企业所得税法律制度的规定,下列各项中,属于不征税收入的是( )。
    A. 财政拨款
    B. 股息收入
    C. 利息收入
    D. 违约金收入

38. 2024年5月非金融企业甲公司向非关联关系的非金融企业乙公司借款100万元,用于生产经营,期限为半年,双方约定年利率为10%,已知金融企业同期同类贷款年利率为7.8%,甲公司在计算当年企业所得税应纳税所得额时,准予扣除利息费用为(   )万元。
    A. 7.8　　　　　　　　　　　　　　B. 10
    C. 3.9　　　　　　　　　　　　　　D. 5

39. 甲公司为居民企业,2023年取得符合条件的技术转让所得600万元,在计算甲公司2023年度企业所得税应纳税所得额时,技术转让所得应纳税调减的金额为(   )万元。
    A. 550　　　　B. 100　　　　C. 350　　　　D. 300

40. 根据企业所得税法律制度的规定,下列关于企业销售货物收入确认的表述中,正确的是(   )。
    A. 企业已经确认销售收入的售出商品发生销售折让,不得冲减当期销售商品收入
    B. 销售商品以旧换新的,应当以扣除回收商品价值后的余额确定销售商品收入金额
    C. 销售商品涉及现金折扣的,应当以扣除现金折扣后的金额确定销售商品收入金额
    D. 销售商品采用支付手续费方式委托代销的,在收到代销清单时确认收入

41. 根据企业所得税法律制度的规定,下列关于企业所得税税前扣除的表述中,不正确的是(   )。
    A. 企业发生的合理的工资薪金的支出,准予扣除
    B. 企业发生的职工福利费支出超过工资薪金总额14%的部分,准予在以后纳税年度结转扣除
    C. 企业发生的职工教育经费超过工资薪金总额8%的部分,准予在以后纳税年度结转扣除
    D. 企业发生的工会经费超过工资薪金总额2%的部分,应调整应纳税所得额

42. 甲企业2023年年初在生产经营的过程中,经批准向内部职工借入生产用资金200万元,该企业与职工的借贷是真实、合法、有效的且签订了借款合同,借款期限1年,支付借款利息12万元(金融企业同期同类贷款年利率5%)。根据企业所得税法律制度的规定,甲企业在计算2023年企业所得税应纳税所得额时,可以在税前扣除的利息支出为(   )万元。
    A. 12　　　　B. 10　　　　C. 8　　　　D. 11

43. 根据企业所得税法律制度的规定,下列企业发生的广告费和业务宣传费一律不得扣除的是(   )。
    A. 化妆品制造企业的化妆品广告费　　　B. 医药制造企业的药品广告费
    C. 饮料制造企业的饮料广告费　　　　　D. 烟草企业的烟草广告费

44. 某生产设备企业2023年的营业收入为600万元,销售成本200万元;实际支出广告费和业务宣传费为100万元,根据企业所得税法律制度的规定,在计算2023年的应纳税所得额时允许扣除的广告费和业务宣传费为(   )万元。
    A. 40　　　　B. 60　　　　C. 90　　　　D. 100

45. 根据企业所得税法律制度的规定,企业发生的下列税金中,在计算企业所得税应纳税所得额时不得扣除的是(   )。

A. 印花税 B. 车船税
C. 城镇土地使用税 D. 允许抵扣的增值税

46. 根据企业所得税法律制度的规定,企业从事下列项目的所得,减半征收企业所得税的是( )。

A. 花卉种植 B. 中药材种植 C. 谷物种植 D. 蔬菜种植

47. 根据企业所得税法律制度的规定,下列各项中,属于免税收入的是( )。

A. 企业持有国债取得的利息收入 B. 事业单位取得的财政拨款
C. 事业单位从事营利性活动取得的收入 D. 企业转让股权取得的转让收入

48. 企业从事下列项目取得的所得中,减半征收企业所得税的是( )。

A. 饲养家禽 B. 远洋捕捞 C. 海水养殖 D. 种植中药材

二、多项选择题

1. 根据企业所得税法律制度的规定,下列关于来源于中国境内、境外所得确定原则的表述中,正确的有( )。

A. 转让不动产所得,按照不动产所在地确定
B. 股息所得,按照分配所得的企业所在地确定
C. 销售货物所得,按照交易活动发生地确定
D. 提供劳务所得,按照劳务发生地确定

2. 下列各项关于企业所得税税率的说法中,正确的有( )。

A. 居民企业适用25%的税率
B. 非居民企业适用20%的税率
C. 小型微利企业适用20%的优惠税率
D. 高新技术企业适用10%的优惠税率

3. 根据企业所得税法律制度的规定,下列关于所得来源地的确定,正确的有( )。

A. 销售货物所得,按照交易活动发生地确定
B. 不动产转让所得,按照转让不动产的企业或者机构、场所所在地确定
C. 股息、红利等权益性投资所得,按照分配所得的企业所在地确定
D. 权益性投资资产转让所得,按照投资企业所在地确定

4. 根据企业所得税法律制度的规定,企业的下列固定资产计提折旧时,可以采用加速折旧方法或缩短折旧年限的有( )。

A. 技术进步,产品更新换代较快的固定资产
B. 使用频率极高的固定资产
C. 常年处于强震动、高腐蚀状态的固定资产
D. 2020年6月15日购进的单价为450万元的机械设备

5. 根据企业所得税法律制度的规定,下列各项资产中,不可以计提折旧扣除的有( )。

A. 以经营租赁方式租出的房屋 B. 未投入使用的厂房
C. 未投入使用的生产设备 D. 以融资租赁方式租出的生产设备

6. 甲企业2024年新购进生产设备一台,单位价值600万元;自行建造一套研发设备,价值100万元;新购进一套打磨器具,单位价值10万元。根据企业所得税法的规定,下列关

于甲企业资产税务处理方式的表述中,正确的有( )。
A. 单位价值600万元的生产设备应分年度计算折旧,不得一次性扣除
B. 单位价值10万元的打磨器具,允许一次性计入当期成本费用扣除
C. 自行建造的研发设备,必须采用折旧方式分年度扣除
D. 自行建造的价值100万元的研发设备,允许一次性计入当期成本费用扣除

7. 下列固定资产在企业所得税前不得计算扣除折旧的有( )。
A. 未使用的厂房
B. 经营租赁方式租入的固定资产
C. 已足额提取折旧仍继续使用的固定资产
D. 与经营活动无关的固定资产

8. 根据企业所得税法律制度的规定,下列无形资产中,应当以该资产的公允价值和支付的相关税费为计税基础的有( )。
A. 通过债务重组取得的无形资产
B. 自行开发的无形资产
C. 接受投资取得的无形资产
D. 接受捐赠取得的无形资产

9. 根据企业所得税法律制度的规定,下列项目不得计算折旧或摊销费用在税前扣除的有( )。
A. 租入固定资产的改建支出
B. 单独估价作为固定资产入账的土地
C. 自创商誉
D. 固定资产的大修理支出

10. 根据企业所得税法律制度的规定,下列各项中,应当视同销售货物的有( )。
A. 林木公司将货物从A市的生产车间运送至B市的门市部准备对外销售
B. 林森公司用存货与林木公司置换了一台机器设备
C. 森木公司将一批自产家具捐赠给受灾地区
D. 木林森公司将自产的货物用于偿还水林森公司的债务

11. 根据企业所得税法律制度的规定,下列各项中,应在计算应纳税所得额时限额扣除的有( )。
A. 职工福利费
B. 烟草公司的烟草广告费
C. 通过国家机关向贫困地区的捐款
D. 为本企业董事会成员支付的不超过工资薪金总额5%的人身意外伤害保险

12. 根据企业所得税法律制度的规定,下列企业缴纳的保险费用中准予在税前全额扣除的有( )。
A. 为购入车辆支付的财产保险费用
B. 为煤矿井下作业人员支付的人身安全商业保险费用
C. 为企业职工支付的基本养老保险费用
D. 为企业职工支付的补充养老保险费用

13. 根据企业所得税法律制度的规定,下列各项费用,超过税法规定的扣除标准后,准予在以后纳税年度结转扣除的有( )。
A. 职工教育经费 B. 广告费 C. 业务宣传费 D. 业务招待费

14. 企业发生的与经营活动有关的业务招待费支出,按照发生额的60%扣除,且不能超过当

年销售(营业)收入5‰,下列收入属于企业销售(营业)收入的有( )。
   A. 销售商品收入   B. 出租房屋收入   C. 投资股票收益   D. 现金盘盈

15. 甲公司2023年会计利润为3 000万元,取得销售收入10 000万元,其他收入2 000万元,发生广告费和业务宣传费2 500万元,已知甲公司适用的企业所得税税率为25%,假设甲公司无其他纳税调整事项,则甲公司2023年应缴纳所得税的下列说法中错误的有( )。
   A. 如甲公司为化妆品销售企业,则应纳税额为3 000×25%=750(万元)
   B. 如甲公司为白酒制造企业,则应纳税额为3 000×25%=750(万元)
   C. 如甲公司为汽车销售企业,则应纳税额为3 000×25%=750(万元)
   D. 如甲公司为烟草企业,则应纳税额为3 000×25%=750(万元)

16. 在计算应纳税所得额时,除国家另有规定外,不得列入成本、费用和损失的项目包括( )。
   A. 计税工资   B. 资本性支出
   C. 各项所得税税金   D. 无形资产的受让、开发支出

17. 根据企业所得税法律制度的规定,下列各项说法中,正确的有( )。
   A. 企业融资租入的固定资产,计提折旧应在所得税前扣除
   B. 企业经营租入的固定资产,其租金应在租入当期一次性扣除
   C. 企业发生的汇兑损失除已经计入有关资产成本以及与向所有者进行利润分配相关的部分外准予扣除
   D. 企业按规定提取的环境保护专项资金在提取时准予扣除

18. 根据企业所得税法律制度的规定,下列各项中,属于转让财产收入的有( )。
   A. 销售原材料取得的收入   B. 转让无形资产取得的收入
   C. 转让股权取得的收入   D. 提供专利权的使用权取得的收入

19. 根据企业所得税法律制度的规定,下列各项中,在计算企业所得税应纳税所得额时,应计入收入总额的有( )。
   A. 企业资产溢余收入   B. 逾期未退包装物押金收入
   C. 确实无法偿付的应付款项   D. 汇兑收益

20. 下列各项中,在计算甲公司2021年度企业所得税应纳税所得额时,不得扣除的是( )。
   A. 发生的合理会议费30万元   B. 向保险公司缴纳的财产保险费5万元
   C. 计提的坏账准备金15万元   D. 非广告性质的赞助支出20万元

21. 根据企业所得税法律制度的规定,下列关于确认收入实现时间的表述中,正确的有( )。
   A. 销售商品采用预收款方式的,在发出商品时确认收入
   B. 销售商品采用分期收款方式的,按照合同约定的收款日期确认收入
   C. 销售商品采用支付手续费方式委托代销的,在收到代销清单时确认收入
   D. 销售商品采用托收承付方式的,在收到货款时确认收入

22. 下列关于企业所得税税率的说法中,正确的有( )。
   A. 居民企业适用25%的税率

B. 非居民企业一律适用20%的税率
C. 国家重点扶持高新技术企业,减按15%的税率征收企业所得税
D. 设在西部地区,以《西部地区鼓励类产业目录》中新增鼓励类项目为主营业务,且其当年度主营业务收入占收入总额70%以上的企业适用10%的优惠税率

23. 根据企业所得税法律制度的规定,企业当期发生的下列保险费中,可以全额在计算企业所得税前扣除的有(　　)。
    A. 企业依照投资协议,为自然人控股股东支付的肿瘤重疾险保险费
    B. 企业参加公众责任险,按照规定缴纳的保险费
    C. 企业为本企业职工支付的补充养老保险费
    D. 企业按照国家规定支付的特殊工种人身安全保险费用

24. 根据企业所得税法律制度的规定,下列各项中,属于不征税收入的有(　　)。
    A. 依法收取并纳入财政管理的行政事业性收费
    B. 财政拨款
    C. 国债利息收入
    D. 接受捐赠收入

25. 根据企业所得税法律制度的规定,下列各项中,属于视同销售货物的有(　　)。
    A. 将外购货物用于赞助
    B. 将外购货物用于偿债
    C. 将外购货物用于捐赠
    D. 将外购货物用于广告

26. 根据企业所得税法律制度规定,下列各项中,属于转让财产收入的有(　　)。
    A. 转让股权收入
    B. 转让固定资产收入
    C. 转让土地使用权收入
    D. 转让债权收入

27. 根据企业所得税法律制度的规定,下列各项中,在计算企业所得税应纳税所得额时准予扣除的有(　　)。
    A. 违约金
    B. 企业之间支付的管理费
    C. 诉讼费用
    D. 差旅费

28. 根据企业所得税法律制度的规定,在中国境内未设立机构、场所,有来源于中国境内所得的非居民纳税人,取得下列所得中,应根据收入全额纳税的有(　　)。
    A. 特许权使用费所得
    B. 股息红利所得
    C. 租金所得
    D. 转让财产所得

29. 根据企业所得税法律制度的规定,下列各项中,在计算企业所得税应纳税所得额时不能税前扣除的项目有(　　)。
    A. 向投资者支付的股息、红利
    B. 企业之间支付的管理费
    C. 企业所得税税款
    D. 税收滞纳金

30. 根据企业所得税法律制度的规定,非居民企业来源于中国境内的下列所得,应以收入全额为应纳税所得额的有(　　)。
    A. 利息收入
    B. 特许权使用费收入
    C. 股票转让收入
    D. 不动产租赁收入

31. 根据企业所得税法律制度的规定,下列选项中,属于长期待摊费用的有(　　)。
    A. 购入固定资产的支出

B. 固定资产的大修理
C. 租入固定资产的改建支出
D. 已足额提取折旧的固定资产的改建支出

32. 根据企业所得税法律制度的规定,企业取得的下列收入中,属于货币形式的有( )。
   A. 债务的豁免　　B. 现金　　C. 应收账款　　D. 存货

33. 根据企业所得税法律制度的规定,企业缴纳的下列税金中,准予在企业所得税税前扣除的有( )。
   A. 允许抵扣的增值税　　　　　B. 消费税
   C. 土地增值税　　　　　　　　D. 印花税

34. 据企业所得税法律制度的规定,下列各项中,属于生产性生物资产的有( )。
   A. 产畜　　B. 经济林　　C. 役畜　　D. 薪炭林

35. 下列各项中,属于企业所得税税收优惠的有( )。
   A. 免税收入　　B. 加计扣除　　C. 减计收入　　D. 税额抵免

36. 根据企业所得税法律制度的规定,企业的下列支出中,准予在计算企业所得税应纳税所得额时加计扣除的有( )。
   A. 开发新产品发生的计入当期损益的研究开发费用
   B. 推广新产品发生的计入当期损益的广告费
   C. 奖励销售人员支付的奖金
   D. 安置残疾人员支付的工资

37. 根据企业所得税法律制度的规定,下列各项中,免征企业所得税的有( )。
   A. 符合条件的居民企业之间的股息、红利等权益性投资收益
   B. 国际金融组织向中国居民企业提供优惠贷款取得的利息所得
   C. 企业持有国债取得的利息收入
   D. 非营利组织从事营利活动取得的收入

38. 根据企业所得税法律制度的规定,下列支出中,可以在计算企业所得税应纳税所得额时加计扣除的有( )。
   A. 安置残疾人员所支付的工资
   B. 常年处于强震动、高腐蚀状态的固定资产所产生的折旧费
   C. 研究开发费用
   D. 购置环保专用设备所支付的价款

39. 企业所得税的税收优惠形式有( )。
   A. 加速折旧　　　　　　　　B. 减计收入
   C. 抵扣应纳税所得额　　　　D. 加计扣除

40. 根据企业所得税法律制度的规定,企业从事下列项目取得的所得,免征企业所得税的有( )。
   A. 林木的培育和种植　　　　B. 蔬菜种植
   C. 海水养殖　　　　　　　　D. 家禽养殖

41. 根据企业所得税法律制度的规定,下列行业中,不适用研究开发费用税前加计扣除政策的有( )。

A. 烟草制造业 B. 批发和零售业
C. 住宿和餐饮业 D. 租赁和商务服务业

42. 下列各项中,在计算应纳税所得额时有加计扣除规定的有( )。
    A. 企业开发新技术、新产品、新工艺发生的研究开发费用
    B. 国家需要重点扶持的高新技术企业
    C. 企业以规定的资源作为主要原材料,生产国家非限制和禁止并符合国家和行业相关标准的产品取得的收入
    D. 企业安置残疾人员及国家鼓励安置的其他就业人员所支付的工资

43. 根据企业所得税法律制度的规定,下列关于企业所得税纳税期限的表述中,正确的有( )。
    A. 企业所得税按年计征,分月或者分季预缴,年终汇算清缴,多退少补
    B. 企业在一个纳税年度中间开业,使该纳税年度的实际经营不足12个月的,应当以其实际经营期为1个纳税年度
    C. 企业依法清算时,应当以清算期作为1个纳税年度
    D. 企业在纳税年度中间终止经营活动的,应当自实际经营终止之日起90日内,向税务机关办理当期企业所得税汇算清缴

三、判断题

1. 居民企业无须就其来源于中国境外的所得缴纳企业所得税。 ( )
2. 在中国境内设立机构、场所的非居民企业取得的发生在中国境内但与其所设机构、场所有实际联系的所得无须缴纳企业所得税。 ( )
3. 非居民企业在中国境内设立机构、场所且取得的所得与所设立的机构场所没有实际联系的,以机构、场所所在地为纳税地点。 ( )
4. 计算企业所得税应纳税所得额时,企业当年发生的职工福利费超过法律规定扣除标准的部分,准予在以后年度结转扣除。 ( )
5. 根据企业所得税法律制度的规定,利息收入按照债务人实际支付利息的日期确认收入的实现。 ( )
6. 企业接受捐赠收入,按照实际收到捐赠资产的日期确认企业所得税收入的实现。 ( )
7. 职工因公出差乘坐交通工具发生的人身意外保险费,准予在计算企业所得税时扣除。 ( )
8. 非金融企业向金融企业借款的利息支出可以据实扣除,非金融企业向非金融企业借款的利息支出不允许在税前扣除。 ( )
9. 外购的生产性生物资产,以购买价款和支付的相关税费为企业所得税的计税基础。 ( )
10. 企业从事海水养殖项目的所得,免征企业所得税。 ( )
11. 合格境外机构投资者境内转让股票等权益性投资资产所得,减半征收企业所得税。 ( )
12. 企业以前年度发生的资产损失未能在当年税前扣除的,可以按照规定,向税务机关说明并进行"专项申报"扣除。 ( )
13. 企业应当自年度终了之日起5个月内,向税务机关报送年度企业所得税纳税申报表,并汇算清缴,结清应缴应退税款。 ( )

四、不定项选择题

（一）甲电子设备公司为居民企业，主要从事电子设备的制造业务。2024年有关经营情况如下：

(1) 销售货物收入2 000万元，提供技术服务收入500万元，转让股权收入3 000万元。经税务机关核准上年已作损失处理后又收回的其他应收款15万元。

(2) 缴纳增值税180万元，城市维护建设税和教育费附加18万元，房产税25万元，预缴企业所得税税款43万元。

(3) 与生产经营有关的业务招待费支出50万元。

(4) 支付残疾职工工资14万元，新技术研究开发费用未形成无形资产计入当期损益19万元。

(5) 6月购进专门用于研发的设备一台并于当月投入使用，价值35万元。

(6) 购置《环境保护专用设备企业所得税优惠目录》规定的环境保护专用设备一台，投资额60万元，购置完毕当年即投入使用。

已知：业务招待费支出按照发生额的60%扣除，但最高不得超过当年销售（营业）收入的5‰。

要求：根据上述资料，不考虑其他因素，分析回答下列小题。

1. 甲电子设备公司的下列收入中，应计入收入总额的是（　　）。

　A. 销售货物收入2 000万元

　B. 上年已作坏账损失处理后又收回的其他应收款15万元

　C. 转让股权收入3 000万元

　D. 提供技术服务收入500万元

2. 甲电子设备公司缴纳的下列税款中，在计算2024年度企业所得税应纳税所得额时，准予扣除的是（　　）。

　A. 增值税180万元

　B. 预缴企业所得税税款43万元

　C. 城市维护建设税和教育费附加18万元

　D. 房产税25万元

3. 甲电子设备公司在计算2024年度企业所得税应纳税所得额时，准予扣除的业务招待费支出为（　　）万元。

　A. 27.575　　　B. 30　　　C. 12.5　　　D. 25

4. 下列关于甲电子设备公司可以享受当年企业所得税税收优惠的表述中，正确的是（　　）。

　A. 支付残疾职工的工资，在据实扣除的基础上，按照14万元的200%在计算当年应纳税所得额时加计扣除

　B. 购置环境保护专用设备60万元投资额的20%可以从当年的应纳税额中抵免

　C. 新技术研究开发费用未形成无形资产计入当期损益的，在据实扣除的基础上，按照19万元的100%在计算当年应纳税所得额时加计扣除

　D. 购进专门用于研发的设备金额35万元可以一次性在计算当年应纳税所得额时扣除

(二) 甲公司为居民企业,主要从事化工产品的生产和销售业务。2024年度有关经营情况如下:
(1) 取得销售商品收入9 000万元,提供修理劳务收入500万元,出租包装物收入60万元,从其直接投资的未上市居民企业分回股息收益25万元。
(2) 发生符合条件的广告费支出1 380万元,按规定为特殊工种职工支付的人身安全保险费18万元,合理的会议费8万元,直接向某敬老院捐赠6万元,上缴集团公司管理费10万元。
(3) 由于管理不善被盗库存商品一批,经税务机关审核,该批存货的成本为40万元,增值税进项税额为5.2万元;取得保险公司赔款12万元,责任人赔偿2万元。
(4) 上年度尚未扣除的、符合条件的广告费支出50万元。
已知:广告费和业务宣传费支出不超过当年销售(营业)收入15%的部分,准予扣除。
要求:根据上述资料,不考虑其他因素,分析回答下列小题。

1. 甲公司的下列收入中,在计算2024年度企业所得税应纳税所得额时,应计入收入总额的是( )。
   A. 销售商品收入9 000万元
   B. 从其直接投资的未上市居民企业分回股息收益25万元
   C. 出租包装物收入60万元
   D. 提供修理劳务收入500万元

2. 甲公司的下列费用中,在计算2024年度企业所得税应纳税所得额时,准予扣除的是( )。
   A. 合理的会议费8万元
   B. 特殊工种职工人身安全保险费18万元
   C. 上缴集团公司管理费10万元
   D. 直接向某敬老院捐赠6万元

3. 甲公司在计算2024年度企业所得税应纳税所得额时,准予扣除的广告费支出为( )万元。
   A. 1 430   B. 1 434   C. 1 380   D. 1 425

4. 甲公司在计算2024年度企业所得税应纳税所得额时,关于准予扣除被盗商品的损失金额,下列算式正确的是( )。
   A. 40+5.2-12-2=31.2(万元)   B. 40+5.2-12=33.2(万元)
   C. 40-12-2=26(万元)   D. 40+5.2=45.2(万元)

(三) 甲公司为居民企业,主要从事电冰箱的生产和销售业务。2024年有关经营情况如下:
(1) 销售电冰箱收入8 000万元;出租闲置设备收入500万元;国债利息收入50万元;理财产品收益30万元。
(2) 符合条件的广告费支出1 500万元。
(3) 向银行借入流动资金支付利息55万元,非广告性赞助支出80万元,向客户支付违约金3万元,计提坏账准备金8万元。
(4) 全年利润总额为900万元。
已知:广告费和业务宣传费支出,不超过当年销售(营业)收入15%的部分,准予扣除。

要求:根据上述资料,不考虑其他因素,分析回答下列小题。

1. 甲公司下列收入中,应计入2024年度企业所得税收入总额的是( )。
　　A. 出租闲置设备收入500万元　　B. 国债利息收入50万元
　　C. 销售电冰箱收入8 000万元　　D. 理财产品收益30万元

2. 甲公司在计算2024年度企业所得税应纳税所得额时,可以扣除的广告费支出为( )万元。
　　A. 1 275　　　B. 1 500　　　C. 1 207　　　D. 1 200

3. 甲公司在计算2024年度企业所得税应纳税所得额时,下列支出中,不得扣除的是( )。
　　A. 向银行借入流动资金支付利息支出55万元
　　B. 向客户支付违约金3万元
　　C. 计提坏账准备金8万元
　　D. 非广告性赞助支出80万元

4. 下列计算甲公司2024年度企业所得税应纳税所得额的列式中,正确的是( )。
　　A. 900+(1 500−1 207)+80+3+8=1 284(万元)
　　B. 900−50+(1 500−1 275)+80+8=1 163(万元)
　　C. 900−500+55+8=463(万元)
　　D. 900−30+(1 500−1 200)=1 170(万元)

(四) 甲公司为居民企业,主要从事工艺品的生产和销售业务。2024年有关经营情况如下:

(1) 销售产品收入2 000万元,出租设备租金收入20万元,接受捐赠收入10万元,国债利息收入2万元,转让商标权收入60万元。

(2) 将价值50万元的产品用于换取乙公司生产的货物,将价值34万元的产品用于抵偿信用公司欠款,将价值3.5万元的产品用于馈赠客户,将价值10万元的产品用于奖励优秀职工。

(3) 捐赠支出27万元,其中直接向丁中学捐赠3万元,通过市民政部门用于扶贫救济(非目标脱贫地区)的捐赠24万元。

(4) 违反规定被工商行政管理局罚款2.5万元,缴纳税收滞纳金1万元,非广告性赞助支出3万元。

(5) 预缴企业所得税税款33万元。

(6) 全年会计利润为190万元。

已知:公益性捐赠支出,在年度利润总额12%以内的部分,准予在计算应纳税所得额时扣除;超过年度利润总额12%的部分,准予结转以后3年内在计算应纳税所得额时扣除。

要求:根据上述资料,不考虑其他因素,分析回答下列小题。

1. 甲公司的下列收入中,属于免税收入的是( )。
　　A. 接受捐赠收入10万元　　B. 国债利息收入2万元
　　C. 转让商标权收入60万元　　D. 出租设备租金收入20万元

2. 甲公司的下列业务中,在计算2024年度企业所得税应纳税所得额时,应视同销售计算企业所得税的是( )。

A. 将价值 34 万元的产品用于抵偿信用公司欠款

B. 将价值 50 万元的产品用于换取乙公司生产的货物

C. 将价值 3.5 万元的产品用于馈赠客户

D. 将价值 10 万元的产品用于奖励优秀职工

3. 甲公司在计算 2024 年度企业所得税应纳税所得额时,准予扣除的公益性捐赠支出金额为( )万元。

A. 22.8　　　　B. 24　　　　C. 27　　　　D. 25

4. 甲公司在计算 2024 年度企业所得税应纳税所得额时,下列各项中,不得扣除的是( )。

A. 违反规定被工商行政管理局罚款 2.5 万元

B. 预缴企业所得税税款 33 万元

C. 缴纳税收滞纳金 1 万元

D. 非广告性赞助支出 3 万元

知识训练二　个人所得税法律制度

一、单项选择题

1. 根据个人所得税法律的规定,在中国境内无住所但取得所得的下列外籍个人中,属于居民个人的是( )。

A. M 国甲,在华工作 5 个月

B. N 国乙,2024 年 1 月 10 日入境,2024 年 6 月 10 日离境

C. X 国丙,2024 年 1 月 5 日入境,2024 年 8 月 31 日离境

D. Y 国丁,2023 年 8 月 1 日入境,2024 年 3 月 1 日离境

2. 根据个人所得税法律制度的规定,下列各项中,不属于个人所得税纳税人的是( )。

A. 合伙企业中的自然人合伙人　　　B. 一人有限责任公司

C. 个体工商户　　　　　　　　　　D. 个人独资企业的投资者个人

3. 根据个人所得税法律制度,下列应属于"工资、薪金所得"税目的是( )。

A. 单位全勤奖　　　　　　　　　　B. 参加商场活动中奖

C. 出租闲置房屋取得的所得　　　　D. 国债利息所得

4. 大学教授张某取得的下列收入中,属于"稿酬所得"税目的是( )。

A. 作品参展收入　　　　　　　　　B. 出版书画作品收入

C. 学术报告收入　　　　　　　　　D. 审稿收入

5. 根据个人所得税法律制度的规定,属于"劳务报酬所得"税目的是( )。

A. 个人因与用人单位解除劳动关系而取得的一次性补偿收入

B. 退休人员从原任职单位取得的补贴

C. 兼职律师从律师事务所取得的工资性质的所得

D. 证券经纪人从证券公司取得的佣金收入

6. 根据个人所得税法律制度的规定,个体工商户的下列支出中,在计算经营所得应纳税所

得额时,不得扣除的是( )。
   A. 代替从业人员负担的税款
   B. 支付给金融企业的短期流动资金借款利息支出
   C. 依照国家有关规定为特殊工种从业人员支付的人身安全保险金
   D. 实际支付给从业人员合理的工资薪金支出

7. 2023年10月,李某购买福利彩票,取得一次中奖收入3万元,购买彩票支出400元,已知偶然所得个人所得税税率为20%,下列计算李某中奖收入应缴纳个人所得税税额的列式中,正确的是( )。
   A. 30 000×(1−20%)×20%=4 800(元)
   B. (30 000−400)×20%=5 920(元)
   C. 30 000×20%=6 000(元)
   D. (30 000−400)×(1−20%)×20%=4 736(元)

8. 2024年7月,王某出租住房取得不含增值税租金收入3 000元,房屋租赁过程中缴纳的可以税前扣除的相关税费120元,支付出租房屋维修费1 000元,已知个人出租住房取得的所得按10%的税率征收个人所得税,每次收入不足4 000元的减除费用800元。下列计算王某当月出租住房应缴纳个人所得税税额的列式中,正确的是( )。
   A. (3 000−120−800−800)×10%=128(元)
   B. (3 000−120−800)×10%=208(元)
   C. (3 000−120−1 000)×10%=188(元)
   D. (3 000−120−1 000−800)×10%=108(元)

9. 根据个人所得税法律的规定,下列各项中,暂减按10%税率征收个人所得税的是( )。
   A. 周某出租机动车取得的所得
   B. 夏某出租住房取得的所得
   C. 林某出租商铺取得的所得
   D. 刘某出租电子设备取得的所得

10. 下列各项中,在计算个人所得税应纳税所得额时,不得扣除费用的是( )。
    A. 财产租赁所得　　B. 财产转让所得　　C. 偶然所得　　D. 劳务报酬所得

11. 根据个人所得税法律制度的规定,下列情形中,应缴纳个人所得税的是( )。
    A. 王某将房屋无偿赠与其子
    B. 杨某将房屋无偿赠与其外孙女
    C. 张某转让自用达5年以上且唯一家庭生活用房
    D. 李某转让无偿受赠的商铺

12. 下列各项中,应当缴纳个人所得税的是( )。
    A. 抚恤金　　　B. 军人转业费　　　C. 保险赔款　　　D. 年终加薪

13. 2024年9月退休职工张某取得的下列收入中,免征个人所得税的是( )。
    A. 退休金4 000元
    B. 出租店铺取得租金6 000元
    C. 发表一篇论文取得稿酬1 000元
    D. 提供技术咨询取得的一次性报酬2 000元

14. 根据个人所得税法律制度的规定,下列各项中,不属于综合所得计算应纳税额时可以做专项附加扣除的是( )。
A. 个人缴纳的基本养老保险 B. 子女教育支出
C. 继续教育支出 D. 赡养老人支出

15. 根据个人所得税法律制度的规定,下列各项中,属于综合所得计算应纳税额时可以扣除的是( )。
    A. 李某2岁儿子小赵的学前教育支出
    B. 钱某使用商业银行贷款购买第二套住房,发生的贷款利息支出
    C. 孙某赡养55岁母亲的支出
    D. 李某在上海拥有一套住房,其所任职的公司外派其在成都工作1年,李某在成都租房发生的租金支出

16. 下列所得,应按"特许权使用费所得"税目缴纳个人所得税的是( )。
    A. 转让土地使用权取得的收入 B. 转让债权取得的收入
    C. 提供房屋使用权取得的收入 D. 转让专利所有权取得的收入

17. 根据个人所得税法律制度的规定,个体工商户发生的下列支出中,在计算个人所得税应纳税所得额时不得扣除的是( )。
    A. 非广告性的赞助支出
    B. 合理的劳动保护支出
    C. 实际支付给从业人员的合理的工资薪金支出
    D. 按规定缴纳的财产保险费

18. 李某任职受雇于甲公司,2023年12月份取得全年一次性奖金36 000元。已知甲公司全年一次性奖金采用不并入当年综合所得,单独计算纳税的方法,全月应纳税所得额不超过3 000元的,适用税率为3%,超过12 000元至25 000元的,适用税率为20%,速算扣除数1 410,超过25 000元至35 000元的,适用税率为25%,速算扣除数为2 660。则下列计算全年一次性奖金个人所得税应纳税额的列式中,正确的是( )。
    A. 36 000×25%−2 660=6 340(元)
    B. 36 000×3%=1 080(元)
    C. (36 000−5 000)×25%−2 660=5 090(元)
    D. 0

19. 李某于2024年3月取得一项特许权使用费收入3 000元,4月取得另一项特许权使用费收入4 500元。已知特许权使用费所得个人所得税预扣率为20%;每次收入不超过4 000元的,减除800元的费用,超过4 000元的,减除20%的费用。下列计算李某上述收入应预缴个人所得税税额的列式中,正确的是( )。
    A. (3 000−800)×20%+4 500×(1−20%)×20%=1 160(元)
    B. (3 000+4 500)×(1−20%)×20%=1 200(元)
    C. (3 000+4 500)×20%=1 500(元)
    D. (3 000+4 500−800)×20%=1 340(元)

20. 李某是我国公民,独生子且单身,在甲公司工作。2023年取得工资收入80 000元,在某大学授课取得收入40 000元,出版著作一部,取得稿酬60 000元,转让商标使用权,取得特许权使用费收入20 000元。李某2023年汇算清缴应补或应退个人所得税时,下列

计算应计入全年综合所得收入额的列式中,正确的是( )。

A. 80 000+40 000×(1－20%)+60 000×(1－20%)×70%+20 000×(1－20%)＝161 600(元)

B. 80 000+(40 000+60 000+20 000)×(1－20%)＝176 000(元)

C. 80 000+40 000+60 000+20 000＝200 000(元)

D. 80 000+40 000+60 000＝180 000(元)

21. 2024年6月"非居民个人"珍妮李应邀为甲公司员工进行法规培训,取得所得30 000元。已知劳务报酬所得每次应纳税所得额超过12 000元至25 000元的,适用税率为20%,速算扣除数1 410,超过25 000元至35 000元的,适用税率为25%,速算扣除数2 660。下列计算"非居民个人"珍妮李当月劳务报酬所得应缴纳个人所得税税额的列式中,正确的是( )。

A. [30 000×(1－20%)－1 410]×20%＝4 518(元)

B. 30 000×25%－2 660＝4 840(元)

C. 30 000×(1－20%)×20%－1 410＝3 390(元)

D. (30 000－2 660)×25%＝6 835(元)

22. 张某出租住房取得租金收入3 800元,财产租赁缴纳税费152元,修缮费600元,已知个人出租住房暂减按10%征收个人所得税,收入不超过4 000,减除800元费用。下列计算张某当月租金收入应缴纳个人所得税税额的列式中,正确的是( )。

A. (3 800－800)×10%＝300(元)

B. 3 800×10%＝380(元)

C. (3 800－152－600－800)×10%＝224.8(元)

D. (3 800－152－600)×10%＝304.8

23. 李某2023年取得3年期银行存款利息总收入800元;二级市场股票买卖所得2 000元。已知利息、股息、红利所得适用的个人所得税税率为20%,以收入全额为应纳税所得额,财产转让所得适用的个人所得税税率为20%,以收入全额扣除原值及合理费用后的余额为应纳税所得额。则下列计算李某2023年上述所得应缴纳个人所得税税额的列式中,正确的是( )。

A. 0
B. 800×20%＝160(元)
C. 2 000×20%＝400(元)
D. 800×20%+2 000×20%＝560(元)

24. 根据个人所得税法律制度的规定,居民纳税人取得的下列所得中,应按"工资、薪金所得"税目计缴个人所得税的是( )。

A. 国债利息所得
B. 出租闲置住房取得的所得
C. 参加商场有奖销售活动中奖取得的所得
D. 单位全勤奖

25. 根据个人所得税法律制度的规定,下列各项中,不属于特许权使用费所得的是( )。

A. 提供著作权的使用权取得的所得
B. 提供专利权的使用权取得的所得
C. 提供房屋使用权取得的所得
D. 提供商标权的使用权取得的所得

26. 根据个人所得税法律制度的规定,下列各项中,应征收个人所得税的是( )。

A. 托儿补助费 B. 独生子女补贴
C. 离退休人员从原任职单位取得的补贴 D. 差旅费津贴

27. 根据个人所得税法律制度的规定,下列各项中,属于专项扣除的是( )。
   A. 个人购买符合国家规定的商业健康保险
   B. 个人缴付符合国家规定的企业年金
   C. 个人缴付符合国家规定的职业年金
   D. 个人缴付符合国家规定的基本养老保险

28. 中国公民张某2024年1月取得工资10 000元,缴纳基本养老保险费、基本医疗保险费、失业保险费、住房公积金2 000元,支付首套住房贷款本息2 500元。已知工资、薪金所得个人所得税预扣率为3%,减除费用为5 000元/月,住房贷款利息专项附加扣除标准为1 000元/月,由张某按扣除标准的100%扣除。下列计算张某当月工资应预扣预缴个人所得税税额的列式中,正确的是( )。
   A. (10 000-5 000-2 000-1 000)×3%=60(元)
   B. (10 000-5 000-2 000-2 500)×3%=15(元)
   C. (10 000-5 000-2 000)×3%=90(元)
   D. (10 000-2 500)×3%=225(元)

29. 中国公民张某任职于国内某软件公司,2023年10月在M大学授课一次,取得劳务报酬所得3 500元,自行负担交通费200元。已知劳务报酬所得个人所得税预扣率为20%;每次收入不超过4 000元的,减除费用按800元计算。下列计算张某当月该笔劳务报酬所得应预扣预缴个人所得税税额的列式中,正确的是( )。
   A. (3 500-200-800)×20%=500(元)
   B. 3 500×20%=700(元)
   C. (3 500-800)×20%=540(元)
   D. (3 500-200)×20%=660(元)

30. 个体工商户张某2024年度取得营业收入200万元,当年发生业务宣传费25万元,上年度结转未扣除的业务宣传费15万元。已知业务宣传费不超过当年营业收入15%的部分,准予扣除;超过部分,准予在以后纳税年度结转扣除。个体工商户张某在计算当年个人所得税应纳税所得额时,允许扣除的业务宣传费金额为( )万元。
   A. 30   B. 25   C. 40   D. 15

31. 2024年1月,中国公民李某在境内公开发行和转让市场购入某上市公司股票,当年7月取得该上市公司分配的股息4 500元,8月将持有的股票全部卖出。已知利息、股息、红利所得个人所得税税率为20%。下列计算李某该笔股息所得应缴纳个人所得税税额的列式中,正确的是( )。
   A. 4 500×20%=900(元)
   B. 4 500×(1-20%)×20%=720(元)
   C. 4 500×(1-20%)×50%×20%=360(元)
   D. 4 500×50%×20%=450(元)

32. 2024年6月王某出租商铺取得当月租金收入8 000元,租赁过程中缴纳的税费968元,发生商铺修缮费用1 000元,已知财产租赁所得个人所得税税率为20%,财产租赁所得每次(月)收入在4 000元以上的,减除20%的费用。下列计算王某当月出租商铺应缴纳个人所得税税额的列式中,正确的是(   )。

A. (8 000－968－1 000)×(1－20%)×20%＝965.12(元)
B. 8 000×(1－20%)×20%＝1 280(元)
C. (8 000－968－800)×(1－20%)×20%＝997.12(元)
D. (8 000－1 000)×(1－20%)×20%＝1 120(元)

33. 某居民个人卖房取得不含增值税收入160万元,该房产买入时的价格为120万元,转让时发生合理的税费0.5万元。已知财产转让所得个人所得税税率为20%。下列计算该居民应缴纳个人所得税税额的列式中,正确的是(   )。

A. (160－0.5)×20%＝31.9(万元)　　B. 160×(1－20%)×20%＝25.6(万元)
C. (160－120)×20%＝8(万元)　　D. (160－120－0.5)×20%＝7.9(万元)

34. 2024年5月李某花费500元购买体育彩票,一次中奖30 000元,将其中1 000元直接捐赠给甲小学,已知偶然所得个人所得税税率为20%。下列计算李某彩票中奖收入应缴纳个人所得税税额的列式中,正确的是(   )。

A. (30 000－500)×20%＝5 900(元)
B. 30 000×20%＝6 000(元)
C. (30 000－1 000)×20%＝5 800(元)
D. (30 000－1 000－500)×20%＝5 700(元)

35. 根据个人所得税法律制度的规定,下列各项中,应缴纳个人所得税的是(   )。

A. 公务员王某取得的国债利息
B. 退役士兵张某取得的退役金
C. 退休职工林某取得的按国家统一规定发放的基本养老金
D. 教师李某获得的县人民政府为其颁发的优秀教师奖金

36. 2023年12月中国公民林某取得全年一次性奖金60 000元,林某选择不并入当年综合所得计算纳税。已知全年一次性奖金适用个人所得税税率为10%,速算扣除数为210。下列计算林某当月取得全年一次性奖金应缴纳个人所得税税额的列式中,正确的是(   )。

A. (60 000－210)×10%＝5 979(元)
B. 60 000÷12×10%－210＝290(元)
C. 60 000×10%－210＝5 790(元)
D. (60 000÷12×10%－210)×12＝3 480(元)

37. 根据个人所得税法律制度的规定,作者将自己的文字作品手稿原件拍卖取得的所得,适用的个人所得税应税项目是(   )。

A. 稿酬所得　　　　　　　　　　　B. 劳务报酬所得
C. 偶然所得　　　　　　　　　　　D. 特许权使用费所得

38. 2024年9月中国公民章某取得稿酬所得3 800元。已知稿酬所得个人所得税预扣率为20%;每次收入不超过4 000元的,减除费用按800元计算;稿酬所得的收入额减按70%计算。下列计算章某当月该笔稿酬所得应预扣预缴个人所得税税额的列式中,正确的是(   )。

A. 3 800×70%×20%＝532(元)
B. (3 800－800)×(1－70%)×20%＝180(元)
C. (3 800－800)×70%×20%＝420(元)
D. (3 800－800)×20%＝600(元)

39. 根据个人所得税法律制度的规定，下列各项中，应按照"经营所得"税目计缴个人所得税的是（　　）。
    A. 个人取得特许权的经济赔偿收入
    B. 证券经纪人从证券公司取得的佣金收入
    C. 个人依法办学取得的培训收入
    D. 个人兼职取得的收入

40. 根据个人所得税法律制度的规定，下列关于综合所得的表述中，不正确的是（　　）。
    A. 纳税人赡养2个及以上老人的，不按老人人数加倍扣除
    B. 子女接受学前教育和学历教育的相关支出按每个子女每年24 000元标准定额扣除
    C. 大病医疗专项附加扣除由纳税人办理汇算清缴时扣除
    D. 本人或配偶使用商业银行或住房公积金个人住房贷款为本人或其配偶购买住房，发生的住房贷款利息支出，在偿还贷款期间，可以按照每年12 000元（每月1 000元）标准定额扣除

41. 根据个人所得税法律制度的规定，下列各项中，应按照"劳务报酬所得"税目计缴个人所得税的是（　　）。
    A. 个人因与用人单位解除劳动关系而取得的一次性补偿收入
    B. 退休人员从原任职单位取得的补贴
    C. 兼职律师从律师事务所取得的工资性质的所得
    D. 证券经纪人从证券公司取得的佣金收入

42. 2021年11月，林某将一套三年前购入的普通住房出售，取得收入160万元，原值120万元，售房中发生合理费用0.5万元，已知财产转让所得个人所得税税率为20%。下列计算林某出售该住房应缴纳个人所得税税额的列式中，正确的是（　　）。
    A. （160－120－0.5）×20%＝7.9（万元）
    B. 160×（1－20%）×20%＝25.6（万元）
    C. （160－120）×20%＝8（万元）
    D. （160－0.5）×20%＝31.9（万元）

43. 根据个人所得税法律制度的规定，下列情形中，免征个人所得税的是（　　）。
    A. 陈某取得所在公司发放的销售业绩奖金
    B. 杨某获得县教育部门颁发的教育方面的奖金
    C. 王某获得省政府颁发的科学方面的奖金
    D. 李某取得所在单位发放的年终奖

44. 根据个人所得税法律制度的规定，个人的下列所得中，不属于个人所得税免税项目的是（　　）。
    A. 保险赔款
    B. 军人的转业费
    C. 出租厂房取得的租金
    D. 国家发行的金融债券利息

45. 根据个人所得税法律制度的规定，下列各项中，免征个人所得税的是（　　）。
    A. 李某取得的退休金

B. 张某取得的加班补贴

C. 陈某取得特许权的经济赔偿收入

D. 王某获得的县级人民政府颁发的教育方面的奖金

46. 根据个人所得税法律制度的规定,居民个人取得的下列收入中,免征个人所得税的是( )。

A. 从原任职单位取得的内部退养一次性补贴收入

B. 从保险公司取得的保险赔款

C. 从任职公司取得的年会奖品

D. 从上市公司取得的股权奖励

47. 居民个人取得综合所得,需要办理汇算清缴的时间是( )。

A. 应当在取得所得的当年1月1日至5月31日内办理汇算清缴

B. 应当在取得所得的次年1月1日至5月31日内办理汇算清缴

C. 应当在取得所得的当年3月1日至6月30日内办理汇算清缴

D. 应当在取得所得的次年3月1日至6月30日内办理汇算清缴

48. 赵某是我国公民,2023年取得工资、劳务报酬、稿酬、特许权使用费所得应计入年终汇算清缴的收入额共计为161 600元,全年个人缴纳的"三险一金"合计为20 000元,允许作为专项附加扣除的金额合计为24 000元,无其他扣除项目,已知全年综合所得应纳税所得额超过36 000元至144 000元的,适用的预扣率为10%,速算扣除数为2 520,赵某全年已预缴个人所得税23 000元。下列计算赵某2020年汇算清缴应补或应退个人所得税的列式中,正确的是( )。

A. (161 600−60 000−20 000−24 000)×10%−2 520−23 000=−19 760(元)

B. (161 600−60 000−20 000−24 000)×10%−2 520=3 240(元)

C. (161 600−20 000−24 000)×10%−2 520−23 000=−13 760(元)

D. (161 600−20 000−24 000)×10%−2 520=9 240(元)

二、多项选择题

1. 根据个人所得税法律制度的规定,下列个人所得中,不论支付地点是否在境内,均为来源于中国境内所得的有( )。

A. 转让境内房产取得的所得

B. 许可专利权在境内使用取得的所得

C. 因任职在境内提供劳务取得的所得

D. 将财产出租给承租人在境内使用取得的所得

2. 根据个人所得税法律制度的规定,下列各项中,应按"财产转让所得"税目计征个人所得税的有( )。

A. 转让机器设备所得
B. 提供著作权的使用权所得
C. 转让股权所得
D. 提供非专利技术使用权所得

3. 根据个人所得税法律制度的规定,下列各项中,应按照"工资、薪金所得"税目计缴个人所得税的有( )。

A. 出租车驾驶员采取单车承包方式承包出租汽车经营单位的出租车,从事客货运营取

得的收入
   B. 作家在杂志上发表作品取得的所得
   C. 文学爱好者以图书形式出版而取得的稿费收入
   D. 个人在公司任职,同时兼任董事取得的董事费收入

4. 根据个人所得税法律制度的规定,下列所得中,属于综合所得的有( )。
   A. 财产转让所得　　　　　　　　B. 工资、薪金所得
   C. 劳务报酬所得　　　　　　　　D. 财产租赁所得

5. 下列各项中,适用超额累进税率计征个人所得税的有( )。
   A. 经营所得　　B. 工资薪金所得　　C. 财产转让所得　　D. 偶然所得

6. 下列个人所得中,应按"劳务报酬所得"项目征收个人所得税的有( )。
   A. 李某受雇于律师王某,为王某个人工作而取得的所得
   B. 证券经纪人李某从证券公司取得佣金收入
   C. 张某是受平安保险委托,在授权范围内代办保险业务的个体工商户,其取得的代办保险佣金收入
   D. 某大学教师周某,利用业余时间从事翻译工作取得的收入

7. 下列个人所得中,应按"特许权使用费所得"项目征收个人所得税的有( )。
   A. 转让专利技术　　　　　　　　B. 转让土地使用权所得
   C. 作者拍卖手稿原件或复印件所得　　D. 取得特许权的经济赔偿收入

8. 根据个人所得税法律制度的规定,下列各项中,属于劳务报酬所得的有( )。
   A. 个人因其作品以图书形式出版而取得的所得
   B. 个人因任职受雇从上市公司取得的股票增值权所得
   C. 证券经纪人从证券公司取得的佣金收入
   D. 学生假期兼职取得的

9. 根据个人所得税法律制度的规定,下列收入中,属于工资、薪金所得的有( )。
   A. 劳动分红　　B. 加班补贴　　C. 季度奖金　　D. 年终加薪

10. 下列所得中,应按照"财产转让所得"缴纳个人所得税的有( )。
    A. 李某持有的甲公司股权被司法强制过户取得的所得
    B. 钱某终止投资,从被投资方乙企业收回的款项
    C. 孙某转让持有的上市公司股票取得所得
    D. 李某转让持有的国债取得所得

11. 根据个人所得税法律制度的规定,下列各项中,属于专项扣除项目的有( )。
    A. 基本医疗保险　　　　　　　　B. 基本养老保险
    C. 住房公积金　　　　　　　　　D. 首套住房贷款利息支出

12. 根据个人所得税法律制度的规定,下列各项中,属于工资、薪金性质的补贴、津贴有( )。
    A. 岗位津贴　　B. 加班补贴　　C. 差旅费津贴　　D. 工龄补贴

13. 下列各项中,不应征收个人所得税的有( )。
    A. 托儿补助　　　　　　　　　　B. 独生子女补贴
    C. 离退休人员从原任职单位取得的补贴　　D. 差旅费津贴

14. 根据个人所得税法律制度的规定,下列各项中,属于"特许权使用费所得"的有( )。
    A. 作家公开拍卖自己的小说手稿原件取得的收入
    B. 个人取得特许权的经济赔偿收入
    C. 专利权人许可他人使用自己的专利取得的收入
    D. 商标权人许可他人使用商标取得的收入

15. 根据个人所得税法律制度的规定,下列属于专项附加扣除的有( )。
    A. 赡养老人　　B. 基本医疗保险　　C. 基本养老保险　　D. 大病医疗

16. 根据个人所得税法律制度的规定,下列支出中,在计算个体工商户个人所得税应纳税所得额时,不得扣除的有( )。
    A. 从业人员合理工资　　　　　　B. 计提的各项准备金
    C. 业主本人工资　　　　　　　　D. 业主家庭生活费用

17. 下列各项中,属于财产转让所得的有( )。
    A. 转让剧本使用权　　　　　　　B. 转让设备
    C. 转让股权　　　　　　　　　　D. 转让非专利技术

18. 根据个人所得税法律制度的规定,下列各项中,属于来源于中国境内的所得有( )。
    A. 在中国境内提供劳务,取得劳务报酬所得
    B. 转让中国境内的不动产,取得财产转让所得
    C. 许可专利技术在我国境内使用,取得特许权使用费所得
    D. 借款给中国境内企业,取得利息所得

19. 根据个人所得税法律制度的规定,下列各项中,在计算个人综合所得应纳个人所得税额时准予作为专项附加扣除的有( )。
    A. 子女抚养支出　　　　　　　　B. 个人继续教育支出
    C. 住房贷款支出　　　　　　　　D. 住房租金支出

20. 下列关于"经营所得"个人所得税的表述中,正确的有( )。
    A. 个人因从事彩票代销业务而取得所得,按经营所得征税
    B. 经营所得按月计征个人所得税
    C. 个人对企事业单位承包经营所得,按经营所得计征个人所得税
    D. 个体工商户取得与生产经营无关的其他所得,按经营所得计征个人所得税

21. 根据个人所得税法律制度的规定,下列各项中,视同财产转让所得缴纳个人所得税的有( )。
    A. 赵某将一辆汽车无偿赠送给侯某
    B. 侯某将赵某赠送的汽车用于投资设立公司
    C. 高某以一栋住房抵偿欠侯某的债务
    D. 侯某将高某抵债的住房与赵某换取一张名画

22. 下列各项中,按次计征个人所得税的有( )。
    A. 工资薪金所得　　　　　　　　B. 财产租赁所得
    C. 偶然所得　　　　　　　　　　D. 非居民个人的劳务报酬所得

23. 赵某持有的上市公司股票取得的下列股息中,减按50%计入应纳税所得额的有( )。
    A. 赵某持有A上市公司的限售股,解禁前取得的股息红利

B. 赵某持有B上市公司股票时间3年,取得的股息红利
C. 赵某持有C上市公司股票时间1年,取得的股息红利
D. 赵某持有D上市公司股票时间1个月,取得的股息红利

24. 2023年侯某通过境内非营利社会团体进行的下列捐赠中,在计算缴纳个人所得税时,准予税前全额扣除的有( )。
   A. 侯某将1月份工资捐赠给非营利性老年服务机构
   B. 侯某将2月份工资捐赠给农村义务教育
   C. 侯某将3月份工资捐赠给红十字会
   D. 侯某将4月份工资捐赠给公益性青少年活动场所

25. 根据个人所得税法律制度的规定,下列各项中,属于专项附加扣除的有( )。
   A. 继续教育　　B. 子女抚养　　C. 赡养老人　　D. 子女教育

26. 根据个人所得税法律制度的规定,个体工商户的下列支出中,在计算个人所得税应纳税所得额时,不得扣除的有( )。
   A. 业主的工资薪金支出
   B. 个人所得税税款
   C. 在生产经营活动中因自然灾害造成的损失
   D. 税收滞纳金

27. 中国公民李某,2024年8月取得房屋租金收入6 000元(不含增值税),房屋租赁过程中缴纳的可以税前扣除的相关税费240元,支付该房屋的修缮费500元、购房贷款2 200元、供暖费2 300元。根据个人所得税法律制度的规定,李某当月下列各项支出中,在计算房屋租金收入应缴纳个人所得税税额时,准予扣除的有( )。
   A. 供暖费2 300元　　　　　　B. 相关税费240元
   C. 购房贷款2 200元　　　　　D. 房屋修缮费500元

28. 根据个人所得税法律制度的规定,个人发生的下列公益性捐赠支出中,准予税前全额扣除的有( )。
   A. 通过非营利社会团体向公益性青少年活动场所的捐赠
   B. 通过国家机关向贫困地区的捐赠
   C. 通过非营利社会团体向农村义务教育的捐赠
   D. 通过国家机关向红十字事业的捐赠

29. 根据个人所得税法律制度规定,下列属于免税项目的有( )。
   A. 军人转业费　　　　　　　　B. 国债利息收入
   C. 退休人员再任职收入　　　　D. 保险赔款

30. 根据个人所得税法律制度的规定,下列各项中,暂免征收个人所得税的有( )。
   A. 外籍个人以现金形式取得的住房补贴
   B. 外籍个人从外商投资企业取得的股息、红利所得
   C. 个人转让自用3年,并且是唯一的家庭生活用房取得的所得
   D. 个人购买福利彩票,一次中奖收入1 000元的

31. 下列所得中,免予缴纳个人所得税的有( )。
   A. 著名作家莫言获得的诺贝尔文学奖奖金　　B. 赵某购买发票中奖1 000元

C. 钱某取得的军人转业费　　　　　　　D. 孙某退休后按月领取的养老金

32. 根据个人所得税法律制度的规定,下列各项中,暂免征收个人所得税的有(　　)。
    A. 赵某转让自用满 10 年,并且是唯一的家庭生活用房取得的所得 500 000 元
    B. 在校学生李某因参加勤工俭学活动取得的 1 个月劳务所得 1 000 元
    C. 王某取得的储蓄存款利息 1 500 元
    D. 张某因举报某公司违法行为获得的奖金 20 000 元

33. 根据个人所得税法律制度的规定,下列情形中,纳税人应当按照规定办理个人所得税自行纳税申报的有(　　)。
    A. 非居民个人从中国境内两处或者两处以上取得工资、薪金所得的
    B. 在两处或者两处以上取得综合所得,且综合所得年收入额减去专项扣除的余额超过 6 万元的
    C. 从中国境外取得所得的
    D. 取得应纳税所得,没有扣缴义务人的

34. 下列关于个人所得税征收管理的说法中,错误的有(　　)。
    A. 非居民个人取得工资薪金所得,应当在取得所得的次年 3 月 1 日至 6 月 30 日内办理汇算清缴
    B. 扣缴义务人每月扣缴的税款,税务机关应根据扣缴义务人所扣缴的税款,付给 2% 的手续费
    C. 纳税人取得应税所得没有扣缴义务人的应当在取得所得的次月 15 日内向税务机关报送纳税申报表,并缴纳税款
    D. 扣缴义务人未扣缴税款的纳税人应当在取得所得的次年 3 月 1 日至 6 月 30 日前,缴纳税款

35. 下列情形中,居民个人应当按照规定向主管税务机关办理个人所得税自行纳税申报的有(　　)。
    A. 王某从英国取得所得
    B. 林某取得体育彩票中奖收入 10 万元
    C. 李某因移居境外而注销中国户籍
    D. 张某年度综合所得预缴税额 5 万元,应纳税额 6 万元

三、判断题

1. 中国境内有住所,或者无住所而一个纳税年度内在境内居住满 183 天的个人,属于我国个人所得税的居民纳税人。　　　　　　　　　　　　　　　　　　　　　　　　(　　)
2. 合伙企业为个人所得税纳税人。　　　　　　　　　　　　　　　　　　　　(　　)
3. 某外籍个人 2023 年 1 月 1 日入境,2023 年 12 月 10 日离境,则该外籍个人 2023 年为个税非居民纳税人。　　　　　　　　　　　　　　　　　　　　　　　　　　　(　　)
4. 中国居民张某,在境外工作,只就来源于中国境外的所得征收个人所得税。(　　)
5. 在中国境内无住所个人在中国境内居住累计满 183 天的任一年度中有一次离境超过 90 天的,其在中国境内居住累计满 183 天的年度的连续年限重新起算。(　　)
6. 合伙企业的自然人合伙人,为个人所得税纳税人。　　　　　　　　　　　(　　)

7. 非居民个人仅就来源于中国境内的所得缴纳个人所得税。（   ）
8. 个人独资企业和合伙企业既是个人所得税的纳税义务人，又是企业所得税的纳税义务人。（   ）
9. 编剧从其任职的电视剧的制作中心取得的剧本使用费，属于"特许权使用费所得"。（   ）
10. 劳务报酬所得、稿酬所得、特许权使用费所得以收入减除20%的费用后的余额为收入额。（   ）
11. 非居民个人的工资、薪金所得、劳务报酬所得、稿酬所得、特许权使用费所得，以每次收入额为应纳税所得额。（   ）
12. 个人取得的住房转租收入，应按"财产转让所得"征收个人所得税。（   ）
13. 个人独资企业出资购买房屋，将所有权登记为投资者个人，该投资者按照"利息、股息、红利所得"项目缴纳个人所得税。（   ）
14. 某非居民个人歌手，每周去闪亮酒吧演唱2次，其应以一个月取得的所得为一次，按照"工资、薪金所得"项目缴纳个人所得税。（   ）
15. 个人通过网络收购玩家的虚拟货币，加价后向他人出售取得的收入，应按照"特许权使用费所得"项目计算缴纳个人所得税。（   ）
16. 房地产开发企业与商店购买者个人签订协议规定，以优惠价格出售其商店给购买者个人，购买者个人在一定期限内必须将购买的商店无偿提供给房地产开发企业对外出租使用。对购买者个人少支出的购房价款，应按照"财产租赁所得"项目征收个人所得税。（   ）
17. 李某将一栋房屋，无偿赠送给自己的儿子小赵，小赵的该项所得应当按照"偶然所得"项目缴纳个人所得税。（   ）
18. 职工的误餐补助属于工资薪酬性质的补贴收入，应计算个人所得税。（   ）
19. 个人通过网络收购玩家的虚拟货币，加价后向他人出售取得的收入，不征收个人所得税。（   ）
20. 根据个人所得税法相关制度规定对扣缴义务人按照所扣缴的税款，付给5%的手续费。（   ）
21. 出租车经营单位对出租车驾驶员采取单车承包方式运营，驾驶员收入按经营所得缴纳个人所得税。（   ）
22. 个人综合所得中专项扣除、专项附加扣除和依法确定的其他扣除一个纳税年度扣除不完的，可以结转以后年度扣除。（   ）
23. 集体所有制企业职工个人在企业改制过程中，以股份形式取得的仅作为分红依据，不拥有所有权的企业量化资产，应按"财产转让所得"计缴个人所得税。（   ）
24. 赵某以自有汽车一辆作价50万元出资，与钱某、孙某等人成立保卫萝卜有限责任公司，赵某的该行为应按照财产转让所得缴纳个人所得税。（   ）
25. 个人转让房屋的个人所得税应税收入不含增值税，其计入财产原值的取得房屋时所支付价款中不包含增值税，计算转让所得时可扣除的税费不包括本次转让缴纳的增值税。（   ）
26. 赵某在中国移动参与存话费送手机活动，缴费1 000元，获赠四星手机一部，其获得的手机应缴纳个人所得税。（   ）

27. 2023年2月赵某购入甲上市公司股票10万股,2023年10月,甲公司以0.1元/股向股东派息,赵某取得股息收入1万元,赵某的该项所得免征个人所得税。（　　）

28. 个人取得福利彩票中奖收入计征个人所得税时,可以扣除领奖所发生的交通费和住所费。（　　）

29. 退休人员再任职取得的收入,免征个人所得税。（　　）

30. 企业按照国家有关法律规定宣告破产,企业职工从该破产企业取得的一次性安置费收入,免予征收个人所得税。（　　）

31. 法定汇算清缴期结束后申报退税的,税务机关必须办理退税。（　　）

32. 股权转让合同履行完毕,股权已做变更登记,所得已经实现后,当事人双方签订并执行解除原股权转让合同,退回股权的协议,对前次转让行为征收的个人所得税税款应予退还。（　　）

四、不定项选择题

（一）张某投资设立甲个人独资企业,2024年相关财务资料如下:

（1）向非金融企业借款200万元用于生产经营,期限1年,年利率8%,利息支出16万元已计入财务费用。

（2）实发合理工资中包括张某工资6万元、雇员工资20万元。

（3）实际发生职工（雇员）福利费支出3万元。

（4）营业外支出中包括行政罚款3万元、合同违约金4万元。

（5）张某2024年3月以个人名义购入境内上市公司股票（非限售股）,同年9月出售,持有期间取得股息1.9万元;从境内非上市公司取得股息0.7万元。

已知：甲个人独资企业适用查账征收法,银行同期同类贷款利率为4.8%;在计算个人所得税应纳税所得额时,职工福利费支出不超过工资薪金总额的14%的部分准予扣除;股息所得个人所得税税率为20%。

要求：根据上述资料,不考虑其他因素,分析回答下列小题。

1. 甲个人独资企业在计算2024年度个人所得税应纳税所得额时,准予扣除的利息支出为（　　）万元。
   A. 16　　　　B. 9.6　　　　C. 6.4　　　　D. 0

2. 甲个人独资企业在计算2024年度个人所得税应纳税所得额时,准予扣除的职工福利费支出为（　　）万元。
   A. 2.8　　　　B. 3　　　　C. 0.8　　　　D. 0.5

3. 甲个人独资企业发生的下列支出中,在计算2024年度个人所得税应纳税所得额时,准予扣除的是（　　）。
   A. 行政罚款3万元　　　　B. 张某工资6万元
   C. 合同违约金4万元　　　　D. 雇员工资20万元

4. 下列计算张某股息所得应缴纳个人所得税税额的列式中,正确的是（　　）。
   A. $1.9 \times 50\% \times 20\% + 0.7 \times 20\% = 0.33$（万元）
   B. $(1.9 + 0.7) \times 20\% = 0.52$（万元）
   C. $1.9 \times 20\% + 0.7 \times 50\% \times 20\% = 0.45$（万元）

D. (1.9+0.7)×50%×20%=0.26(万元)

(二) 中国公民杨某2023年的有关收支情况如下:
(1) 1月购买体育彩票,取得中奖收入20 000元,购买体育彩票支出700元。
(2) 2月获赠父母名下的住房一套。
(3) 3月取得储蓄存款利息1 500元;在乙商场购买空调,获赠价值280元的电饭锅一个;在丙公司累积消费达到规定额度,取得按消费积分反馈的价值100元的礼品。
(4) 4月将一套商铺出租,取得当月租金6 000元,缴纳相关税费720元。
(5) 其他相关情况:2023年总计取得工资收入105 600元,专项扣除20 250元。杨某夫妇有一个上小学的孩子,子女教育专项附加扣除由杨某夫妇分别按扣除标准的50%扣除。

已知:财产租赁所得个人所得税税率为20%,财产租赁所得每次(月)收入在4 000元以上的,减除20%的费用。综合所得,每一纳税年度减除费用60 000元;子女教育专项附加扣除,按照每个子女每年24 000元的标准定额扣除。个人所得税税率表如表1所示。

表1 个人所得税税率表(综合所得适用)

级数	全年应纳税所得额	税率	速算扣除数
1	不超过36 000元的	3%	0
2	超过36 000至144 000元的部分	10%	2 520
……	……	……	……

要求:根据上述资料,不考虑其他因素,分析回答下列小题。

1. 下列计算杨某1月体育彩票中奖收入应纳个人所得税税额的列式中,正确的是( )。
   A. (20 000−700)×20%=3 860(元)
   B. 20 000÷(1−20%)×20%=5 000(元)
   C. (20 000−700)÷(1−20%)×20%=4 825(元)
   D. 20 000×20%=4 000(元)

2. 杨某的下列所得中,不缴纳个人所得税的是( )。
   A. 获赠父母名下住房一套
   B. 取得储蓄存款利息1 500元
   C. 获赠乙商场价值280元的电饭锅
   D. 获赠丙公司价值100元的礼品

3. 下列计算杨某4月出租商铺应缴纳个人所得税税额的列式中,正确的是( )。
   A. (6 000−720)×20%=1 056(元)
   B. (6 000−720)×(1−20%)×20%=844.8(元)
   C. 6 000×(1−20%)×20%=960(元)
   D. 6 000×20%=1 200(元)

4. 下列计算杨某2023年综合所得应纳个人所得税税额的列式中,正确的是( )。

A. (105 600－60 000－2 000)×3％＝1 308(元)
B. (105 600－60 000－20 250－24 000)×3％＝40.5(元)
C. (105 600－60 000－20 250－24 000×50％)×3％＝400.5(元)
D. (105 600－60 000－24 000)×3％＝648(元)

(三) 中国公民陈某为国内某大学教授,2024年1～4月有关收支情况如下:
(1) 1月转让一套住房,取得含增值税销售收入945 000元,该套住房原值840 000元,系陈某2023年8月购入,本次转让过程中,发生合理费用5 000元。
(2) 2月获得当地教育部门颁发的区(县)级教育方面的奖金10 000元。
(3) 3月转让从公开发行市场购入的上市公司股票6 000股,取得股票转让所得120 000元。
(4) 4月在甲电信公司购话费获赠价值390元的手机一部;获得乙保险公司给付的保险赔款30 000元。
(5) 假设陈某2024年其他收入及相关情况如下:
　① 工资、薪金所得190 000元,专项扣除40 000元。
　② 劳务报酬所得8 000元,稿酬所得5 000元。

已知:财产转让所得个人所得税税率为20％;个人将购买不足2年的住房对外销售的,按照5％的征收率全额缴纳增值税。综合所得,每一纳税年度减除费用60 000元;劳务报酬所得、稿酬所得以收入减除20％的费用后的余额为收入额;稿酬所得的收入额减按70％计算。个人所得税税率表如表2所示。

表2　　　　　　　　　　个人所得税税率表(综合所得适用)

级数	全年应纳税所得额	税率	速算扣除数
1	不超过36 000元的	3％	0
2	超过36 000至144 000元的部分	10％	2 520
……	……	……	……

要求:根据上述资料,不考虑其他因素,分析回答下列小题。

1. 下列计算陈某1月转让住房应缴纳个人所得税税额的列式中,正确的是(　　)。
A. (945 000－840 000)×20％＝21 000(元)
B. [945 000÷(1＋5％)－840 000－5 000]×20％＝11 000(元)
C. (945 000－840 000－5 000)×20％＝20 000(元)
D. [945 000÷(1＋5％)－840 000]×20％＝12 000(元)

2. 下列计算陈某1月转让住房应缴纳增值税税额的列式中,正确的是(　　)。
A. 945 000÷(1＋5％)×5％＝45 000(元)
B. 945 000×5％＝47 250(元)
C. (945 000－840 000)÷(1＋5％)×5％＝5 000(元)
D. (945 000－840 000)×5％＝5 250(元)

3. 陈某的下列所得中,不缴纳个人所得税的是(　　)。
A. 获得的保险赔款30 000元

B. 获赠价值 390 元的手机
C. 区(县)级教育方面的奖金 10 000 元
D. 股票转让所得 120 000 元

4. 下列计算陈某 2024 年综合所得应缴纳个人所得税税额的列式中,正确的是( )。

A. (190 000－60 000－40 000)×10%－2 520＋8 000×(1－20%)×3%＋5 000×70%×3%＝6 777(元)

B. (190 000－60 000－40 000)×10%－2 520＋8 000×(1－20%)×3%＋5 000×(1－20%)×70%×3%＝6 756(元)

C. [190 000＋8 000×(1－20%)＋5 000×(1－20%)×70%－60 000－40 000]×10%－2 520＝7 400(元)

D. (190 000＋8 000＋5 000×70%－60 000－40 000)×10%－2 520＝7 630(元)

(四) 中国公民张某为个体工商户业主,主要从事汽车修理业务。2023 年度有关收支情况如下:

(1) 取得汽车修理收入 1 000 000 元。

(2) 发生成本、费用 350 000 元,其中包括雇员工资 90 000 元、张某本人工资 120 000 元。

(3) 张某的独生女正在读小学,课外辅导班支出 30 000 元,为妻子购买轿车支出 100 000 元。

(4) 2 月从境内公开发行和转让市场购入 W 上市公司股票,4 月取得该上市公司分配的股息 35 000 元,5 月将持有的股票全部卖出。

(5) 8 月转让普通住房一套,取得不含税销售收入 800 000 元,转让时发生合理费用 53 000 元;该住房原值 500 000 元,系张某 2016 年 8 月购进,为张某在本地的第二套住房。

已知:张某当年没有综合所得;减除费用 60 000 元;专项扣除 27 000 元;子女教育专项附加扣除标准为 2 000 元/月,由张某按扣除标准的 100% 扣除;利息、股息、红利所得及财产转让所得个人所得税税率为 20%。

要求:根据上述资料,不考虑其他因素,分析回答下列小题。

1. 计算张某 2023 年度经营所得个人所得税应纳税所得额时,下列支出中,不得扣除的是( )。

A. 雇员工资 90 000 元
B. 张某本人工资 120 000 元
C. 为妻子购买轿车支出 100 000 元
D. 独生女课外辅导班支出 30 000 元

2. 下列计算张某 2023 年度经营所得个人所得税应纳税所得额的列式中,正确的是( )。

A. 1 000 000－350 000－30 000－100 000＝520 000(元)
B. 1 000 000－(350 000－120 000)－60 000－27 000－2 000×12＝659 000(元)
C. 1 000 000－(350 000－90 000)－60 000－27 000－2 000×12＝653 000(元)
D. 1 000 000－(350 000－120 000)－2 000×12＝746 000(元)

3. 下列计算张某2023年4月取得股息所得应缴纳个人所得税税额的列式中,正确的是(   )。

   A. 35 000×20%＝7 000(元)

   B. 35 000×50%×20%＝3 500(元)

   C. 35 000×(1－20%)×20%＝5 600(元)

   D. 35 000×(1－20%)×50%×20%＝2 800(元)

4. 下列计算张某2023年8月转让普通住房应缴纳个人所得税税额的列式中,正确的是(   )。

   A. (800 000－500 000－53 000)×20%＝49 400(元)

   B. (800 000－53 000)×20%＝149 400(元)

   C. (800 000－500 000)×20%＝60 000(元)

   D. 800 000×20%＝160 000(元)

专题六　财产和行为税法律制度

知识训练一　房产税法律制度

一、单项选择题

1. 甲公司委托某施工企业建造一幢办公楼,工程于2023年12月完工,2024年1月办妥(竣工)验收手续,4月付清全部价款。甲公司此幢办公楼房产税的纳税义务发生时间是(　　)。
   A. 2023年12月　　B. 2024年1月　　C. 2024年2月　　D. 2024年4月

2. 根据房产税法律制度的规定,下列房屋中,不属于房产税征税范围的是(　　)。
   A. 城市的房屋　　B. 农村的房屋　　C. 建制镇的房屋　　D. 县城的房屋

3. 下列关于房产税纳税人的表述中,不符合法律制度规定的是(　　)。
   A. 房屋出租的,承租人为纳税人
   B. 房屋产权所有人不在房产所在地的,房产代管人为纳税人
   C. 房屋产权属于国家的,其经营管理单位为纳税人
   D. 房屋产权未确定的,房产代管人为纳税人

4. 2023年甲公司出租办公用房取得含增值税租金199 500元。已知增值税征收率为5%,房产税从租计征的税率为12%。则下列计算甲公司当年出租办公用房应缴纳房产税税额的列式中,正确的是(　　)。
   A. 199 500×(1−5%)×12%=22 743(元)
   B. 199 500÷(1−5%)×12%=25 200(元)
   C. 199 500×12%=23 940(元)
   D. 199 500÷(1+5%)×12%=22 800(元)

5. 甲企业厂房原值2 000万元,2023年11月对该厂房进行扩建,2023年底扩建完工并办理验收手续,增加房产原值500万元,已知房产税的原值扣除比例为30%,房产税比例税率1.2%。则下列计算甲企业2024年应缴纳房产税税额的列式中,正确的是(　　)。
   A. 2 000×(1−30%)×1.2%+500×1.2%=22.8(万元)
   B. (2 000+500)×(1−30%)×1.2%=21(万元)
   C. 2 000×1.2%+500×(1−30%)×1.2%=28.2(万元)
   D. 2 000×(1−30%)×1.2%=16.8(万元)

6. 甲企业2023年年初拥有一栋房产,房产原值1 000万元,3月31日将其对外出租,租期1年,每月收取不含税租金1万元。已知房产税税率从价计征的为1.2%,从租计征的

为12%,当地省政府规定计算房产余值的减除比例为30%。则下列计算2023年甲企业上述房产应缴纳房产税税额的列式中,正确的是( )。

A. 9×12%=1.08(万元)
B. 1 000×(1−30%)×1.2%÷12×3+1×9×12%=3.18(万元)
C. 1 000×(1−30%)×1.2%÷12×4+1×8×12%=3.76(万元)
D. 1 000×(1−30%)×1.2%=8.4(万元)

7. 根据房产税法律制度的规定,下列各项说法中,正确的是( )。
   A. 小张出租位于市区的住房按照12%的税率从租计征房产税
   B. 小李出租位于建制镇的办公楼按照4%的税率从租计征房产税
   C. 小王自有的位于农村的仓库按照1.2%的税率从价计征房产税
   D. 小赵自有的位于县城的厂房按照1.2%的税率从价计征房产税

8. 根据房产税法律制度的规定,下列房产中,应缴纳房产税的是( )。
   A. 国家机关自用的房产
   B. 名胜古迹自用的办公用房
   C. 个人拥有的市区经营性用房
   D. 老年服务机构自用的房产

9. 根据房产税法律制度的规定,下列各项中,免征房产税的是( )。
   A. 国家机关用于出租的房产
   B. 公立学校附设招待所使用的房产
   C. 公立幼儿园自用的房产
   D. 公园附设饮食部使用的房产

10. 根据房产税法律制度的规定,下列房产中,不属于房产税免税项目的是( )。
    A. 个人出租的住房
    B. 军队自用的房产
    C. 高校学生公寓
    D. 宗教寺庙自用的房产

二、多项选择题

1. 根据房产税法律制度的规定,下列各项中,属于房产税征税范围的有( )。
   A. 建制镇工业企业的厂房
   B. 农村的村民住宅
   C. 市区商场的地下车库
   D. 县城商业企业的办公楼

2. 下列各项中,应当由甲房地产公司缴纳房产税的有( )。
   A. 甲公司已经开发完成尚未出售的商品房
   B. 甲公司已经出售给赵某经营饭店的门面房
   C. 甲公司已经出租给侯某经营饭店的门面房
   D. 甲公司以自行开发的商品房作为销售部门的办公用房

3. 下列各项中,应当计入房产原值计征房产税的有( )。
   A. 独立于房屋之外的烟囱
   B. 中央空调
   C. 房屋的给排水管道
   D. 室外游泳池

4. 下列与房屋不可分割的附属设备中,应计入房产原值计缴房产税的有( )。
   A. 给排水管道   B. 电梯   C. 暖气设备   D. 中央空调

5. 下列各项中,免征房产税的有( )。
   A. 老年服务机构自用的房产
   B. 因房屋大修导致连续停用3个月以上,在房屋停用期间
   C. 施工期间在基建工地,为基建工地服务的工棚、材料棚等

D. 企业拥有并运营管理的大型体育场馆,其用于体育活动的房产,用于体育活动的天数不低于全年自然天数的70%

6. 根据房产税法律制度的规定,下列各项说法中,正确的有( )。
A. 国家机关用于出租的房产免征房产税
B. 名胜古迹内管理单位的办公用房屋免征房产税
C. 毁损不堪居住的房屋和危险房屋,经有关部门鉴定,在停止使用后,可免征房产税
D. 对高校学生公寓免征房产税

7. 根据《房产税暂行条例》的规定,下列各项中,不符合房产税纳税义务发生时间规定的有( )。
A. 纳税人将原有房产用于生产经营,从生产经营之次月起,缴纳房产税
B. 纳税人自行新建房屋用于生产经营,从建成之次月起,缴纳房产税
C. 纳税人委托施工企业建设的房屋,从办理验收手续之月起,缴纳房产税
D. 纳税人购置新建商品房,自房屋交付使用之次月起,缴纳房产税

三、判断题

1. 产权未确定以及租典纠纷未解决的房产,暂不征收房产税。 ( )
2. 居民住宅区内业主共有的经营性房产,房产税的纳税人为实际经营的代管人或者使用人。 ( )
3. 房地产开发企业建造的商品房在出售前已经使用或出租、出借的,不缴纳房产税。 ( )
4. 房产税从价计征,是指以房产原值为计税依据。 ( )
5. 对融资租赁的房屋计征房产税时,应以出租方取得的租金收入为计税依据。 ( )
6. 纳税人出租房屋的,房产税的计税基础为含增值税的租金收入。 ( )
7. 甲房地产公司以房产与乙公司投资联营,设立丙企业,双方约定甲房地产公司每年从丙企业分配保底利润500万元,甲公司投资的房产由丙企业按房产余值作为计税依据计缴房产税。 ( )
8. 对以房产投资联营、投资者参与利润分红、共担风险的,以房产余值作为计税依据计缴房产税。 ( )
9. 对个人按市场价格出租的居民住房,暂免征收房产税。 ( )
10. 赵某拥有一套四合院,原一直用于居住,2024年6月转为经营民俗旅游,则赵某应于2024年7月起缴纳房产税。 ( )
11. 房产不在同一地方的纳税人,应按房产的坐落地点分别向房产所在地的税务机关申报缴纳房产税。 ( )
12. 甲公司委托施工企业建设一栋办公楼,从该办公楼建成之次月起缴纳房产税。 ( )

知识训练二 契税法律制度

一、单项选择题

1. 甲企业因限产转产需要,经当地政府批准,将自有的一栋厂房转让给乙文化公司运营教

育文化产业园。该厂房所占用土地使用权为当地政府以划拨方式移转给甲企业的。根据契税法律制度的相关规定,下列表述正确的是(　　)。

A. 乙文化公司依法承受该厂房权属时,应以补缴的土地使用权出让费用或者土地收益为计税依据,缴纳契税

B. 甲企业为房屋、土地权属的转让方,因此无需缴纳任何环节的契税

C. 甲企业应以补缴的土地使用权出让费用或者土地收益为计税依据,缴纳契税

D. 乙文化公司承受的土地使用权为划拨方式取得的,因此免征契税

2. 下列各项中,属于契税纳税人的是(　　)。
   A. 出租住房的李某　　　　　　B. 出让土地使用权的某市政府
   C. 转让土地使用权的甲公司　　D. 购买房屋的王某

3. 根据契税法律制度的规定,下列各项中,属于契税纳税人的是(　　)。
   A. 受让土地使用权的单位　　　B. 出租房屋的个人
   C. 承租房屋的个人　　　　　　D. 转让土地使用权的单位

4. 根据契税法律制度的规定,下列行为中,应征收契税的是(　　)。
   A. 甲公司出租地下停车场　　　B. 丁公司购买办公楼
   C. 乙公司将房屋抵押给银行　　D. 丙公司承租仓库

5. 下列各项中,不征收契税的是(　　)。
   A. 张某受赠房屋
   B. 王某与李某互换房屋并向李某补偿差价款10万元
   C. 赵某抵押房屋
   D. 夏某购置商品房

6. 根据契税法律制度的规定,下列各项中,属于契税纳税人的是(　　)。
   A. 中奖取得住房的自然人　　　B. 出让土地使用权的政府
   C. 继承父母汽车的女儿　　　　D. 出售商铺的个体工商户

7. 李某拥有一套价值72万元的住房,张某拥有一套价值52万元的住房,双方交换住房,由张某补差价20万元给李某。已知本题涉及的价值、价格均不含增值税,当地政府规定的契税税率为3%。下列关于此次房屋交易缴纳契税的表述中,正确的是(　　)。
   A. 李某应缴纳契税2.16万元　　B. 张某应缴纳契税0.6万元
   C. 李某应缴纳契税0.6万元　　D. 张某应缴纳契税2.16万元

8. 2023年10月王某购买一套住房,支付购房价款97万元,增值税税额8.73万元,已知契税适用税率为3%。则下列计算王某应缴纳契税税额的列式中,正确的是(　　)。
   A. (97+8.73)×3%=3.17(万元)　　B. 97÷(1−3%)×3%=3(万元)
   C. (97−8.73)×3%=2.65(万元)　　D. 97×3%=2.91(万元)

9. 根据契税法律制度的规定,下列各项说法中,不正确的是(　　)。
   A. 土地使用权出让,不缴纳契税
   B. 土地使用权出售,以成交价格作为计税依据
   C. 房屋买卖,以成交价格作为计税依据
   D. 土地使用权的互换,以互换土地使用权的差额为计税依据

10. 下列各项中,不予免征契税的是(　　)。

A. 医院承受划拨土地用于修建门诊楼 B. 农民承受荒山土地用于林业生产
C. 企业接受捐赠房屋用于办公 D. 学校承受划拨土地用于建造教学楼

二、多项选择题

1. 下列选项中,属于契税征税范围的有(　　)。
   A. 房屋交换　　B. 房屋赠与　　C. 房屋买卖　　D. 房屋租赁
2. 下列各项中,属于契税征税范围的有(　　)。
   A. 农村集体土地承包经营权转移　　B. 土地使用权赠与
   C. 国有土地使用权出让　　D. 房屋交换
3. 根据契税法律制度的规定,下列各项中,不属于契税纳税人的有(　　)。
   A. 向养老院捐赠房产的李某　　B. 承租住房的刘某
   C. 购买商品房的张某　　D. 出售商铺的林某
4. 下列关于契税的说法中,错误的有(　　)。
   A. 契税的纳税人是在我国境内转让土地、房屋权属的单位和个人
   B. 土地使用权出让应按规定征收契税
   C. 土地使用权转让应按规定征收契税
   D. 承包者获得土地承包经营权应按规定征收契税
5. 根据契税法律制度的规定,下列各项中,征收机关可以参照市场价格核定契税的计税依据的有(　　)。
   A. 甲、乙双方交换的房屋价格差额明显不合理且没有正当理由
   B. 企业家刘某赠与村集体一幢楼房
   C. 张某出卖一套房子给侯某,因两人私交甚好,所以成交价格明显低于市场价格
   D. 某军事单位以明显低于市场的价格购买一宗土地,用于训练场地
6. 下列各项中,免征契税的有(　　)。
   A. 国家机关承受房屋用于办公　　B. 纳税人承受荒山土地使用权用于农业生产
   C. 军事单位承受土地用于军事设施　　D. 城镇居民购买商品房用于居住
7. 根据契税法律制度的规定,下列各项说法中,正确的有(　　)。
   A. 法定继承人通过继承承受房屋,免征契税
   B. 纳税人承受荒山土地使用权,用于林业生产的,免征契税
   C. 因不可抗力灭失住房而重新购买住房的,免征契税
   D. 事业单位承受房屋用于办公的,免征契税
8. 根据契税法律制度的规定,下列关于契税征收管理的规定中,说法正确的有(　　)。
   A. 契税的纳税义务发生时间是纳税人签订土地、房屋权属转移合同的当天
   B. 契税需要年年缴纳
   C. 纳税人应向土地、房屋所在地的税务征收机关申报纳税
   D. 纳税人应当在依法办理土地、房屋权属登记手续前申报缴纳契税

三、判断题

1. 张某将自有房屋对外出租,不缴纳契税。　　　　　　　　　　　　　　　　　　　　　(　　)

2. 王某转让位于市中心的一套房产,该交易涉及的契税应由王某申报缴纳。( )
3. 土地承包经营权的转移应征收契税。( )
4. 房屋赠与,由税务机关参照房屋买卖的不含增值税市场价格核定契税的计税依据。( )
5. 以划拨方式取得土地使用权,经批准转让房地产时应补缴的契税,以补缴的土地使用权出让费用或土地收益作为计税依据。( )
6. 李某的住房在地震中灭失,当他重新购买住房时,税务机关可酌情准予减征或者免征契税。( )
7. 契税的纳税期限为自纳税义务发生之日起15日内。( )

知识训练三 土地增值税法律制度

一、单项选择题

1. 下列各项中,属于土地增值税纳税人的是( )。
   A. 承租商铺的张某
   B. 出让国有土地使用权的某市政府
   C. 接受房屋捐赠的某学校
   D. 转让厂房的某企业

2. 根据土地增值税法律制度的规定,下列各项中,属于土地增值税征税范围的是( )。
   A. 房地产的出租
   B. 企业间房地产的交换
   C. 房地产的代建
   D. 房地产的抵押

3. 根据土地增值税法律制度的规定,下列各项中,属于土地增值税征税范围的是( )。
   A. 国有土地使用权的出让
   B. 国有土地使用权的转让
   C. 合作建房后按比例分房自用的
   D. 在抵押期间的房地产

4. 根据土地增值税法律制度的规定,纳税人支付的下列款项中,在计算土地增值税计税依据时,不允许从房地产转让收入额中减除的是( )。
   A. 在转让房地产时缴纳的城市维护建设税
   B. 为取得土地使用权所支付的地价款
   C. 超过贷款期限的利息部分
   D. 开发房地产款项实际发生的土地征用费

5. 根据土地增值税法律制度的规定,下列行为中,应缴纳土地增值税的是( )。
   A. 国有土地使用权的转让
   B. 房地产的出租
   C. 国有土地使用权的出让
   D. 房产的继承

6. 下列企业的主管税务机关,可以要求其进行土地增值税清算的是( )。
   A. 甲房地产开发公司的房地产开发项目全部竣工并已完成销售
   B. 乙房地产开发公司取得销售许可证满2年仍未销售完毕
   C. 丙房地产开发公司已竣工验收的房地产开发项目,已转让的房地产建筑面积占整个项目可售建筑面积的比例为75%,剩余的可售建筑面积已经出租
   D. 丁房地产开发公司将未竣工决算的房地产开发项目整体转让

7. 2024年5月,某国有企业转让2019年5月在市区购置的一栋办公楼,取得不含增值税收入10 000万元,签订产权转移书据,相关税费115万元,2019年购买时支付价款

8 000万元,办公楼经税务机关认定的重置成本价为12 000万元,成新率70%。该企业在缴纳土地增值税时计算的增值额为(　　)万元。
   A. 400   B. 1 485   C. 1 490   D. 200

8. 下列各项中,免征土地增值税的是(　　)。
   A. 由一方出地,另一方出资金,企业双方合作建房,建成后转让的房地产
   B. 因城市实施规划、国家建设的需要而搬迁,企业自行转让原房地产
   C. 企业之间交换房地产
   D. 企业以房地产抵债而发生权属转移的房地产

9. 纳税人建造普通标准住宅出售,增值额未超过扣除项目金额一定比例的,免征土地增值税,该比例是(　　)。
   A. 5%   B. 10%   C. 20%   D. 30%

10. 根据土地增值税法律制度的规定,下列各项中,不属于土地增值税免税项目的是(　　)。
    A. 个人转让住房
    B. 因国家建设需要被政府批准收回的土地使用权
    C. 企业出售闲置办公用房
    D. 因城市规划需要被政府批准征用的房产

二、多项选择题

1. 根据土地增值税法律制度的规定,下列行为中应征收土地增值税的有(　　)。
   A. 个人出租不动产
   B. 企业出售不动产
   C. 企业转让国有土地使用权
   D. 政府出让国有土地使用权

2. 根据土地增值税法律制度的规定,下列各项中,不属于土地增值税纳税人的有(　　)。
   A. 出售厂房的工厂
   B. 受赠房屋的学校
   C. 承租商铺的个体工商户
   D. 出让国有土地使用权的市人民政府

3. 根据土地增值税法律制度的规定,下列各项中,属于土地增值税纳税人的有(　　)。
   A. 出租住房的孙某
   B. 转让国有土地使用权的甲公司
   C. 出售商铺的潘某
   D. 出售写字楼的乙公司

4. 根据土地增值税法律制度的规定,下列各项中,属于土地增值税纳税人的有(　　)。
   A. 事业单位   B. 国家机关   C. 社会团体   D. 其他个人

5. 甲商业企业在转让其自用的办公楼时产生的下列各项税费中,在计算土地增值税时可以扣除的有(　　)。
   A. 增值税   B. 城市维护建设税   C. 教育费附加   D. 印花税

6. 根据土地增值税法律制度的规定,下列各项中,在计算土地增值税计税依据时,应列入房地产开发成本的有(　　)。
   A. 土地出让金   B. 前期工程费   C. 耕地占用税   D. 公共配套设施费

7. 计算土地增值税时,旧房及建筑物可以扣除的金额有(　　)。
   A. 转让环节的税金
   B. 取得土地的地价款
   C. 评估价格
   D. 重置成本

8. 根据土地增值税法律制度的规定,下列情形中,应予缴纳土地增值税的有(　　)。

A. 纳税人进行其他房地产开发的同时建造普通标准住宅,不能准确核算增值额的

B. 企事业单位转让旧房作为公共租赁住房房源且增值额未超过扣除项目金额20%的

C. 纳税人建造高级公寓出售,增值额未超过扣除项目金额20%的

D. 因国家建设需要依法征用、收回的房地产

9. 2024年2月,甲企业转让2010年自建的房产一栋取得收入2 000万元,该房产购入时的土地成本为600万元,房屋重置成本为300万元,成新率为50%,评估价格为150万元,缴纳增值税100万元,城建税及教育费附加10万元,评估费5万元。则甲企业在计算土地增值税时准予扣除的项目有( )。

A. 土地成本600万元

B. 重置成本300万元

C. 评估价格150万元

D. 缴纳的增值税100万元及城建税及教育费附加10万元

10. 根据土地增值税法律制度的规定,下列各项中,在计算土地增值税时,应计入房地产开发成本的有( )。

A. 公共配套设施费　　　　　　B. 建筑安装工程费

C. 取得土地使用权所支付的地价款　D. 土地征用及拆迁补偿费

11. 根据土地增值税法律制度的规定,纳税人转让旧房及建筑物,在计算增值额时,准予扣除的项目有( )。

A. 评估价格　　　　　　　　　B. 转让环节缴纳的税金

C. 房地产开发成本　　　　　　D. 重置成本价

12. 下列情形中,属于土地增值税核定征收的有( )。

A. 依照法律、行政法规的规定应当设置但未设置账簿的

B. 擅自销毁账簿或者拒不提供纳税资料的

C. 虽设置账簿,但账目混乱或者成本资料、收入凭证、费用凭证残缺不全,难以确定转让收入或扣除项目金额的

D. 申报的计税依据明显偏低,又无正当理由的

13. 根据土地增值税法律制度的规定,纳税人应当进行土地增值税清算的情形有( )。

A. 直接转让土地使用权的

B. 整体转让未竣工决算房地产开发项目的

C. 房地产开发项目全部竣工并完成销售的

D. 取得房地产销售(预售)许可证满2年尚未销售完毕的

三、判断题

1. 张某因父亲死亡继承其房屋,该行为应缴纳土地增值税。　　　　　　　　(　　)

2. 土地增值税实行五级超率累进税率。　　　　　　　　　　　　　　　　(　　)

3. 房地产开发项目中同时包含普通住宅和非普通住宅的,应分别计算土地增值税的税额。　(　　)

4. 对于一方出地,另一方出资金,双方合作建房,建成后按比例分房自用的,双方均应当征收土地增值税。　　　　　　　　　　　　　　　　　　　　　　　　　　(　　)

5. 纳税人隐瞒、虚报房地产成交价格的,按照房产的购置原价计算征收土地增值税。(   )
6. 甲企业通过国家民政机关将其拥有的一处房产赠与某小学,该赠与行为不征收土地增值税。(   )
7. 纳税人建造普通标准住宅出售,增值额未超过扣除项目金额20%的,予以免税,超过20%的,按照超过部分缴纳土地增值税。(   )

知识训练四　城镇土地使用税法律制度

一、单项选择题

1. 根据城镇土地使用税法律制度的规定,下列各项中,不属于城镇土地使用税征税范围的是(   )。
   A. 城市内的集体所有土地
   B. 县城内的国有土地
   C. 建制镇的国有土地
   D. 农村的集体所有土地

2. 2024年甲公司厂区实际占地面积300平方米,其中100平方米无偿给公安机关使用;另厂区外与社会公用地段未加隔离的铁路专用线路占地200平方米。已知城镇土地使用税的税额为每平方米12元。则下列计算甲公司当年应缴纳的城镇土地使用税税额的列式中,正确的是(   )。
   A. (300+200)×12=6 000(元)
   B. (300−100+200)×12=4 800(元)
   C. (300−100)×12=2 400(元)
   D. 300×12=3 600(元)

3. 甲房地产开发企业开发一住宅项目,实际占地面积12 000平方米,建筑面积24 000平方米,容积率为2,甲房地产开发企业缴纳的城镇土地使用税的计税依据为(   )平方米。
   A. 18 000
   B. 24 000
   C. 36 000
   D. 12 000

4. 某企业2023年年初实际占地面积为2 000平方米,2023年4月该企业为扩大生产,根据有关部门的批准,新征用非耕地3 000平方米,已知该企业所处地段适用年纳税额5元/平方米。则下列计算该企业2023年应缴纳城镇土地使用税税额的列式中,正确的是(   )。
   A. 2 000×5=10 000(元)
   B. 3 000×5=15 000(元)
   C. 2 000×5+3 000×5×8÷12=20 000(元)
   D. 2 000×5+3 000×5=25 000(元)

5. 甲房地产开发公司2023年实际占用土地面积30 000平方米,其中1 000平方米为售楼处和公司办公区;20 000平方米用于开发普通标准住宅,9 000平方米经批准用于开发经济适用房,已知该企业所处地段适用年纳税额24元/平方米。则下列计算甲房地产开发公司2023年应缴纳的城镇土地使用税税额的列式中,正确的是(   )。
   A. 30 000×24=720 000(元)
   B. (20 000+1 000)×24=504 000(元)

C. 1 000×24＝24 000(元)

D. 0

6. 根据城镇土地使用税法律制度的规定，下列城市用地中，不属于城镇土地使用税免税项目的是（　　）。

A. 市政街道公共用地　　　　　　B. 国家机关自用的土地

C. 企业生活区用地　　　　　　　D. 公园自用的土地

7. 根据城镇土地使用税法律制度的规定，下列关于城镇土地使用税征收管理的表述中，正确的是（　　）。

A. 城镇土地使用税具体纳税期限由省、自治区、直辖市人民政府确定

B. 城镇土地使用税在纳税人所在地缴纳

C. 纳税人新征用的耕地，自批准征用次月起缴纳城镇土地使用税

D. 城镇土地使用税年终一次性缴纳

二、多项选择题

1. 根据城镇土地使用税法律制度的规定，下列关于城镇土地使用税纳税人的表述中，正确的有（　　）。

A. 城镇土地使用税由拥有土地使用权的单位或个人缴纳

B. 拥有土地使用权的纳税人不在土地所在地的，由代管人或实际使用人缴纳

C. 土地使用权未确定或权属纠纷未解决的，暂不缴纳城镇土地使用税

D. 土地使用权共有的，共有各方均为纳税人，由共有各方分别纳税

2. 下列各项中，属于城镇土地使用税的征收范围的有（　　）。

A. 集体所有的建制镇土地　　　　B. 集体所有的城市土地

C. 集体所有的农村土地　　　　　D. 国家所有的工矿区土地

3. 根据城镇土地使用税法律制度的规定，下列表述中，正确的有（　　）。

A. 城镇土地使用税的计税依据是纳税人实际占用的土地面积

B. 凡由省级人民政府确定的单位组织测定土地面积的，以测定的土地面积为准

C. 尚未组织测定，但纳税人持有政府部门核发的土地使用证书的，以证书确定的土地面积为准

D. 尚未核发土地使用证书的，暂不纳税，待核发土地使用证书后再进行纳税

4. 根据城镇土地使用税法律制度的规定，下列各项中，可以作为城镇土地使用税计税依据的有（　　）。

A. 省政府确定的单位测定的面积

B. 土地使用权证书确定的面积

C. 由纳税人申报的面积为准，核发土地使用权证书后再作调整

D. 税务部门规定的面积

5. 下列关于城镇土地使用税纳税义务发生时间的表述中，正确的有（　　）。

A. 纳税人购置新建商品房，自房屋交付使用之次月起缴纳城镇土地使用税

B. 纳税人以出让方式有偿取得土地使用权的，应从合同约定交付土地时间的次月起缴纳城镇土地使用税

C. 纳税人新征用的耕地,自批准征用之日起满1年时缴纳城镇土地使用税
D. 纳税人新征用的非耕地,自批准征用次月起缴纳城镇土地使用税

三、判断题

1. 企业拥有并运营管理的大型体育场馆,其用于体育活动的土地,免征城镇土地使用税。（　　）
2. 对公安部门无偿使用铁路、民航等单位的土地,免征城镇土地使用税。（　　）
3. 国家机关、人民团体、军队自用的土地,免征城镇土地使用税。（　　）

知识训练五　耕地占用税法律制度

一、单项选择题

1. 根据耕地占用税法律制度的规定,下列情形中,不缴纳耕地占用税的是(　　)。
   A. 占用渔业水域滩涂建设海上乐园的　　B. 占用林地修建木材集材道的
   C. 占用养殖水面建设城市公园的　　　　D. 占用耕地建设经济技术开发区的

2. 2024年7月甲公司开发住宅社区经批准共占用耕地150 000平方米,其中800平方米兴建幼儿园,5 000平方米修建学校,已知耕地占用税适用税率为30元/平方米。则下列计算甲公司应缴纳耕地占用税税额的列式中,正确的是(　　)。
   A. 150 000×30＝4 500 000(元)
   B. (150 000－800－5 000)×30＝4 326 000(元)
   C. (150 000－5 000)×30＝4 350 000(元)
   D. (150 000－800)×30＝4 476 000(元)

3. 甲企业2024年2月经批准新占用一块耕地建造办公楼,另占用一块非耕地建造企业仓库。下列关于甲企业城镇土地使用税和耕地占用税的有关处理,正确的是(　　)。
   A. 甲企业建造办公楼占地,应征收耕地占用税,并自批准征用之次月起征收城镇土地使用税
   B. 甲企业建造办公楼占地,应征收耕地占用税,并自批准征用之日起满一年后征收城镇土地使用税
   C. 甲企业建造仓库占地,不征收耕地占用税,应自批准征用之月起征收城镇土地使用税
   D. 甲企业建造仓库占地,不征收耕地占用税,应自批准征用之日起满一年时征收城镇土地使用税

4. 农民赵某经批准在户籍所在地占用一块耕地建造住宅作为自己的婚房,对赵某的上述行为,根据耕地占用税的计税规定,下列说法中正确的是(　　)。
   A. 免征　　　　B. 照常征收　　　　C. 减半征收　　　　D. 加征50%

5. 根据耕地占用税法律制度的规定,下列情形中,不缴纳耕地占用税的是(　　)。
   A. 占用市区工厂土地建设商品房　　　　B. 占用市郊菜地建设公路
   C. 占用牧草地建设厂房　　　　　　　　D. 占用果园建设旅游度假村

二、多项选择题

1. 下列各项中,免征耕地占用税的有( )。
   A. 公立学校教学楼占用耕地
   B. 厂区内机动车道占用耕地
   C. 军事设施占用耕地
   D. 医院内职工住房占用耕地

2. 下列各项中,免征耕地占用税的有( )。
   A. 工厂生产车间占用的耕地
   B. 军用公路专用线占用的耕地
   C. 学校教学楼占用的耕地
   D. 医院职工住宅楼占用的耕地

3. 下列属于耕地占用税征税范围的有( )。
   A. 占用林地建房的
   B. 占用草地兴建农田水利设施的
   C. 占用城镇村庄范围内的绿化林木用地修建便民菜市场的
   D. 占用人工开挖用于水产养殖的河流水面用于建设旅游码头的

4. 下列关于耕地占用税的税率、计税依据和纳税环节的说法中,正确的是( )。
   A. 以实际占用的耕地面积为计税依据
   B. 以实际占用的耕地评估价格为计税依据
   C. 实行有地区差别的幅度比例税率
   D. 一次性征收耕地占用税

5. 根据耕地占用税法律制度的规定,下列各项中,可以免征耕地占用税的有( )。
   A. 军用机场占用的耕地
   B. 社会福利机构为老人提供生活照顾场所占用的耕地
   C. 幼儿园用于幼儿保育、教育场所占用的耕地
   D. 学校内教职工住房占用的耕地

三、判断题

1. 在人均耕地低于0.5亩的地区,耕地占用税加征50%。 ( )
2. 经批准占用耕地的,纳税人应当自实际占用耕地之日起30日内申报缴纳耕地占用税。 ( )
3. 因采矿塌陷损毁耕地,应缴纳耕地占用税;自相关部门认定损毁耕地之日起1年内依法复垦或修复,恢复种植条件的,全额退还已经缴纳的耕地占用税。 ( )
4. 某农场占用苗圃修建水渠,不缴纳耕地占用税。 ( )
5. 农村居民在规定用地标准以内占用耕地,新建自用住宅,可以免征耕地占用税。 ( )

知识训练六 车船税法律制度

一、单项选择题

1. 根据车船税法律制度的规定,下列车船中,应征收车船税的是( )。
   A. 捕捞渔船
   B. 符合国家有关标准的纯电动商用车
   C. 军队专用车船
   D. 观光游艇

2. 我国车船税的税率形式是( )。
   A. 地区差别比例税率　　　　　　B. 有幅度的比例税率
   C. 有幅度的定额税率　　　　　　D. 全国统一的定额税率

3. 下列车船中,应缴纳车船税的是( )。
   A. 商用客车　　B. 捕捞渔船　　C. 警用车船　　D. 养殖渔船

4. 甲公司 2024 年年初拥有 5 辆商用客车用于接送员工上下班,3 辆挂车用于作业。已知挂车的整备质量吨位数为 10 吨,同等货车适用的年基准税额为 40 元/吨;商用客车适用的年基准税额为 600 元/辆。则下列计算甲公司当年应缴纳的车船税税额的列式中,正确的是( )。
   A. $10 \times 3 \times 40 + 600 \times 5 = 4\ 200$(元)
   B. $10 \times 40 \times 3 + 600 = 1\ 800$(元)
   C. $10 \times 40 \times 3 \times 50\% + 600 \times 5 = 3\ 600$(元)
   D. $40 \times 3 + 600 \times 5 = 3\ 120$(元)

5. 根据车船税法律制度的规定,下列车船中,以净吨位数为计税依据的是( )。
   A. 机动船舶　　B. 轮式专用机械车　　C. 挂车　　D. 商用客车

6. 根据车船税法律制度的规定,非机动驳船的计税依据是( )。
   A. 净吨位数　　B. 艇身长度　　C. 辆数　　D. 整备质量吨位数

7. 根据车船税法律制度的规定,下列各项中,属于机动船舶计税依据的是( )。
   A. 净吨位每吨　　B. 整备质量每吨　　C. 每米　　D. 购置价格

8. 下列各项中,免征车船税的是( )。
   A. 家庭自用的纯电动乘用车　　　　B. 国有企业的公用汽油动力乘用车
   C. 外国驻华使领馆的自用商务车　　D. 个体工商户自用摩托车

9. 下列各项中,免予缴纳车船税的是( )。
   A. 非机动驳船　　B. 纯电动商用车　　C. 政府机关公务用车　　D. 出租车

10. 下列各项中,免征车船税的是( )。
    A. 建筑公司专用作业车　　　　B. 人民法院警务用车
    C. 商场管理部门用车　　　　　D. 物流公司货车

11. 根据车船税法律制度的规定,下列关于车船税纳税申报的表述中,不正确的是( )。
    A. 扣缴义务人已代收代缴车船税的,纳税人不再向车辆登记地的主管税务机关申报缴纳车船税
    B. 没有扣缴义务人的,纳税人应当向主管税务机关自行申报缴纳车船税
    C. 已缴纳车船税的车船在同一纳税年度内办理转让过户的,需要另外纳税
    D. 车船税按年申报,分月计算,一次性缴纳

二、多项选择题

1. 根据车船税法律制度的规定,下列各项中,不属于车船税征税范围的有( )。
   A. 摩托车　　B. 拖拉机　　C. 自行车　　D. 挂车

2. 下列纳税主体中,属于车船税纳税人的有( )。
   A. 在中国境内拥有并使用船舶的国有企业

B. 在中国境内拥有并使用车辆的外籍个人
C. 在中国境内拥有并使用船舶的内地居民
D. 在中国境内拥有并使用车辆的外国企业

3. 根据车船税法律制度规定,下列各项中,属于车船税征税范围的有（　　）。
   A. 用于耕地的拖拉机　　　　　　　B. 用于接送员工的客车
   C. 用于休闲娱乐的游艇　　　　　　D. 供企业经理使用的小汽车

4. 根据车船税法律制度的规定,下列各项中,属于车船税征税范围的有（　　）。
   A. 摩托车　　　　B. 客车　　　　C. 货车　　　　D. 火车

5. 根据车船税法律制度的规定,下列各项中,属于车船税征税范围的有（　　）。
   A. 非机动驳船　　B. 电动自行车　　C. 摩托车　　　　D. 挂车

6. 根据车船税法律制度的规定,下列关于车船税计税依据的说法中,正确的有（　　）。
   A. 挂车以辆数为计税依据
   B. 摩托车以辆数为计税依据
   C. 机动船舶以整备质量吨位数为计税依据
   D. 游艇以艇身长度为计税依据

7. 根据车船税法律制度的规定,下列车船中,以"辆数"为计税依据的有（　　）。
   A. 商用货车　　　　　　　　　　　B. 机动船舶
   C. 摩托车　　　　　　　　　　　　D. 商用客车

8. 根据车船税法律制度的规定,下列各项表述中,正确的有（　　）。
   A. 捕捞、养殖渔船免征车船税
   B. 纯电动乘用车和燃料电池乘用车不征车船税
   C. 悬挂应急救援专用号牌的国家综合性消防救援车辆和国家综合性消防救援船舶免征车船税
   D. 对节约能源车船,减半征收车船税

9. 根据车船税法律制度的规定,下列关于车船税纳税地点的表述中,正确的有（　　）。
   A. 依法不需要办理登记的车船,纳税地点为车船的所有人或者管理人所在地
   B. 依法需要办理登记,纳税人自行申报纳税的车船,纳税地点为车船登记地的主管税务机关的所在地
   C. 需要办理登记的车船,纳税地点为车船所在地
   D. 扣缴义务人代收代缴税款的车船,纳税地点为扣缴义务人所在地

三、判断题

1. 依法不需要在车船登记管理部门登记的在单位内部场所行驶或者作业的机动车辆和船舶不属于车船税的征税范围。（　　）
2. 拖船、非机动驳船分别按照机动船舶税额的50%计算车船税税额。（　　）
3. 甲钢铁厂拥有的依法不需要在车船登记部门登记的在单位内部场所行驶的机动车辆,属于车船税的征税范围。（　　）
4. 扣缴义务人代收代缴车船税的,纳税地点为扣缴义务人所在地。（　　）
5. 购置的新车船,购置当年车船税的应纳税额自纳税义务发生的次月起按月计算。（　　）

6. 在一个纳税年度内,已完税的车船被盗抢、报废、灭失的,纳税人可以凭有关管理机关出具的证明和完税凭证,向纳税所在地的主管税务机关申请退还自被盗抢、报废、灭失次月起至该纳税年度终了期间的税款。( )
7. 从事机动车第三者责任强制保险业务的保险机构为机动车车船税的扣缴义务人,应当在收取保险费时依法代收车船税,并出具代收款凭证。( )
8. 车船税按年申报,分月计算,分月缴纳。( )

知识训练七 资源税法律制度

一、单项选择题

1. 根据资源税法律制度的规定,下列不属于应征资源税的是( )。
   A. 原油 B. 天然气 C. 柴油 D. 海盐
2. 根据资源税法律制度的规定,下列各项中,不属于资源税征税范围的是( )。
   A. 开采的金原矿
   B. 以已税原煤加工的洗选煤
   C. 开采的海盐
   D. 开采的轻稀土矿
3. 根据资源税法律制度的规定,下列情形中,应缴纳资源税的是( )。
   A. 加油站销售石油制品
   B. 石油企业销售自采原油
   C. 贸易公司进口铁矿石
   D. 超市销售精盐
4. 根据资源税法律制度的规定,下列各项中,不属于资源税征税范围的是( )。
   A. 开采的煤成(层)气
   B. 以空气加工生产的液氧
   C. 开采的原煤
   D. 开采的天然气
5. 下列各项中,不属于资源税征税范围的是( )。
   A. 钠盐 B. 石灰岩 C. 金锭 D. 柴油
6. 根据资源税法律制度的规定,不应纳入资源税销售额的是( )。
   A. 取得增值税专用发票的运杂费用
   B. 包装物租金
   C. 代垫款项
   D. 延期付款利息
7. 2023年10月,甲矿场将自采铅锌矿原矿对外销售,取得不含税销售额600万元,另收取从坑口到购买方指定码头的运杂费用共3万元。已知当地铅锌矿原矿适用税率为3%,铅锌矿选矿适用税率2%。则下列计算甲矿场当月应纳资源税税额的列式中,正确的是( )。
   A. (600−3)×3%=17.91(万元)
   B. 600×3%=18(万元)
   C. (600+3)×3%=18.09(万元)
   D. 600×2%=12(万元)
8. 某煤矿11月份开采销售原煤,取得原煤不含税销售额4 000万元;销售加工选煤取得不含税销售额6 000万元;因安全生产抽采的煤层气,全部输送给发电企业,取得不含税销售额30万元。已知当地的原煤适用资源税税率为8%,选煤适用的资源税税率为6.5%,煤成(层)气适用的资源税税率为1.5%。则下列计算该煤矿11月份应缴纳资源税税额的列式中,正确的是( )。

A. 4 000×8%+6 000×6.5%=710(万元)

B. 6 000×6.5%=390(万元)

C. 4 000×8%+30×1.5%=320.45(万元)

D. 4 000×8%+6 000×6.5%+30×1.5%=710.45(万元)

9. 根据资源税法律制度的规定,下列关于减免资源税的表述中,不正确的是( )。

A. 开采原油过程中用于加热的原油免税

B. 高含硫天然气资源税减征30%

C. 低丰度油气田资源税暂减征20%

D. 深水油气田资源税减征20%

二、多项选择题

1. 根据资源税法律制度的规定,下列各项中,不征收资源税的有( )。

   A. 石油公司销售自产原油 B. 加油站销售柴油
   C. 贸易公司进口铁矿 D. 超市销售精盐

2. 根据资源税法律制度的规定,下列各项中,属于资源税征税范围的有( )。

   A. 石灰岩 B. 钾盐
   C. 耐火黏土 D. 砂石

3. 根据资源税法律制度的规定,下列各项中,属于资源税征税范围的有( )。

   A. 天然卤水 B. 海盐 C. 原油 D. 人造石油

4. 下列关于资源税计税依据的说法中,正确的有( )。

   A. 资源税计税依据包括向购买方收取的优质费

   B. 向购买方收取的违约金不作为资源税的计税依据

   C. 实行从量定额征收资源税的,应以销售数量为计税依据

   D. 纳税人销售应税产品向购买方收取全部价款和价外费用,不包括增值税销项税额和运杂费用

5. 下列各项中,免缴纳资源税的有( )。

   A. 进口的原油

   B. 出口的原油

   C. 开采原油过程中用于加热的原油

   D. 油田范围内运输原油过程中用于加热的原油

6. 根据资源税法律制度的规定,下列关于资源税纳税环节的表述中,正确的有( )。

   A. 纳税人自采原矿销售的,在原矿销售环节缴纳资源税

   B. 纳税人以自产原矿加工金精矿销售的,在金精矿销售环节缴纳资源税

   C. 纳税人以自产原矿加工金精矿自用的,在金精矿自用环节缴纳资源税

   D. 纳税人自采原矿加工金精矿销售的,在金矿石移送环节缴纳资源税

三、判断题

1. 某矿山企业同时开采和生产黑色金属原矿并出售,其开采的铁、锰、铬原矿的当地适用

税率分别为6%、3.5%、4%,企业当月不能准确提供铁、锰、铬原矿各自的销售额。根据资源税法律制度的规定,该企业当月应以产量占比方法分别核算销售额并据此分别适用不同税率计算资源税。（ ）
2. 纳税人将其开采的原煤自用于连续生产洗选煤的,在原煤移送使用环节,不缴纳资源税。（ ）
3. 自用应税资源产品的,纳税义务发生时间为移送应税产品的当日。（ ）
4. 海盐属于资源税征税范围。（ ）

知识训练八　环境保护税法律制度

一、单项选择题

1. 根据环境保护税法律制度的规定,下列各项中,不属于环境保护税征税范围的是(　　)。
   A. 噪声　　　　　B. 固体废物　　　　C. 光污染　　　　D. 水污染物

2. 2024年7月甲公司产生炉渣400吨,其中80吨贮存在符合国家和地方环境保护标准的设施中,100吨综合利用且符合国家和地方环境保护标准,其余的直接倒弃于周边空地。已知,炉渣环境保护税税率为25元/吨。下列计算甲公司当月所产生炉渣应缴纳环境保护税税额的列式中,正确的是(　　)。
   A. （400－80－100）×25＝5 500(元)
   B. 400×25＝10 000(元)
   C. （400－100）×25＝7 500(元)
   D. （400－80）×25＝8 000(元)

3. 甲建筑公司,2023年因施工作业导致产生的工业噪声超标16分贝以上,其中5月超标天数为12天,6月超标天数为22天,已知工业噪声超标16分贝以上每月纳税额为11 200元。则下列计算甲建筑公司应纳环境保护税税额的列式中,正确的是(　　)。
   A. 11 200×2÷60×（12＋22）＝12 693.33(元)
   B. 11 200×2＝22 400(元)
   C. 11 200×50%＋11 200＝16 800(元)
   D. 11 200÷30×22＝8 213.33(元)

4. 下列关于环境保护税征收管理的说法中,错误的是(　　)。
   A. 环境保护税的纳税义务发生时间为纳税人排放应税污染物的当日
   B. 环境保护税按月计算,按年申报缴纳
   C. 环境保护税可以按次申报缴纳
   D. 纳税人应当向应税污染物排放地的税务机关申报缴纳环境保护税

5. 下列各项中,不征收环境保护税的是(　　)。
   A. 光源污染　　　B. 噪声污染　　　　C. 水污染　　　　D. 大气污染

6. 纳税人排放应税大气污染物或者水污染物的浓度值低于国家和地方规定的污染物排放标准50%的,减按(　　)征收环境保护税。
   A. 0　　　　　　B. 30%　　　　　　C. 50%　　　　　D. 75%

二、多项选择题

1. 下列各项中,暂予免征环境保护税的有(　　)。
   A. 农业生产(不包括规模化养殖)排放应税污染物的
   B. 机动车等流动污染源排放应税污染物的
   C. 依法设立的城乡污水集中处理、生活垃圾集中处理场所排放应税污染物的
   D. 纳税人综合利用的固体废物,符合国家和地方环境保护标准的

2. 下列关于环境保护税税收优惠的说法中,正确的有(　　)。
   A. 规模化养殖排放应税污染物,免征环境保护税
   B. 船舶排放应税污染物,免征环境保护税
   C. 城乡污水集中处理场所排放应税污染物,不超规定标准的,免征环境保护税
   D. 纳税人排放应税大气污染物的浓度值低于国家规定标准30%的,免征环境保护税

3. 下列关于环境保护税征收管理的说法中,正确的有(　　)。
   A. 纳税义务发生时间为排放应税污染物的当日
   B. 纳税人应当按月申报缴纳
   C. 不能按固定期限计算缴纳的,可以按次申报缴纳
   D. 纳税人应当向企业注册登记地税务机关申报缴纳

4. 下列选项中,属于环境保护税暂予免征项目的有(　　)。
   A. 农业生产中大规模养殖活动,排放污染物的
   B. 民用航空器排放污染物
   C. 纳税人综合利用的固体废物,符合国家和地方环保标准
   D. 机动车排放污染物

5. 根据环境保护税法律制度规定,下列关于环境保护税计税依据的表述中,正确的有(　　)。
   A. 应税大气污染物按照污染物排放量折合的污染当量数确定
   B. 应税固体废物按照固体废物的排放量确定
   C. 应税噪声按照超过国家规定标准的分贝数确定
   D. 应税水污染物按照污物的排放量确定

6. 根据环境保护税法律制度的规定,下列项目中,免征环境保护税的有(　　)。
   A. 规模化养殖
   B. 机动车排放的应税污染物
   C. 农业生产排放的应税污染物
   D. 纳税人综合利用的固体废物,符合国家和地方环境保护标准的

三、判断题

1. 纳税人应当向应税污染物排放地的税务机关申报缴纳环境保护税。(　　)
2. 事业单位和其他生产经营者向依法设立的污水集中处理、生活垃圾集中处理场所排放应税污染物的,不缴纳相应污染物的环境保护税。(　　)
3. 大气污染物和水污染物按照污染范围计征环境保护税。(　　)
4. 机动车排放应税污染物应征收环境保护税。(　　)

5. 纳税人排放应税大气污染物或者水污染物的浓度值低于国家和地方规定的污染物排放标准30%的,减按75%征收环境保护税。( )

知识训练九 印花税法律制度

一、单项选择题

1. 根据印花税法律制度的规定,下列选项中,应征印花税的是( )。
   A. 军队领受的应税凭证　　　　　　B. 抢险救灾物资运输结算凭证
   C. 出版合同　　　　　　　　　　　D. 产权转移书据

2. 下列各项中,应计算缴纳印花税的是( )。
   A. 无息或贴息借款合同
   B. 出版合同
   C. 农业保险合同
   D. 建筑施工单位分包给其他施工单位的分包合同

3. 甲公司与乙公司签订购销合同,合同约定丙为担保人,丁为鉴定人。下列关于该合同印花税纳税人的表述中,正确的是( )。
   A. 甲、乙、丙和丁为纳税人　　　　B. 甲、乙和丁为纳税人
   C. 甲、乙为纳税人　　　　　　　　D. 甲、乙和丙为纳税人

4. 下列各项中,应征收印花税的是( )。
   A. 报刊发行单位和订阅单位之间书立的凭证
   B. 建筑安装工程承包合同
   C. 门市部零星修理业务开具的修理单
   D. 农林作物保险合同

5. 根据印花税法律制度的规定,应税营业账簿的计税依据是( )。
   A. 营业账簿记载的营业外收入金额
   B. 营业账簿记载的营业收入金额
   C. 营业账簿记载的银行存款金额
   D. 营业账簿记载的实收资本(股本)、资本公积合计金额

6. 甲公司于2024年8月开业后,领受了营业执照、卫生许可证、不动产权证书、商标注册证各一件,已知"权利、许可证照"印花税单位纳税额为每件5元。则甲公司应缴纳的印花税税额为( )元。
   A. 5　　　　　　B. 10　　　　　　C. 15　　　　　　D. 20

7. 根据印花税法律制度的规定,下列各项中,按件贴花的是( )。
   A. 运输合同　　　B. 产权转移书据　　C. 借款合同　　　D. 不动产权证书

8. 根据印花税法律制度的规定,下列应税凭证中,以"件数"作为计税依据的是( )。
   A. 仓储合同　　　B. 租赁合同　　　　C. 权利、许可证照　D. 产权转移书据

9. 甲公司成立时注册资本500万元;领取营业执照、不动产权证书、商标注册证、药品经营许可证各一件;建立资金账簿1本,其他账簿10本;当月与乙公司签订买卖合同,商品

售价50万元,由甲公司负责运输;与丙运输公司签订运输合同,合同价款2万元,其中运费1.5万元,装卸费0.5万元,分别记载。已知买卖合同、运输合同的印花税税率为0.3‰,资金账簿的印花税税率为0.25‰,权利、许可证照的定额税率为每件5元,上述涉及价款均不含增值税。根据印花税法律制度的规定,下列计算甲公司应缴纳印花税税额的列式中,正确的是( )。

  A. 5 000 000×0.25‰+14×5+500 000×0.3‰+15 000×0.3‰=1 474.5(元)
  B. 5 000 000×0.25‰+3×5+500 000×0.3‰+15 000×0.3‰=1 419.5(元)
  C. 5 000 000×0.25‰+15×5+500 000×0.3‰+15 000×0.3‰=1 479.5(元)
  D. 5 000 000×0.25‰+4×5+500 000×0.3‰+20 000×0.3‰=1 426(元)

10. 根据印花税法律制度的规定,下列各项中,以件数为印花税计税依据的是( )。
  A. 营业账簿   B. 著作权转让书据
  C. 不动产权证书   D. 财产保险合同

二、多项选择题

1. 根据印花税法律制度的相关规定,下列各项中,属于印花税的征税范围的有( )。
  A. 买卖合同   B. 资金账簿   C. 证券交易   D. 法律咨询合同

2. 下列合同中,应该缴纳印花税的有( )。
  A. 买卖合同   B. 技术合同   C. 货物运输合同   D. 财产租赁合同

3. 根据印花税法律制度的规定,下列合同中,征收印花税的有( )。
  A. 货物运输合同   B. 加工承揽合同   C. 审计咨询合同   D. 财产保险合同

4. 下列选项中,属于印花税征税范围的有( )。
  A. 借款合同   B. 承揽合同   C. 仓储保管合同   D. 买卖合同

5. 根据印花税法律制度的规定,下列各项关于印花税计税依据的表述中,正确的有( )。
  A. 证券交易的计税依据,为成交金额
  B. 产权转移书据中价款与增值税税款未分开列明的,按照合计金额确定计税依据
  C. 应税营业账簿的计税依据,为营业账簿记载的实收资本(股本)、资本公积合计金额
  D. 应税权利、许可证照的计税依据,按件确定

6. 下列关于印花税计税依据的说法中,不正确的有( )。
  A. 租赁合同,以所租赁财产的金额作为计税依据
  B. 运输合同,以所运货物金额和运输费用的合计金额为计税依据
  C. 借款合同,以借款金额和借款利息的合计金额为计税依据
  D. 财产保险合同,以保险费收入为计税依据

7. 根据印花税法律制度的规定,下列合同和凭证中,免征印花税的有( )。
  A. 军事物资运输结算凭证   B. 仓储保管合同
  C. 农林作物保险合同   D. 财产租赁合同

三、判断题

1. 证券交易的受让方应征收印花税。   ( )

2. 纳税人签订的商品房销售合同应按照"买卖合同"税目计缴印花税。　　　（　）
3. 权利、许可证照实行按件贴花缴纳印花税。　　　　　　　　　　　　（　）
4. 印花税应自凭证生效日贴花。　　　　　　　　　　　　　　　　　　（　）
5. 书、报、刊订阅单位与个人之间书立的凭证，免征印花税；但订阅单位与发行单位之间应按规定计征印花税。　　　　　　　　　　　　　　　　　　　　（　）
6. 纳税人签的商品房销售合同应按照"产权转移书据"税目计缴印花税。　（　）

专题七 税收征收管理法律制度

知识训练一 税收征收管理法概述

一、单项选择题

1. 根据税收征收管理法律制度的规定,下列税种中,由海关代征的是( )。
   A. 关税   B. 车船税
   C. 资源税   D. 进口环节消费税

2. 下列各项中,不适用《税收征收管理法》的是( )。
   A. 城市维护建设税   B. 契税   C. 个人所得税   D. 进口环节增值税

3. 根据税收征收管理法律制度的规定,下列各项中,不属于纳税主体权利的是( )。
   A. 税收立法权   B. 要求保密权
   C. 纳税申报方式选择权 D. 知情权

4. 根据税收征收管理法律制度的规定,下列各项中,属于纳税人享有的权利是( )。
   A. 委托代征权   B. 税收立法权   C. 税收监督权   D. 税务管理权

5. 根据税收征收管理法律制度的规定,下列各项中,属于纳税主体权利的是( )。
   A. 代收代缴税款 B. 税收监督   C. 依法设置账簿 D. 接受税务检查

6. 根据税收征收管理法律制度的规定,下列各项中,属于纳税人义务的是( )。
   A. 申请退还多缴税款   B. 宣传税收法律
   C. 按期办理纳税申报   D. 税款征收

7. 下列各项中,属于征税主体义务的是( )。
   A. 对纳税人税收违法行为进行处罚
   B. 对扣缴义务人税收违法行为进行保密
   C. 税务人员在进行税务检查时,与纳税人存在利害关系的应进行回避
   D. 阻止欠税纳税人离境

8. 税收征纳双方享有一定的权利、承担相应的义务,下列选项中,属于征税主体享有的权利是( )。
   A. 索取有关税收凭证的权利
   B. 税务机关应当依法为纳税人、扣缴义务人的情况保密
   C. 税务行政处罚权
   D. 委托税务代理权

9. 下列各项中,不属于征税主体税款征收权的是( )。

A. 核定税款权 B. 税收保全和强制执行权
C. 阻止欠税纳税人离境权 D. 追征税款权

二、多项选择题

1. 根据税收征收管理法律制度的规定,下列各项中,属于纳税人权利的有（　　）。
   A. 陈述权　　　　B. 核定税款权　　　　C. 税收监督权　　　　D. 税收法律救济权
2. 下列各项中,适用于《税收征收管理法》的有（　　）。
   A. 车辆购置税　　B. 个人所得税　　　　C. 印花税　　　　　　D. 环境保护税
3. 下列各项中,属于税务机关职权的有（　　）。
   A. 税务管理权　　　　　　　　　　B. 税款征收权
   C. 税务检查权　　　　　　　　　　D. 税收法律、法规和规章的知情权
4. 下列各项中,属于纳税主体义务的有（　　）。
   A. 宣传税收法律、行政法规　　　　B. 建立、健全内部制约和监督管理制度
   C. 按期办理税务登记　　　　　　　D. 代扣、代收税款
5. 下列关于征税主体义务的说法中,正确的有（　　）。
   A. 宣传税收法律、行政法规,普及纳税知识是征税主体的义务
   B. 税务人员不得索贿受贿、不得滥用职权是征税主体的义务
   C. 税务人员核定应纳税额时遵守回避制度是征税主体的义务
   D. 依法为纳税人的税收违法行为保密是征税主体的义务

三、判断题

1. 《税收征收管理法》属于税收程序法。（　　）
2. 税收立法权属于纳税主体的权利。（　　）

知识训练二　税　务　管　理

一、单项选择题

1. 登记制度改革在全面实施"五证合一、一照一码"的基础上,将涉及企业登记、备案等有关事项和各类证照进一步整合到营业执照上,实现"多证合一、一照一码"。下列各项中,属于一照的是（　　）。
   A. 税务登记证　　　　　　　　　　B. 营业执照
   C. 社保登记证　　　　　　　　　　D. 统计登记证
2. 根据税收征收管理法律制度的规定,下列各项中,不需要办理税务登记的是（　　）。
   A. 个体工商户　　　　　　　　　　B. 从事生产经营的事业单位
   C. 企业在外地设立的分支机构　　　D. 在集贸市场流动卖菜的农村菜农
3. 根据税收征收管理法律制度的规定,整个税收征收管理的起点是（　　）。
   A. 办理营业执照　　　　　　　　　B. 纳税人资格认定
   C. 税务登记　　　　　　　　　　　D. 纳税申报

4. 根据税收征收管理法律制度的规定,下列情形中,纳税人应当注销税务登记的是( )。
   A. 纳税人改变生产经营方式的
   B. 纳税人被市场监管部门吊销营业执照的
   C. 纳税人改变名称的
   D. 纳税人改变住所和经营地点未涉及改变税务登记机关的

5. 根据税收征收管理法律制度的规定,下列关于我国现行税务登记的说法中,不正确的是( )。
   A. 从事生产、经营的纳税人领取工商营业执照的,应当自领取工商营业执照之日起30日内申报办理税务登记
   B. 纳税人已在市场监管部门办理变更登记的,应当自变更登记之日起30日内,向原税务登记机关申报办理变更税务登记
   C. 纳税人被市场监管部门吊销营业执照或者被其他机关予以撤销登记的,应当自营业执照被吊销或者被撤销登记之日起30日内,向原税务登记机关申报办理注销税务登记
   D. 已办理税务登记的扣缴义务人应当自扣缴义务发生之日起30日内,向税务登记地税务机关申报办理扣缴税款登记

6. 根据税收征收管理法律制度的规定,从事生产、经营的纳税人应当自领取营业执照或者发生纳税义务之日起一定期限内,按照国家有关规定设置账簿。该期限为( )。
   A. 10日   B. 15日   C. 7日   D. 30日

7. 扣缴义务人应当在法定扣缴义务发生之日起( )内,按所代扣、代收的税种,分别设置代扣代缴、代收代缴税款账簿。
   A. 15日   B. 10日   C. 30日   D. 60日

8. 下列各项中,属于其他发票的是( )。
   A. 增值税专用发票   B. 增值税普通发票   C. 农产品收购发票   D. 以上都不是

9. 下列关于发票类型和适用范围的说法中,错误的是( )。
   A. 农产品收购发票属于增值税普通发票
   B. 机动车销售统一发票属于增值税专用发票
   C. 增值税普通发票(卷票)由纳税人自愿选择使用,重点在生活性服务业纳税人中推广
   D. 小规模纳税人(其他个人除外)发生增值税应税行为,可以使用增值税发票管理系统自行开具增值税专用发票

10. 根据税收征收管理法律制度的规定,纳税人已开具的发票存根联和发票登记簿的保存期限为( )年。
    A. 2   B. 5   C. 10   D. 3

11. 根据税收征收管理法律制度的规定,下列关于发票开具、使用和保管的表述中,正确的是( )。
    A. 销售货物开具发票时,可按付款方要求变更品名和金额
    B. 经单位财务负责人批准后,可拆本使用发票
    C. 已经开具的发票存根联保存期满后,开具发票的单位可直接销毁
    D. 收购单位向个人支付收购款项时,由付款方向收款方开具发票

12. 下列关于发票管理的表述中,不正确的是( )。
    A. 已经开具的发票存根联,应当保存5年
    B. 发票实行不定期换版制度
    C. 收购单位支付个人款项时,由付款方向收款方开具发票
    D. 发票记账联由付款方或受票方作为记账原始凭证

13. 下列发票的开具和使用行为中,错误的是( )。
    A. 开具发票的单位和个人应当建立发票使用登记制度,设置发票登记簿
    B. 开具发票应当按照规定的时限、逐栏、逐联如实开具,并加盖发票专用章
    C. 不拆本使用发票
    D. 不转借、转让、介绍他人转让发票、发票监制章和发票防伪专用品

14. 根据税收征收管理法律制度的规定,下列各项中,应该由付款方向收款方开具发票的是( )。
    A. 甲企业向农民李某支付收购款项   B. 乙企业向超市支付款项
    C. 丙企业向关联方企业支付款项   D. 丁某向商场支付款项

15. 根据税收征收管理法律制度的规定,下列关于发票的说法,错误的是( )。
    A. 发票的种类、联次和内容以及使用范围由省级税务机关规定
    B. 发票的基本联次包括存根联、发票联、记账联
    C. 餐饮行业增值税一般纳税人购进农业生产者自产农产品,可以使用税务机关监制的农产品收购发票,按照规定计算抵扣进项税额
    D. 小规模纳税人(其他个人除外)发生增值税应税行为,需要开具增值税专用发票的,可以自愿使用增值税发票管理系统自行开具

16. 实行定期定额缴纳税款的纳税人,可以采取的申报方式是( )。
    A. 自行申报   B. 邮寄申报
    C. 数据电文申报   D. 简易申报和简并征期

17. 根据税收征收管理法律制度的规定,下列关于纳税申报方式的表述中,不正确的是( )。
    A. 邮寄申报以税务机关收到的日期为实际申报日期
    B. 数据电文方式的申报日期以税务机关计算机网络系统收到该数据电文的时间为准
    C. 实行定期定额缴纳税款的纳税人,可以实行简易申报、简并征期等方式申报纳税
    D. 自行申报是指纳税人、扣缴义务人按照规定的期限自行直接到主管税务机关办理纳税申报手续

18. 根据税收征收管理法律制度的规定,下列关于纳税申报的表述中,正确的是( )。
    A. 纳税人享受减税待遇的,在减税期间无须办理纳税申报
    B. 纳税人在纳税期内没有应纳税款的,也应当按照规定办理纳税申报
    C. 纳税人享受免税待遇的,在免税期间无须办理纳税申报
    D. 经核准延期办理纳税申报的,在纳税期内无须预缴税款

二、多项选择题

1. 下列各项中,应当办理税务登记的有( )。

A. 某公司在外地设立的分支机构
B. 国有制造企业
C. 某市工商局
D. 杂志出版社

2. 下列关于账簿和凭证管理的说法中,正确的有(   )。
   A. 纳税人使用计算机记账的,应当在使用后将会计电算化系统的会计核算软件、使用说明书及有关资料报送主管税务机关备案
   B. 从事生产、经营的纳税人应当自领取营业执照或者发生纳税义务之日起15日内,按照国家有关规定设置账簿
   C. 账簿包括总账、明细账、日记账以及其他辅助性账簿
   D. 扣缴义务人应当自税收法律、行政法规规定的扣缴义务发生之日起10日内,按照所代扣、代收的税种,分别设置代扣代缴、代收代缴税款账簿

3. 根据税收征收管理法律制度的规定,税务管理主要包括(   )。
   A. 税务登记管理   B. 纳税申报管理   C. 发票管理   D. 账簿和凭证管理

4. 根据税收征收管理法律制度的规定,下列行为中,属于未按照规定使用发票的有(   )。
   A. 扩大发票使用范围   B. 拆本使用发票
   C. 以其他凭证代替发票使用   D. 转借发票

5. 下列各项中,属于虚开发票行为的有(   )。
   A. 为自己开具与实际经营业务情况不符的发票
   B. 为他人开具与实际经营业务情况不符的发票
   C. 让他人为自己开具与实际经营业务情况不符的发票
   D. 介绍他人开具与实际经营业务情况不符的发票

6. 根据税收征收管理法律制度的规定,任何单位和个人不得有虚开发票行为,下列行为中属于虚开发票行为的有(   )。
   A. 甲公司向乙公司销售产品一批,售价50万元,给予20%的商业折扣,应乙公司要求甲公司按100万元开具了增值税专用发票
   B. 甲公司购入一批食品进行业务招待使用,要求对方按办公用品项目开具了发票
   C. 甲公司从农民手中收购粮食一批,收购价款100万元,因税法规定其中10万元可以作为进项税额抵扣,因此甲公司按90万元开具了农产品收购发票
   D. 甲公司销售商品一批因质量不合格被退回,甲公司按规定给对方开具了红字增值税专用发票

7. 根据税收征收管理法律制度的规定,下列关于税务机关对发票检查权的表述中,正确的有(   )。
   A. 向当事各方询问与发票有关的问题与情况
   B. 调出发票查验
   C. 检查印制、领购、开具、取得、保管和缴销发票的情况
   D. 查阅、复制与发票有关的凭证、资料

8. 根据税收征收管理法律制度的规定,下列关于发票开具和保管的表述中,符合法律规定

的有( )。
A. 不得为他人开具与实际经营业务不符的发票
B. 已经开具的发票存根联和发票登记簿应当保存3年
C. 取得发票时,不得要求变更品名和金额
D. 开具发票的单位和个人应当建立发票使用登记制度,设置发票登记簿

9. 根据税收征管法律制度的规定,下列各项财务资料中,除另有规定外,至少应保存10年的有( )。
A. 账簿　　　　　B. 发票的存根联　　C. 完税凭证　　　　D. 发票的登记簿

10. 根据税收征收管理法律制度的规定,下列纳税申报方式中,符合法律规定的有( )。
A. 甲企业在规定的申报期限内,自行到主管税务机关指定的办税服务大厅申报
B. 经税务机关批准,丙企业以网络传输方式申报
C. 经税务机关批准,乙企业使用统一的纳税申报专用信封,通过邮局交寄
D. 实行定期定额缴纳税款的丁个体工商户,采用简易申报方式申报

11. 根据税收征收管理法律制度的规定,下列情形需要纳税申报的有( )。
A. 纳税期内没有应纳税款　　　　B. 纳税期内发生的业务全部属于免税待遇
C. 纳税期内发生的业务享受减税待遇　　D. 纳税期内仅仅发生一笔应纳税款业务

12. 根据税收征收管理法律制度的规定,下列关于纳税申报的表述中,正确的有( )。
A. 纳税人享受免税待遇的,在免税期间,不需要办理纳税申报
B. 纳税人因不可抗力不能按期办理纳税申报,可以延期办理
C. 纳税人在纳税期内没有应纳税款的,不需要办理纳税申报
D. 纳税人在破产程序中如发生应税情形,应按规定申报纳税

三、判断题

1. 企业在外地设立从事生产、经营的场所不需要办理税务登记。　　　　　　　　( )
2. 国家机关、个人和无固定生产经营场所的流动性农村小商贩,不办理税务登记。( )
3. 实行定期定额征收方式的个体工商户需要停业的,应当在停业后向税务机关申报办理停业登记。纳税人的停业期限不得超过1年。　　　　　　　　　　　　　　　　　　( )
4. 临时到本省、自治区、直辖市以外从事经营活动的单位或者个人,应当向机构所在地税务机关领购发票。　　　　　　　　　　　　　　　　　　　　　　　　　　　　　( )
5. 纳税人使用计算机记账的,纳税人建立的会计电算化系统应当符合国家有关规定,并能正确、完整核算其收入或者所得。　　　　　　　　　　　　　　　　　　　　　( )
6. 收购单位支付个人款项时,由付款方向收款方开具发票。　　　　　　　　　　( )
7. 已开具的发票存根联和发票登记簿,应当保存3年;保存期满,报经税务机关查验后销毁。　　　　　　　　　　　　　　　　　　　　　　　　　　　　　　　　　( )
8. 开具网络发票的单位和个人在网络出现故障,无法在线开具发票时,可离线开具发票。　　　　　　　　　　　　　　　　　　　　　　　　　　　　　　　　　　　( )
9. 以邮寄为纳税申报方式的,以收到的邮戳日期确认申报日期。　　　　　　　　( )
10. 纳税人享受免税、减税待遇的,在免税、减税期间不需要办理纳税申报。　　　( )
11. 甲企业按照国家规定享受3年内免缴企业所得税的优惠待遇,甲企业在这3年内不需办

理企业所得税的纳税申报。   (   )
12. 经核准延期办理纳税申报的,纳税人在纳税期内无须缴纳税款,只需要在核准的延期内办理税款结算即可。   (   )

知识训练三　税款征收

一、单项选择题

1. 甲公司为大型国有企业,财务会计制度健全,能够如实核算和提供生产经营情况,并能正确计算应纳税款和如实履行纳税义务,其适用的税款征收方式是(　　)。
   A. 定期定额征收　　B. 查账征收　　C. 查定征收　　D. 查验征收

2. 根据税收征收管理法律制度的规定,纳税人财务制度不健全,生产经营不固定,零星分散、流动性大,适用的税款征收方式是(　　)。
   A. 查账征收　　B. 查定征收　　C. 查验征收　　D. 定期定额征收

3. 下列关于查账征收的说法中,正确的是(　　)。
   A. 查账征收方式适用于流动性大的税源
   B. 查账征收方式较为规范,符合税收法定的基本原则
   C. 缩减查账征收纳税人的范围,一直是税务管理的努力方向
   D. 查账征收方式适用于生产经营规模较小、产品零星、税源分散、会计账册不健全,但能控制原材料或进销货的小型厂矿和作坊

4. 下列关于税款追征的说法中,错误的是(　　)。
   A. 因税务机关的责任,致使纳税人少缴纳税款的,税务机关在5年内可要求纳税人补缴税款,但不得加收滞纳金
   B. 因税务机关的责任,致使纳税人少缴纳税款的,税务机关在3年内可要求纳税人补缴税款,但不得加收滞纳金
   C. 对于纳税人偷税、抗税和骗税的,税务机关追征其未缴或少缴的税款、滞纳金或者所骗取的税款,不受规定期限的限制
   D. 因纳税人计算错误等失误,未缴或者少缴税款的,税务机关在3年内可以追征税款、滞纳金;有特殊情况的,追征期可延长至5年

5. 根据税收征收管理法律制度的规定,下列各项中,属于税款征收措施的是(　　)。
   A. 税务行政复议　　B. 税收保全措施　　C. 自行申报　　D. 查账征收

6. 根据税收征收管理法律制度的规定,税务机关可以采取的税款征收措施不包括(　　)。
   A. 责令缴纳　　　　　　B. 责令提供纳税担保
   C. 取消税收优惠　　　　D. 采取税收保全措施

7. 根据税收征收管理法律制度的规定,纳税人未按照规定期限缴纳税款的,税务机关可责令限期缴纳,并从滞纳之日起,按日加收滞纳税款一定比例的滞纳金。该比例为(　　)。
   A. 0.5‰　　B. 0.7‰　　C. 0.1‰　　D. 0.3‰

8. 某企业增值税以1个月为1个纳税期,3月份应交增值税100万元,4月25日才实际纳

税。根据税收征收管理法律制度的规定,在计算税收滞纳金时,滞纳天数为( )天。

A. 10　　　　B. 25　　　　C. 15　　　　D. 35

9. 某纳税人应在3月15日前缴纳税款300 000元,逾期未缴纳,税务机关责令其在3月31日前缴纳,但直到4月24日才缴纳。根据税收征收管理法律制度的规定,应加收滞纳金( )元。

A. 2 250　　　　　　　　　　B. 2 400
C. 3 600　　　　　　　　　　D. 6 000

10. 甲公司2024年3月份应纳增值税10万元,甲公司迟迟未缴,税务机关责令其缴纳并加收滞纳金,甲公司直到2024年5月16日才缴清上述税款。已知甲公司的增值税纳税期限为1个月,则税务机关应依法加收该公司滞纳税款的滞纳金为( )万元。

A. 0.15　　　　B. 0.155　　　　C. 0.08　　　　D. 0.145

11. 某酒店2023年12月份取得餐饮收入5万元,客房出租收入10万元,该酒店未在规定期限内进行纳税申报,经税务机关责令限期申报,逾期仍不申报。根据税收征收管理法律制度的规定,税务机关有权对该酒店采取的税款征收措施是( )。

A. 采取税收保全措施　　　　　　B. 责令提供纳税担保
C. 税务人员到酒店直接征收税款　　D. 核定其应纳税额

12. 根据税收征收管理法律制度的规定,下列各项中,不属于纳税担保方式的是( )。

A. 保证　　　　B. 扣押　　　　C. 质押　　　　D. 抵押

13. 下列选项中,不可以为纳税人提供纳税担保的是( )。

A. 税务机关认可的有纳税担保能力的保证人
B. 纳税人自己以其未设置担保物权的财产提供的担保
C. 第三人以其未全部设置担保物权的财产提供的担保
D. 欠缴税款、滞纳金的保证人

14. 根据税收征收管理法律制度的规定,下列各项中,不属于纳税担保范围的是( )。

A. 变卖担保财产的费用　　　　B. 税款
C. 行政罚款　　　　　　　　　D. 税收滞纳金

15. 根据税收征收管理法律制度的规定,下列情形中,税务机关可以责令纳税人提供纳税担保的是( )。

A. 纳税人同税务机关在纳税上发生争议而未缴清税款,需要申请行政复议的
B. 纳税人按照规定应设置账簿而未设置的
C. 纳税人开具与实际经营业务情况不符的发票
D. 纳税人对税务机关作出逾期不缴纳罚款加处罚款的决定不服,需要申请行政复议的

16. 根据税收征收管理法律制度的规定,下列各项中,属于税收保全措施的是( )。

A. 通知出境管理机关阻止纳税人出境
B. 依法拍卖纳税人价值相当于应纳税款的货物,以拍卖所得抵缴税款
C. 责令纳税人提供纳税担保
D. 书面通知纳税人开户银行冻结纳税人的金额相当于应纳税款的存款

17. 下列各项关于税收强制执行措施的表述中,正确的是( )。

A. 税收强制执行措施不适用于扣缴义务人

B. 作为家庭唯一代步工具的轿车,不在税收强制执行的范围之内

C. 税务机关采取强制执行措施时,可对纳税人未缴纳的滞纳金同时强制执行

D. 书面通知纳税人开户银行冻结纳税人的金额相当于应纳税款的存款是税收强制执行的具体措施

18. 根据税收征收管理法律制度的规定,下列关于税收强制执行措施的表述中,不正确的是( )。

   A. 强制执行措施适用于从事生产经营的纳税人、扣缴义务人,不包括纳税担保人

   B. 应当先依照法定程序责令期限缴纳,逾期仍未缴纳的,再采取税收强制执行措施

   C. 对其未缴纳的滞纳金必须同时强制执行

   D. 需经县以上税务局局长批准

19. 根据税收征收管理法律制度的规定,税务机关依法采取强制执行措施时,对个人及其所扶养家属维持生活必需的住房和用品,不在强制执行措施的范围之内。对单价在( )元以下的其他生活用品,不采取强制执行措施。

   A. 5 000   B. 10 000   C. 20 000   D. 15 000

20. 根据税收征收管理法律制度的规定,下列个人财产中,不适用税收保全措施的是( )。

   A. 豪华住宅   B. 金银饰品
   C. 古玩字画   D. 维持生活必需的住房

21. 税务机关采取税收保全措施的期限一般最长不得超过( )。

   A. 3个月   B. 6个月   C. 1年   D. 3年

22. 税务机关在查阅甲公司公开披露的信息时发现,其法定代表人张某有一笔股权转让收入未申报缴纳个人所得税,要求张某补缴税款80万元,滞纳金3.8万元。张某未结清应纳税款、滞纳金的情况下,拟出国考察,且未提供纳税担保,税务机关知晓后对张某可以采取的税款征收措施是( )。

   A. 查封住房

   B. 查封股票交易账户

   C. 通知出境管理机关阻止出境

   D. 冻结银行存款

23. 根据税收征收管理法律制度的规定,对欠缴税款、滞纳金的纳税人或其法定代表人需要出境的,税务机关可以采取的措施是( )。

   A. 书面通知其开户银行从其存款中扣缴税款

   B. 责令提供纳税担保

   C. 核定、调整应纳税额

   D. 依法拍卖其价值相当于应纳税款的商品

24. 税务机关责令某饭店提供纳税担保,该饭店明确表示拒绝,则税务机关可以采取的税款征收措施是( )。

   A. 核定其应纳税额   B. 采取税收保全措施
   C. 采取税收强制执行措施   D. 税务人员到饭店直接征收税款

25. 甲公司应于5月30日前完成上年度企业所得税汇算清缴,但其一直未缴纳税款,税务机

关向其发出责令限期缴纳通知书,要求其于6月20日前补缴上年度所得税税款及滞纳金共计68万元。至限期满,甲公司仍未缴纳,则税务机关可以采取的税款征收措施是( )。
   A. 核定甲公司应纳税额　　　　B. 采取税收保全措施
   C. 采取税收强制执行措施　　　D. 对甲公司处以罚款

二、多项选择题

1. 根据税收征收管理法律制度的规定,纳税人存在下列情形,税务机关有权核定其应纳税额的有( )。
   A. 依照法律、行政法规的规定可以不设置账簿的
   B. 依照法律、行政法规的规定应当设置但未设置账簿的
   C. 擅自销毁账簿或者拒不提供纳税资料的
   D. 纳税人申报的计税依据明显偏低,又无正当理由的

2. 根据税收征收管理法律制度的规定,下列情形中,税务机关有权核定纳税人应纳税额的有( )。
   A. 纳税人设置的账簿账目混乱难以查账
   B. 纳税人按法律、行政法规规定应当设置但未设置账簿的
   C. 纳税人虽设置账簿,但成本资料、收入凭证、费用凭证残缺不全,难以查账的
   D. 纳税人未按照规定的期限缴纳税款,经税务机关责令限期缴纳,逾期仍不缴纳的

3. 根据税收征收管理法律制度的规定,纳税人与其关联企业之间的业务往来有( )情形之一的,税务机关可以调整其应纳税额。
   A. 购销业务按照独立企业之间的业务往来作价
   B. 提供劳务,未按照独立企业之间业务往来收取或者支付劳务费用
   C. 转让财产、提供财产使用权等业务往来,未按照独立企业之间业务往来作价或者收取、支付费用
   D. 融通资金所支付或者收取的利息超过或者低于没有关联关系的企业之间所能同意的数额,或者利率超过或者低于同类业务的正常利率

4. 根据税收征收管理法律制度的规定,下列各项中,适用纳税担保的情形有( )。
   A. 纳税人同税务机关在纳税上发生争议而未缴清税款,需要申请行政复议的
   B. 纳税人在税务机关责令缴纳应纳税款限期内,有明显转移、隐匿其应纳税的商品、货物以及其他财产或应纳税收入迹象的
   C. 欠缴税款、滞纳金的纳税人或者其法定代表人需要出境的
   D. 从事生产、经营的纳税人未按规定期限缴纳税款,税务机关责令限期缴纳,逾期仍未缴纳的

5. 根据税收征收管理法律制度的规定,下列各项中,属于税收保全措施的有( )。
   A. 要求纳税人以抵押的方式为其应当缴纳的税款及滞纳金提供担保
   B. 书面通知纳税人开户银行或者其他金融机构冻结纳税人的金额相当于应纳税款的存款
   C. 扣押、查封纳税人的价值相当于应纳税款的商品、货物或者其他财产
   D. 依法拍卖纳税人的价值相当于应纳税款的商品,以拍卖所得抵缴税款

6. 税务机关拟对个体工商户业主王某采取税收保全措施。根据税收征收管理法律制度的规定,王某的下列财产中,可以采取税收保全措施的有(　　)。
   A. 价值20万元的小汽车
   B. 价值10万元的金银首饰
   C. 价值2 000元的电视机
   D. 维持自己生活必需的唯一普通住房

三、判断题
1. 查验征收适用于生产经营规模较小、产品零星、税源分散、会计账册不健全,但能控制原材料或进销货的小型厂矿和作坊。(　　)
2. 纳税人发生纳税义务,未按照规定的期限办理纳税申报,经税务机关责令限期申报,逾期仍不申报,税务机关有权核定其应纳税额。(　　)
3. 纳税人因有特殊困难,不能按期缴纳税款的,经省、自治区、直辖市税务局批准,可以延期缴纳税款,但是最长不得超过6个月。(　　)
4. 纳税担保的财产价值不足以抵缴税款、滞纳金的,税务机关应当向提供担保的纳税人或纳税担保人继续追缴。(　　)
5. 个人维持生活必需的唯一普通住房,不在税收保全措施范围之内。(　　)
6. 税务机关有权对个人及其所扶养家属维持生活必需的住房和用品采取强制执行措施。(　　)
7. 单价800元的金银首饰不在税收保全措施的范围之内。(　　)
8. 税务机关采取税收保全措施的期限一般最长不得超过3个月。(　　)
9. 李某欠缴税款3 000元,由税务机关责令限期缴纳,逾期仍未缴纳,为防止国家税款流失,税务机关扣押了其一批价值3 600元的商品,准备依法进行变卖,以变卖所得抵缴税款,税务机关的做法正确。(　　)

知识训练四　税 务 检 查

一、单项选择题
纳税信用评价结果的确定和发布遵循谁评价、谁确定、谁发布的原则。税务机关每年(　　)确定上一年度纳税信用评价结果,并为纳税人提供自我查询服务。
A. 1月　　　　B. 4月　　　　C. 6月　　　　D. 12月

二、多项选择题
1. 根据税收征收管理法律制度的规定,下列各项中,属于税务机关纳税检查职权的有(　　)。
   A. 检查扣缴义务人代扣代缴、代收代缴税款账簿、记账凭证和有关资料
   B. 检查纳税人托运、邮寄应税商品、货物或者其他财产的有关单据
   C. 检查纳税人存放在生产、经营场所的应纳税的货物

D. 检查纳税人的账簿、记账凭证、报表和有关资料

2. 根据税收征收管理法律制度的规定,下列各项中,属于税务机关税务检查职责范围的有( )。
   A. 询问纳税人与纳税有关的问题和情况
   B. 检查纳税人的账簿、记账凭证和报表
   C. 到车站、码头检查纳税人托运应税商品、货物的有关单据、凭证和有关资料
   D. 到纳税人的经营场所检查纳税人应纳税的商品和货物

3. 根据税收征收管理法律制度的规定,下列关于税务检查的表述中,不正确的有( )。
   A. 税务人员进行税务检查时,只需出示税务检查证
   B. 税务机关查询所获得的资料,不得用于税收以外的用途
   C. 税务机关采取税收保全措施的期限一律不得超过6个月
   D. 纳税人必须接受税务机关依法进行的税务检查,并如实反映情况

4. 根据税收征收管理法律制度的规定,下列各项中,属于税务机关派出人员在税务检查中应履行的职责有( )。
   A. 出示税务检查通知书
   B. 出示税务机关组织机构代码证
   C. 为被检查人保守秘密
   D. 出示税务检查证

三、判断题

1. 税务机关行使交通邮政检查权时,可以到车站、码头、机场检查旅客自带的行李物品。( )
2. 税务机关无权检查空白发票。( )
3. 检举税收违法行为是检举人的自愿行为,检举人可以实名检举,也可以匿名检举。( )
4. 纳税人对税务检查人员未出示税务检查证和税务检查通知书的,有权拒绝检查。( )

知识训练五 税务行政复议

一、单项选择题

1. 纳税人对税务机关的下列行为不服时,不可以申请行政复议的是( )。
   A. 税务机关对其确认征税对象
   B. 税务机关对其作出税收保全措施
   C. 税务机关关于具体贯彻落实税收法规的规定
   D. 税务机关责令其提供纳税担保

2. 根据税收征收管理法律制度的规定,税务机关作出的下列行政行为中,不属于税务行政复议范围的是( )。
   A. 调整税收优惠政策 B. 不予颁发税务登记证
   C. 不予出具完税凭证 D. 确认纳税环节

3. 根据税收征收管理法律制度的规定，下列关于纳税人对税务机关作出的征税行为不服时的救济措施的表述中，正确的是（ ）。
   A. 只能向复议机关申请行政复议，不能向人民法院提起行政诉讼
   B. 应当先向复议机关申请行政复议，对行政复议决定不服的，可以再向人民法院提起行政诉讼
   C. 可以向复议机关申请行政复议，也可以直接向人民法院提起行政诉讼
   D. 可以向复议机关申请行政复议，但对行政复议决定不服的，不能再向人民法院提起行政诉讼

4. 根据税收征收管理法律制度的规定，纳税人对税务机关的下列具体行政行为不服时，应当先申请行政复议，对行政复议决定不服的，可以再向人民法院提起行政诉讼的是（ ）。
   A. 代开发票　　　B. 资格认定　　　C. 税款征收　　　D. 税收保全

5. 下列情形中，纳税人应当先向复议机关申请行政复议，对行政复议决定不服，可以再向人民法院提起行政诉讼的是（ ）。
   A. 税收保全措施
   B. 税收强制执行措施
   C. 税务机关的行政审批行为
   D. 纳税人对纳税期限有异议的

6. 根据税收征收管理法律制度的规定，纳税人对税务机关的下列行政行为不服时，可以申请行政复议或者提起行政诉讼的是（ ）。
   A. 确认纳税主体　　　　　　B. 确定计税依据
   C. 加收滞纳金　　　　　　　D. 没收财物和违法所得

7. 对国家税务总局的具体行政行为不服的，向（ ）申请行政复议。
   A. 国务院　　　　　　　　　B. 国家税务总局
   C. 人民法院　　　　　　　　D. 向上一级税务机关

8. 根据税收征收管理法律制度的规定，下列关于税务行政复议管辖的表述中，不正确的是（ ）。
   A. 对国家税务总局的具体行政行为不服的，向国家税务总局申请行政复议
   B. 对市辖区税务局的具体行政行为不服的，向市税务局申请行政复议
   C. 对税务稽查局的具体行政行为不服的，向其所属税务局申请行政复议
   D. 对计划单列市税务局的具体行政行为不服的，向其所在省的省税务局申请行政复议

9. 甲公司对 M 省 N 市税务稽查局作出的具体行政行为不服，拟申请行政复议。下列各项中，符合复议管辖规定的是（ ）。
   A. 甲公司应向 N 市税务局申请行政复议
   B. 甲公司应向 M 省税务局申请行政复议
   C. 甲公司应向 N 市税务局稽查局申请行政复议
   D. 甲公司应向 M 省税务局稽查局申请行政复议

10. 下列关于行政复议受理的表述中，不正确的是（ ）。
   A. 复议机关收到行政复议申请后，应当在 5 日内进行审查，决定是否受理

B. 对于不符合规定的行政复议申请,决定不予受理,并书面告知申请人
C. 对不属于本机关受理的行政复议申请可以决定受理
D. 行政复议机关收到行政复议申请以后未按照规定期限审查并作出不予受理决定的,视为受理

11. 根据税收征收管理法律制度的规定,下列关于税务行政复议审查的表述中,不正确的是( )。
    A. 对重大案件,申请人提出要求或者行政复议机构认为必要时,可以采取听证的方式审理
    B. 对国家税务总局的具体行政行为不服申请行政复议的案件,由国务院提出书面答复
    C. 行政复议机构审理行政复议案件,应当由2名以上行政复议工作人员参加
    D. 行政复议原则上采用书面审查的办法

二、多项选择题

1. 根据税收征收管理法律制度的规定,纳税人对税务机关的下列行政行为不服时,可以申请行政复议的有( )。
   A. 罚款
   B. 确认适用税率
   C. 加收滞纳金
   D. 依法制定税收优惠政策

2. 根据税收征收管理法律制度的规定,税务机关作出的下列行政行为中,纳税人不服时可以选择申请税务行政复议或者直接提起行政诉讼的有( )。
   A. 加收滞纳金   B. 罚款
   C. 没收财物和违法所得   D. 征收税款

3. 根据税收征收管理法律制度的规定,纳税人对税务机关的下列行政行为不服,可以直接起诉的有( )。
   A. 税务机关加收滞纳金的行为
   B. 税务机关将纳税人纳税信用等级由A级降为B级
   C. 税务机关扣押、查封纳税人的财产
   D. 纳税人依照法律规定提供了纳税担保,税务机关不依法确认纳税担保

4. 根据税收征收管理法律制度的规定,税务机关作出的下列行政行为中,不属于征税行为的有( )。
   A. 抵扣税款   B. 没收财物和违法所得
   C. 加收滞纳金   D. 罚款

5. 根据税收征收管理法律制度的规定,对下列税务机关作出的行政处罚不服的,向国家税务总局申请行政复议的有( )。
   A. 计划单列市的税务局   B. 省级税务局
   C. 省级税务稽查局   D. 国家税务总局

6. 某纺织企业对税务机关作出的逾期不缴纳罚款加处罚款的决定不服,拟申请行政复议,根据税收征收管理法律制度的规定,下列表述不正确的有( )。

A. 应当向作出行政处罚决定的税务机关申请行政复议
B. 可以向作出行政处罚决定的税务机关的上一级税务机关申请行政复议
C. 该纺织企业在申请行政复议前应当先缴纳罚款和加处罚款
D. 若该纺织企业对已处罚款和加处罚款都不服,应一并向作出行政处罚决定的税务机关申请行政复议

7. 根据税收征收管理法律制度的规定,下列关于税务行政复议决定的表述中,正确的有( )。
   A. 复议机关责令被申请人重新作出具体行政行为的,被申请人不得以同一事实和理由作出与原具体行政行为相同或者基本相同的具体行政行为
   B. 复议机关以原具体行政行为违反法定程序而决定撤销的,被申请人不得以同一事实和理由作出与原具体行政行为相同或者基本相同的具体行政行为
   C. 被申请人不按照规定提出书面答复,提交当初作出具体行政行为的证据、依据和其他有关材料的,视为该具体行政行为没有证据、依据,决定撤销该具体行政行为
   D. 行政复议书一经送达,即发生法律效力

8. 根据税收征收管理法律制度的规定,下列情形中,属于行政复议期间具体行政行为可以停止执行的情形有( )。
   A. 人民法院认为需要停止执行的
   B. 法律规定停止执行的
   C. 被申请人认为需要停止执行的
   D. 复议机关认为需要停止执行的

9. 根据税收征收管理法律制度的规定,下列关于税务行政复议申请与受理的表述中,正确的有( )。
   A. 申请人对税务机关作出逾期不缴纳罚款加处罚款的决定不服的,应当先缴纳罚款和加处罚款,再申请行政复议
   B. 申请人申请行政复议,必须采取书面申请,不能口头申请
   C. 复议机关收到行政复议申请以后未按照规定期限审查并作出不予受理决定的,视为受理
   D. 对符合规定的行政复议申请,自复议机关收到之日起即为受理

三、判断题

1. 纳税人对税务机关作出的征税行为不服的,可以直接向人民法院提起行政诉讼。(   )
2. 对被撤销的税务机关在撤销以前所作出的行政行为不服的,向继续行使其职权的税务机关申请行政复议。(   )
3. 纳税人对税务机关作出逾期不缴纳罚款加处罚款的决定不服的,应当先缴纳罚款和加处罚款,再申请行政复议。(   )
4. 复议机关收到行政复议申请后,应当在 30 日内进行审查,决定是否受理。(   )
5. 复议机关以原行政行为违反法定程序而决定撤销,责令被申请人重新作出行政行为的,被申请人不得以同一事实和理由作出与原行政行为相同或基本相同的行政行为。(   )
6. 税务行政复议决定自作出之日起发生法律效力。(   )

知识训练六 税收法律责任

一、单项选择题

1. 根据税收征收管理法律制度的规定，对于扣缴义务人未按照规定的期限向税务机关报送其全部银行账号的，情节不严重的，由税务机关责令改正，可以处罚的金额为（　　）。
   A. 2 000元以下
   B. 2 000元以上5 000元以下
   C. 2 000元以上10 000元以下
   D. 5 000元以上

2. 根据税收征收管理法律制度的规定，纳税人发生的下列行为中，属于偷税（逃税）行为的是（　　）。
   A. 以暴力、威胁方法，拒不缴纳税款的
   B. 在账簿上多列支出、少列收入，少缴应纳税款的
   C. 未按照规定的期限办理纳税申报和报送纳税资料的
   D. 假报出口，骗取国家出口退税款的

3. 根据税收征收管理法律制度的规定，纳税人有骗税行为，由税务机关追缴其骗取的退税款，并处骗取税款一定倍数的罚款，该倍数为（　　）。
   A. 5倍以上10倍以下
   B. 1倍以上5倍以下
   C. 10倍
   D. 10倍以上15倍以下

二、多项选择题

1. 根据税收征收管理法律制度的规定，税务机关在实施税务检查时，可以采取的措施有（　　）。
   A. 检查纳税人的会计资料
   B. 检查纳税人货物存放地的应纳税商品
   C. 检查纳税人托运、邮寄应纳税商品的单据、凭证
   D. 到车站检查旅客自带物品

2. 根据税收征收管理法律制度的规定，纳税人有下列（　　）情形的，不影响其纳税信用评价。
   A. 提供虚假申报材料享受税收优惠政策的
   B. 骗取国家出口退税款，被停止出口退（免）税资格未到期的
   C. 由于税务机关原因或者不可抗力，造成纳税人未能及时履行纳税义务的
   D. 非主观故意的计算公式运用错误以及明显的笔误造成未缴或者少缴税款的

3. 根据税收征收管理法律制度的规定，纳税人的下列行为中，属于逃税的有（　　）。
   A. 采取转移或隐匿财产的手段，妨碍税务机关追缴欠缴税款
   B. 伪造账簿，不缴应纳税款
   C. 进行虚假纳税申报，少缴应纳税款
   D. 按照规定应设置账簿而未设置的

4. 下列属于逃税手段的有( )。
　　A. 伪造变造账簿、记账凭证　　　　B. 以暴力拒不缴纳税款
　　C. 隐匿、擅自销毁账簿和记账凭证　　D. 假报出口骗取出口退税款

三、判断题

1. 税收法律责任分为行政责任和刑事责任两种。( )
2. 纳税人编造虚假计税依据的,由税务机关责令限期改正,并处以罚款。( )
3. 纳税人有骗税行为,由税务机关追缴其骗取的退税款并按照规定处以罚款;构成犯罪的依法追究刑事责任。( )

专题八　劳动合同与社会保险法律制度

知识训练一　劳动合同法律制度

一、单项选择题

1. 2024年3月1日,甲公司与吴某签订劳动合同,约定合同期限1年,试用期1个月,每月15日发放工资。吴某3月12日上岗工作,甲公司与吴某劳动关系的建立时间是(　　)。
   A. 2024年3月12日　　　　　　　　B. 2024年4月12日
   C. 2024年3月15日　　　　　　　　D. 2024年3月1日

2. 2024年4月,赵某应聘到甲公司工作,双方口头约定了一个月试用期,但未订立书面劳动合同。下列关于双方劳动关系建立的表述中,正确的是(　　)。
   A. 甲公司应当与赵某补签劳动合同,双方之间的劳动关系自合同补签之日起建立
   B. 赵某与甲公司未订立劳动合同,双方之间未建立劳动关系
   C. 赵某与甲公司之间的劳动关系自赵某进入公司开始工作时建立
   D. 赵某与甲公司之间的劳动关系自试用期满时建立

3. 2020年以来,甲公司与下列职工均已连续订立2次固定期限劳动合同,再次续订劳动合同时,除职工提出订立固定期限劳动合同外,甲公司应与之订立无固定期限劳动合同的是(　　)。
   A. 不能胜任工作,经过培训还是不能胜任的赵某
   B. 因交通肇事逃逸被追究刑事责任的钱某
   C. 患病休假,痊愈后能继续从事原工作的孙某
   D. 同时与乙公司建立劳动关系,经甲公司提出还不改正的李某

4. 根据劳动合同法律制度的规定,无效的劳动合同从(　　)之日起就没有法律效力。
   A. 劳动合同订立　　B. 提起劳动仲裁　　C. 劳动合同解除　　D. 提起劳动诉讼

5. 下列关于无效劳动合同的说法中,不正确的是(　　)。
   A. 甲公司以胁迫手段使张某在违背真实意思的情况下订立劳动合同,该劳动合同无效
   B. 乙公司与王某签订的劳动合同被确认无效,王某已付出劳动的,乙公司无需向王某支付劳动报酬
   C. 丙公司与李某签订的劳动合同被确认无效,给李某造成损害的,有过错的丙公司应当承担赔偿责任
   D. 丁公司与赵某签订的合同属于无效劳动合同,该合同从订立时起就没有法律约束力

6. 根据劳动合同法律制度的规定,下列关于试用期的表述中,不正确的是(　　)。

A. 试用期包含在劳动合同期限内
B. 试用期属于劳动合同的约定条款
C. 劳动合同期限1年以上不满3年的,约定的试用期不得超过3个月
D. 劳动合同仅约定试用期的,试用期不成立,该期限为劳动合同期限

7. 根据劳动合同法律制度的规定,用人单位与劳动者约定了试用期的,劳动者在试用期的工资不得低于用人单位所在地的最低工资标准,也不得低于相同岗位最低档工资或者劳动合同约定工资的一定比例,该比例为( )。
   A. 50% B. 60% C. 80% D. 70%

8. 根据劳动合同法律制度的规定,下列关于非全日制用工的表述中,正确的是( )。
   A. 非全日制用工劳动报酬可按月结算
   B. 终止非全日制用工,双方当事人任何一方均须提前3日通知对方
   C. 非全日制用工双方当事人不得约定试用期
   D. 终止非全日制用工的,用人单位应向劳动者支付经济补偿

9. 根据劳动合同法律制度的规定,下列各项中,不可作为非全日制用工劳动者劳动报酬支付周期结算单位的是( )。
   A. 月 B. 日 C. 小时 D. 周

10. 某年5月甲公司安排李某于5月1日(国际劳动节)、5月7日(周六)分别加班1天,事后未安排补休,已知甲公司实行标准工时制,李某的日工资为200元。下列计算甲公司应支付李某5月最低加班工资的列式中,正确的是( )。
    A. 200×300%+200×200%=1 000(元) B. 200×200%+200×150%=700(元)
    C. 200×100%+200×200%=600(元) D. 200×300%+200×300%=1 200(元)

11. 下列关于最低工资制度的说法中,正确的是( )。
    A. 最低工资包括延长工作时间的工资报酬
    B. 最低工资的具体标准由省、自治区、直辖市人民政府规定,报国务院批准
    C. 劳动合同履行地与用人单位注册地不一致的,最低工资标准按照劳动合同履行地的有关规定执行
    D. 用人单位注册地的最低工资标准高于劳动合同履行地的标准,按照用人单位注册地的有关规定执行

12. 工人李某在加工一批零件时因疏忽致使所加工产品全部报废,给工厂造成经济损失6 000元。工厂要求李某赔偿经济损失,从其每月工资中扣除,已知李某每月工资收入1 100元,当地月最低工资标准900元。该工厂可从李某每月工资中扣除的最高限额为( )元。
    A. 500 B. 220 C. 200 D. 110

13. 2022年7月2日新入职职工,在2024年9月28日休年假,可休假( )。
    A. 5天 B. 10天 C. 15天 D. 0天

14. 根据劳动合同法律制度的规定,下列各项中,属于劳动合同必备条款的是( )。
    A. 保密条款 B. 竞业限制条款 C. 社会保险条款 D. 服务期条款

15. 根据劳动合同法律制度的规定,下列关于劳动合同试用期的表述中,不正确的是( )。

A. 劳动合同期限不满3个月的,不得约定试用期
B. 以完成一定工作任务为期限的劳动合同,可以约定试用期
C. 同一用人单位与同一劳动者只能约定一次试用期
D. 试用期包含在劳动合同期限内

16. 赵某与甲公司签订劳动合同,约定试用期满月工资6 000元。已知当地月最低工资标准为2 300元,甲公司上年度该职位月平均工资4 200元。根据劳动合同法律制度的规定,赵某试用期最低工资为(　　)元。
    A. 3 360　　　　B. 4 200　　　　C. 4 800　　　　D. 2 300

17. 甲公司通过签订服务期协议,提供10万元专项培训费用将尚有4年劳动合同期限的职工刘某派出参加6个月的专业技术培训。双方约定,刘某培训结束后须在甲公司工作满5年,否则应向公司支付违约金。刘某培训结束工作2年时因个人原因向公司提出解除劳动合同。根据劳动合同法律制度的规定,下列表述中,正确的是(　　)。
    A. 服务期约定因限制了刘某的自主择业权而无效
    B. 双方不得在服务期协议中约定违约金
    C. 刘某可以解除劳动合同,但甲公司有权要求其支付违约金
    D. 5年服务期的约定因超过劳动合同剩余期限而无效

18. 甲公司为员工张某支付培训费用3万元,约定服务期3年。2年后,张某以甲公司自其入职之日起从未按照合同约定提供劳动保护为由,向甲公司提出解除劳动合同。根据劳动合同法律制度的规定,下列说法正确的是(　　)。
    A. 张某违反了服务期的约定
    B. 甲公司可以要求张某支付3万元的违约金
    C. 甲公司可以要求张某支付1万元的违约金
    D. 张某无须支付违约金

19. 根据劳动合同法律制度的规定,下列关于非全日制用工形式的表述中,正确的是(　　)。
    A. 小时计酬标准不得低于用人单位所在地最低小时工资标准
    B. 双方当事人任何一方终止用工均应提前3天通知对方
    C. 劳动报酬可按月结算
    D. 双方当事人可以约定试用期

20. 至2024年1月,甲公司职工黄某累计工作已满12年,在甲公司工作满3年。2024年黄某可享受的年休假法定天数为(　　)。
    A. 10天　　　　B. 15天　　　　C. 0　　　　D. 5天

21. 甲公司依法安排职工吴某于2023年11月5日(周五)延长工作2小时,11月6日(周六)加班1天,事后未安排其补休。已知甲公司实行标准工时制,吴某日工资200元。根据劳动合同法律制度的规定,下列计算甲公司依法应支付吴某11月最低加班工资额的列式中,正确的是(　　)。
    A. 200÷8×150%×2+200×150%×1=375(元)
    B. 200÷8×200%×2+200×200%×1=500(元)
    C. 200÷8×200%×2+200×300%×1=700(元)

D. 200÷8×150%×2+200×200%×1=475(元)

22. 根据劳动合同法律制度的规定,下列关于劳动合同必备条款的表述中,正确的是( )。
    A. 职工累计工作已满1年不满10年的,年休假10天
    B. 年休假不得跨年安排
    C. 职工在年休假期间享受与正常工作期间相同的工资收入
    D. 累计工作满10年不满20年的职工,请病假累计2个月以上的,不享受当年的年休假

23. 下列关于我国标准工时制的表述中,正确的是( )。
    A. 每日工作8小时,每周工作40小时
    B. 每日工作8小时,每周工作48小时
    C. 每日工作10小时,每周工作40小时
    D. 每日工作10小时,每周工作50小时

24. 根据劳动合同法律制度的规定,下列关于劳动报酬的说法中,不正确的是( )。
    A. 工资可以法定货币、实物及有价证券等方式支付
    B. 工资必须在用人单位与劳动者约定的日期支付,如遇节假日或休息日,则应提前在最近的工作日支付
    C. 用人单位拖欠或者未足额支付劳动报酬的,劳动者可以依法向当地人民法院申请支付令
    D. 实行周、日、小时工资制的可按周、日、小时支付工资

25. 公司职工甲因工作疏忽给公司造成经济损失10 000元,已知甲每月工资收入为2 500元,当地月最低工资为1 800元。根据劳动合同法律制度的规定,该公司可从甲每月工资中扣除的最高限额为( )元。
    A. 500 B. 700 C. 800 D. 1 000

26. 甲公司为其职工张某提供了专项培训费用,进行专业技术培训。根据劳动合同法律制度的规定,下列选项中,不正确的是( )。
    A. 甲公司可以与张某订立协议,约定服务期
    B. 在服务期期间,张某不能涨工资
    C. 张某若违反服务期协议,应当按照约定向甲公司支付违约金
    D. 违约金的数额不得超过甲公司提供的培训

27. 根据劳动合同法律制度的规定,下列情形中,劳动者可立即解除劳动合同,不需事先告知用人单位的是( )。
    A. 用人单位未按照劳动合同约定提供劳动保护的
    B. 用人单位违章指挥、强令冒险作业危及劳动者人身安全的
    C. 用人单位未及时足额支付劳动报酬的
    D. 用人单位在劳动合同中免除自己的法定责任、排除劳动者权利的

28. 根据劳动合同法律制度的规定,下列情形中,不能导致劳动合同终止的是( )。
    A. 劳动者开始依法享受基本养老保险待遇的
    B. 劳动者医疗期内遇劳动合同期满的
    C. 劳动者达到法定退休年龄的
    D. 劳动者被人民法院宣告死亡的

29. 根据劳动合同法律制度的规定,下列关于经济补偿金和违约金的表述中,不正确的是( )。

A. 违约金的支付主体只能是劳动者

B. 经济补偿金只能由用人单位和劳动者在劳动合同中约定

C. 违约金只能在服务期和竞业限制条款中约定

D. 经济补偿金的支付主体只能是用人单位

30. 2020年3月1日,甲公司招用周某并与其签订了劳动合同。2023年10月31日,劳动合同到期,甲公司不再与周某续订。已知,周某在劳动合同终止前12个月的平均工资为20 000元,甲公司所在地月最低工资标准为2 000元,当地上年度职工月平均工资为5 000元。下列计算劳动合同终止时甲公司依法应向周某支付经济补偿数额的列式中,正确的是( )。

A. 20 000×4=80 000(元)　　　　　B. 5 000×3×4=60 000(元)

C. 2 000×3×3.5=21 000(元)　　　D. 20 000×3.5=70 000(元)

31. 王某和公司签订了合同期限为2年的劳动合同,劳动合同满1年时,王某因为出国留学需要解除劳动合同。根据劳动合同法律制度的规定,下列各项正确的是( )。

A. 不得解除劳动合同　　　　　　B. 用人单位应当支付1个月补偿金

C. 提前3日以书面形式通知用人单位　　D. 提前30日以书面形式通知用人单位

32. 根据劳动合同法律制度的规定,下列劳动合同解除的情形中,用人单位不需向劳动者支付经济补偿金的是( )。

A. 劳动者因用人单位未及时足额支付劳动报酬而解除劳动合同的

B. 由用人单位提出并与劳动者协商一致而解除劳动合同的

C. 劳动者不能胜任工作,经过培训或者调整工作岗位,仍不能胜任而被用人单位解除劳动合同的

D. 劳动者在试用期间被证明不符合录用条件的

33. 2023年12月31日,甲公司与孙某的劳动合同期满,甲公司不再与其续订。已知孙某在甲公司工作年限为5年,劳动合同终止前12个月的平均工资为13 000元,甲公司所在地上年度职工月平均工资为4 000元,当地月最低工资标准为2 000元。劳动合同终止时,甲公司依法应向孙某支付的经济补偿数额为( )元。

A. 10 000　　B. 65 000　　C. 20 000　　D. 60 000

34. 甲劳务派遣公司安排职工张某到用工单位乙公司工作。下列关于该劳务派遣用工的表述中,不正确的是( )。

A. 张某只能在乙公司从事临时性、辅助性或者替代性的工作

B. 乙公司应按月向张某支付报酬

C. 乙公司不得再将张某派遣到其他用人单位

D. 甲劳务派遣公司应当与乙公司订立劳务派遣协议

35. 根据劳动合同法律制度的规定,下列关于劳务派遣用工形式的表述中,不正确的是( )。

A. 被派遣劳动者在无工作期间,劳务派遣单位应当按照所在地人民政府规定的最低工资标准,向其按月支付报酬

B. 劳务派遣单位可与被派遣劳动者订立1年期劳动合同

C. 用人单位不得设立劳务派遣单位向本单位或者所属单位派遣劳动者

D. 被派遣劳动者享有与用工单位的劳动者同工同酬的权利

36. 根据劳动争议调解仲裁法律制度的规定,下列关于因用人单位在劳动关系存续期间拖欠劳动报酬发生争议的仲裁时效期间的表述中,正确的是( )。

    A. 自用人单位拖欠劳动报酬之日起 1 年
    B. 劳动关系终止的,自劳动关系终止之日起 3 年
    C. 自用人单位拖欠劳动报酬之日起 3 年
    D. 劳动关系终止的,自劳动关系终止之日起 1 年

37. 根据劳动仲裁法律制度的规定,下列关于劳动仲裁的说法中,不正确的是( )。

    A. 仲裁庭在作出裁决前,应当先行调解
    B. 调解书自作出之日起发生法律效力
    C. 简单劳动争议案件可以由 1 名仲裁员独任审判
    D. 仲裁庭不能形成多数意见时,裁决应当按照首席仲裁员的意见作出

38. 根据劳动争议调解仲裁法律制度的规定,下列关于劳动仲裁的表述中,正确的是( )。

    A. 当事人签订了仲裁协议才能提起劳动仲裁
    B. 仲裁员是本案代理人的近亲属的,不用回避
    C. 劳动者对终局裁决不服的,应当自收到仲裁裁决书之日起 10 日内向人民法院提起诉讼
    D. 劳动争议由劳动合同履行地或者用人单位所在地的劳动争议仲裁委员会管辖

39. 2023 年 3 月 12 日,杨某应聘到甲公司工作,每月领取工资 5 000 元,直至 2024 年 2 月 12 日甲公司方与其订立书面劳动合同。未及时订立书面劳动合同的工资补偿金额为( )。

    A. 5 000 元　　　　B. 50 000 元　　　　C. 60 000 元　　　　D. 以上答案均不对

40. 2023 年 7 月 1 日,甲公司书面通知张某被录用,7 月 6 日张某到甲公司上班,11 月 15 日甲公司与张某签订书面劳动合同。因未及时签订书面劳动合同,甲公司应向张某支付一定期间的 2 倍工资,该期间为( )。

    A. 自 2023 年 8 月 1 日至 2023 年 11 月 14 日
    B. 自 2023 年 7 月 1 日至 2023 年 11 月 15 日
    C. 自 2023 年 7 月 6 日至 2023 年 11 月 15 日
    D. 自 2023 年 8 月 6 日至 2023 年 11 月 14 日

41. 2023 年 6 月 1 日,刘某到甲公司上班。2024 年 6 月 1 日,甲公司尚未与刘某签订劳动合同。下列关于甲公司未与刘某签订书面劳动合同法律后果的表述中,正确的是( )。

    A. 视为双方自 2024 年 6 月 1 日起已经订立无固定期限劳动合同
    B. 甲公司应向刘某支付 2023 年 6 月 1 日至 2024 年 5 月 31 日期间的 2 倍工资
    C. 双方尚未建立劳动关系
    D. 视为 2023 年 6 月 1 日至 2024 年 5 月 31 日为试用期

二、多项选择题

1. 下列情形中,用人单位招用劳动者不符合法律规定的有( )。

    A. 甲公司设立的分公司已领取营业执照,该分公司与杨某订立劳动合同

B. 乙公司以只招男性为由拒绝录用应聘者杨女士从事会计工作

C. 丙超市与刚满 15 周岁的初中毕业生杨某签订劳动合同

D. 丁公司要求杨某提供 2 000 元保证金后才与其订立劳动合同

2. 根据劳动合同法律制度的规定，下列关于无效劳动合同法律后果的表述中，正确的有（　　）。

A. 劳动合同被确认无效，给对方造成损害的，有过错的一方应承担赔偿责任

B. 无效劳动合同从订立时起就没有法律约束力

C. 劳动合同被确认无效，劳动者已付出劳动的，用人单位无须支付劳动报酬

D. 劳动合同部分无效，不影响其他部分效力的，其他部分仍然有效

3. 2023 年 11 月 1 日，甲公司向张某发出录用通知，11 月 6 日，张某到甲公司上班，截至 2023 年 12 月 31 日，甲公司一直未与张某签订劳动合同。下列关于甲公司未与张某签订书面劳动合同法律后果的表述中，正确的有（　　）。

A. 甲公司与张某之间视为自 2023 年 12 月 6 日起已订立无固定期限劳动合同

B. 甲公司应当与张某补订书面劳动合同

C. 甲公司与张某之间未建立劳动关系

D. 甲公司与张某之间的劳动关系自 2023 年 11 月 6 日起建立

4. 张某 2023 年 8 月进入甲公司工作，公司按月支付工资，至年底公司尚未与张某签订劳动合同。下列关于公司与张某之间劳动关系的表述中，正确的有（　　）。

A. 公司与张某之间可视为不存在劳动关系

B. 公司与张某之间可视为已订立无固定期限劳动合同

C. 公司应与张某补订书面劳动合同，并支付工资补偿

D. 张某可与公司终止劳动关系，公司应支付经济补偿

5. 根据劳动合同法律制度的规定，下列关于非全日制用工的说法中，正确的有（　　）。

A. 双方当事人可以订立口头协议

B. 劳动者可以与多个用人单位订立劳动合同，后订立的劳动合同不得影响先订立的劳动合同的履行

C. 双方当事人可以约定试用期，但是试用期最长不得超过 15 日

D. 终止用工的，用人单位无须支付经济补偿

6. 根据劳动合同法律制度的规定，下列关于非全日制用工的表述中，正确的有（　　）。

A. 双方当事人任何一方都可以随时通知对方终止用工

B. 双方当事人可以约定试用期

C. 劳动报酬结算支付周期最长不得超过 15 日

D. 双方当事人可以订立口头协议

7. 根据劳动合同法律制度的规定，下列情形中，职工可以享受当年年休假的有（　　）。

A. 已享受 40 天寒暑假的

B. 累计工作满 5 年，当年请病假累计 15 天的

C. 累计工作满 20 年，当年请病假累计 1 个月的

D. 请事假累计 10 天且单位按照规定不扣工资的

8. 根据劳动合同法律制度的规定，下列关于用人单位向劳动者支付劳动报酬的表述中，正

确的有（　　）。

A. 工资应以法定货币支付,不得以实物及有价证券替代货币支付

B. 劳动者在法定休假日期间,用人单位应支付工资

C. 约定的工资支付日如遇节假日或休息日,应在此后最近的工作日支付

D. 劳动者在婚丧假期间,用人单位可不支付工资

9. 下列关于甲公司与其职工对试用期期限的约定中,符合法律规定的有（　　）。

A. 夏某的劳动合同期限4年,双方约定的试用期为4个月

B. 周某的劳动合同期限1年,双方约定的试用期为1个月

C. 刘某的劳动合同期限2年,双方约定的试用期为3个月

D. 林某的劳动合同期限5个月,双方约定的试用期为5日

10. 根据劳动合同法律制度的规定,下列关于竞业限制的表述中,正确的有（　　）。

A. 竞业限制的人员限于用人单位的高级管理人员、高级技术人员和其他负有保密义务的人员

B. 竞业限制期限不得超过2年

C. 在竞业限制期限内用人单位应给予劳动者经济补偿

D. 劳动者违反竞业限制约定的,应当按照约定向用人单位支付违约金

11. 根据劳动合同法律制度的规定,下列关于职工带薪年休假制度的表述中,正确的有（　　）。

A. 职工连续工作1年以上方可享受年休假

B. 机关、团体、企业、事业单位、民办非企业单位、有雇工的个体工商户等单位的职工均可依法享受年休假

C. 国家法定休假日、休息日不计入年休假的假期

D. 职工在年休假期间享受与正常工作期间相同的工资收入

12. 根据劳动合同法律制度的规定,下列关于劳动报酬支付的表述中,正确的有（　　）。

A. 对在妇女节（工作日）照常工作的女职工,用人单位应支付加班工资

B. 用人单位应当支付劳动者在法定休假日期间的工资

C. 用人单位与劳动者约定的支付工资日期遇节假日的,应提前在最近的工作日支付

D. 用人单位不得以有价证券替代货币支付工资

13. 根据劳动合同法律制度的规定,下列关于试用期的说法中,正确的有（　　）。

A. 以完成一定工作任务为期限的劳动合同不得约定试用期

B. 无固定期限劳动合同试用期不得超过6个月

C. 同一用人单位只能与同一劳动者约定一次试用期,但是劳动者调换新的工作岗位的除外

D. 劳动者在试用期的工资不得低于本单位相同岗位最低档工资或者劳动合同约定工资的80%

14. 根据劳动合同法律制度的规定,下列关于试用期的表述中,正确的有（　　）。

A. 订立固定期限劳动合同应当约定试用期

B. 同一用人单位与同一劳动者只能约定一次试用期

C. 试用期包含在劳动合同期限内

D. 订立无固定期限劳动合同不应约定试用期

15. 根据劳动合同法律制度的规定,关于劳动合同主要内容的下列说法中,错误的有( )。
    A. 劳动合同中,应当订明劳动合同期限、工作内容和工作地点、劳动报酬等法定事项,用人单位对于休息、休假有特殊安排的,还可以订明工作时间和休息、休假
    B. 劳动报酬是指用人单位根据劳动者劳动的数量和质量,以货币形式或者有价证券等支付给劳动者的工资
    C. 用人单位与劳动者约定服务期的,不影响按照正常的工资机制提高劳动者在服务期间的劳动报酬
    D. 用人单位可以与所有劳动者约定竞业限制条款

16. 根据劳动合同法律制度的规定,下列关于劳动合同履行的表述中,正确的有( )。
    A. 用人单位拖欠劳动报酬的,劳动者可以依法向人民法院申请支付令
    B. 用人单位发生合并或者分立等情况,原劳动合同不再继续履行
    C. 劳动者拒绝用人单位管理人员违章指挥、强令冒险作业的,不视为违反劳动合同
    D. 用人单位变更名称的,不影响劳动合同的履行

17. 根据劳动合同法律制度的规定,下列关于用人单位直接涉及劳动者切身利益的规章制度的表述中,正确的有( )。
    A. 因规章制度违反法律、法规规定给劳动者造成损害的,用人单位应承担赔偿责任
    B. 制定时应经职工代表大会或全体职工讨论,提出方案和意见,与工会或职工代表平等协商确定
    C. 实施过程中工会或职工认为不适当的,有权向用人单位提出,通过协商予以修改完善
    D. 用人单位应将规章制度公示或告知劳动者

18. 甲公司与刘某签订了2年期限劳动合同。合同履行1年时,刘某因自主创业而向甲公司提出解除劳动合同。下列关于刘某单方解除劳动合同方式及后果的表述中,正确的有( )。
    A. 刘某应向甲公司支付违约金
    B. 刘某应提前3日以书面形式通知甲公司
    C. 刘某应提前30日以书面形式通知甲公司
    D. 甲公司不需向刘某支付经济补偿

19. 下列劳动者中,可随时通知用人单位解除劳动合同的有( )。
    A. 所在单位规章制度违法损害其利益的王某
    B. 所在单位未依法为其缴纳社会保险费的李某
    C. 所在单位未及时足额向其支付劳动报酬的张某
    D. 所在单位未按照劳动合同约定为其提供劳动保护的赵某

20. 根据劳动合同法律制度的规定,劳动者出现的下列情形中,用人单位可随时通知劳动者解除劳动合同的有( )。
    A. 被依法追究刑事责任的
    B. 在试用期间被证明不符合录用条件的
    C. 同时与其他用人单位建立劳动关系,经用人单位提出,拒不改正的
    D. 严重违反用人单位规章制度的

21. 根据劳动合同法律制度的规定,因下列情形解除劳动合同的,用人单位应向劳动者支付经济补偿的有(　　)。
    A. 劳动者不能胜任工作,经过培训或者调整工作岗位,仍不能胜任工作的
    B. 用人单位未按照劳动合同约定提供劳动保护或者劳动条件的
    C. 劳动者同时与其他用人单位建立劳动关系,经用人单位提出,拒不改正的
    D. 用人单位未及时足额支付劳动报酬的

22. 根据劳动合同法律制度的规定,下列情形中,用人单位通知劳动者解除劳动合同,无需支付经济补偿金的有(　　)。
    A. 劳动者在试用期间被证明不符合录用条件的
    B. 劳动者被依法追究民事责任的
    C. 劳动者不能胜任工作,经过培训后,仍不能胜任工作的
    D. 劳动者严重失职给用人单位造成重大损害的

23. 根据劳动合同法律制度的规定,下列职工中,属于用人单位经济性裁员应优先留用的有(　　)。
    A. 与本单位订立较短期限的固定期限劳动合同的
    B. 家庭无其他就业人员,有需要扶养的老人或者未成年人的
    C. 与本单位订立无固定期限劳动合同的
    D. 与本单位订立较长期限的固定期限劳动合同的

24. 根据劳动合同法律制度的规定,下列情形中,用人单位应向劳动者支付经济补偿的有(　　)。
    A. 劳动者提前30日以书面形式通知无过错用人单位而解除劳动合同的
    B. 劳动者提出并与无过错用人单位协商一致解除劳动合同的
    C. 劳动者符合不需事先告知用人单位即可解除劳动合同的情形解除劳动合同的
    D. 以完成一定工作任务为期限的劳动合同因任务完成而终止的

25. 根据劳动合同法律制度的规定,下列关于劳务派遣的表述中,正确的有(　　)。
    A. 用工单位使用的被派遣劳动者数量不得超过其用工总量的10%
    B. 用工单位不得将被派遣劳动者再派遣到其他用人单位
    C. 劳务派遣单位应当与被派遣劳动者订立2年以上固定期限劳动合同
    D. 劳务派遣单位应当按月向被派遣劳动者支付劳动报酬

26. 下列工作岗位中,企业可以采用劳务派遣用工形式的有(　　)。
    A. 主营业务岗位　　B. 替代性岗位　　C. 临时性岗位　　D. 辅助性岗位

27. 根据劳动合同法律制度的规定,下列关于劳务派遣的说法中,正确的有(　　)。
    A. 劳务派遣用工是我国的企业基本用工形式
    B. 劳务派遣单位不得以非全日制用工形式招用被派遣劳动者
    C. 劳务派遣单位应当与被派遣劳动者订立无固定期限劳动合同
    D. 用工单位不得向被派遣劳动者收取费用

28. 根据劳动合同法律制度的规定,下列关于劳务派遣的表述中,正确的有(　　)。
    A. 被派遣劳动者不与用工单位签订劳动合同
    B. 被派遣劳动者数量不得超过其用工总量的10%

C. 用人单位可以设立劳务派遣单位向本单位或者所属单位派遣劳动者
D. 被派遣劳动者享有与用工单位的劳动者同工同酬的权利

29. 根据劳动争议调解仲裁法律制度的规定,下列劳动争议中,劳动仲裁机构作出的仲裁裁决,除劳动者提起诉讼外,该裁决为终局裁决的有(   )。
    A. 因执行国家的劳动标准在工作时间方面发生的争议
    B. 因确认劳动关系发生的争议
    C. 因订立劳动合同发生的争议
    D. 追索赔偿金,不超过当地月最低工资标准12个月金额的争议

30. 根据劳动仲裁法律制度的规定,下列争议中,属于劳动争议的有(   )。
    A. 因确认劳动关系发生的争议   B. 因履行劳动合同发生的争议
    C. 因社会保险发生的争议   D. 因劳动报酬发生的争议

31. 根据劳动仲裁法律制度的规定,当仲裁员出现某些法定情形时,应当回避,当事人也有权以口头或者书面方式提出回避申请。下列选项中,属于该法定情形的有(   )。
    A. 是本案当事人的近亲属   B. 与本案有利害关系
    C. 私自会见当事人   D. 接受当事人请客送礼

32. 根据劳动调解法律制度的规定,下列说法中,不正确的有(   )。
    A. 当事人申请劳动争议调解应当以书面形式申请
    B. 调解协议书对双方当事人具有约束力
    C. 企业劳动争议调解委员会由职工代表和企业代表组成
    D. 自劳动争议调解组织收到调解申请之日起10日内未达成调解协议的,当事人可以依法申请仲裁

33. 根据劳动争议仲裁法律制度的规定,下列关于劳动仲裁裁决的表述中,正确的有(   )。
    A. 裁决应当按照多数仲裁员的意见作出
    B. 申请人收到书面开庭通知,无正当理由拒不到庭或者未经仲裁庭同意中途退庭的,可以按撤回仲裁申请处理
    C. 所有仲裁员都必须在裁决书上签名
    D. 当事人对终局裁决情形之外的其他劳动争议案件的仲裁裁决不服的,可以自收到仲裁裁决书之日起15日内提起诉讼

三、判断题

1. 劳动合同双方协商一致,在合同文本上签字或盖章后生效,劳动合同文本由用人单位保存,劳动者可以履行审批流程后查询与劳动者本人有关的劳动合同,并在规定期限内归还。(   )
2. 用人单位自用工之日起满2年不与劳动者订立书面劳动合同的,视为用人单位自用工之日起满2年的当日已经与劳动者订立无固定期限劳动合同。(   )
3. 用人单位自与劳动者订立劳动合同之日起即与劳动者建立劳动关系。(   )
4. 杨某工作已满18年,2024年7月1日调到正保公司工作,提出补休年休假的申请,则杨某可以享受的年休假是10天。(   )
5. 用人单位与劳动者约定的支付工资日期,如遇节假日或休息日,则应该延迟至最近的工

作日。 ( )
6. 劳动合同期满，但是用人单位与劳动者约定的服务期尚未到期的，服务期视为到期。 ( )
7. 同一用人单位与同一劳动者只能约定一次试用期。 ( )
8. 双方口头变更劳动合同且实际履行已超过1个月，且变更后的劳动合同内容不违反法律、行政法规、国家政策以及公序良俗，该劳动合同变更有效。 ( )
9. 用人单位对已经解除或者终止的劳动合同文本，至少保存1年备查。 ( )
10. 非全日制用工，双方当事人任何一方都可以随时通知对方终止用工；但用人单位提出的，应当向劳动者支付经济补偿金。 ( )
11. 劳动者不能胜任工作岗位，用人单位应先经过培训或者调整工作岗位，仍不能胜任工作的，方可按程序与其解除劳动合同。 ( )
12. 当事人在劳动合同或者保密协议中约定了竞业限制，但未约定解除者终止劳动合同后给予劳动者经济补偿，劳动者履行了竞业限制义务，要求用人单位按照劳动者在劳动合同解除或者终止前12个月平均工资的20%按月支付经济补偿的，人民法院应予支持。 ( )
13. 被派遣劳动者在无工作期间，劳务派遣单位应当按照所在地人民政府规定的最低生活保障标准，向其按月支付报酬。 ( )
14. 劳务派遣单位应当与被派遣劳动者订立1年期限劳动合同。 ( )
15. 用人单位对劳动争议终局裁决不服的，可以自收到仲裁裁决书之日起15日内向人民法院提起诉讼。 ( )
16. 劳动争议的仲裁，需要当事人在纠纷发生前或纠纷发生后自愿达成仲裁协议。 ( )
17. 仲裁庭裁决劳动争议案件，应当自仲裁委员会受理仲裁之日起45日内结束。案情复杂需要延期的，经仲裁委员会主任批准，可以延期并书面通知当事人，但是延长期限不得超过15日。 ( )
18. 对追索劳动报酬不超过当地月最低工资标准12个月金额的劳动争议所作出的劳动仲裁裁决，为终局裁决。 ( )
19. 违法约定的试用期已经履行的，由用人单位以劳动者试用期满月工资为标准，按已经履行的超过法定试用期的期间向劳动者支付赔偿金。 ( )

知识训练二　社会保险法律制度

一、单项选择题
1. 根据社会保险法律制度的规定，下列关于职工基本养老保险个人账户的表述中，不正确的是(　　)。
   A. 个人账户记账利息计征利息税
   B. 参保职工死亡后，其个人账户中的余额可以全部依法继承
   C. 个人账户不得提前支取
   D. 职工按照国家规定缴纳的基本养老保险费记入个人账户

2. 根据社会保险法律制度的规定,下列关于基本养老保险的表述中,正确的是(　　)。
   A. 企业职工与单位缴纳的养老保险金全部划入个人账户
   B. 个人账户不得提前支取
   C. 个人账户记账利率不得低于银行活期存款利率
   D. 参加职工基本养老保险的个人死亡后,其统筹账户中的余额可以全部依法继承

3. 某企业职工赵某的月工资为1 600元,当地社会平均工资为4 000元,最低工资为1 700元,已知职工基本养老保险个人缴费的比例为工资的8%,根据《社会保险法》的有关规定,赵某每月应由个人缴纳的基本养老保险费为(　　)元。
   A. 128　　　　　　B. 136　　　　　　C. 192　　　　　　D. 320

4. 甲公司高级管理人员张某2020年度月平均工资为15 000元,公司所在地职工月平均工资为4 000元。下列计算2021年甲公司每月应扣缴张某基本养老保险费的列式中,正确的是(　　)。
   A. 4 000×2×8%=640(元)　　　　　　B. 15 000×8%=1 200(元)
   C. 4 000×8%=320(元)　　　　　　　D. 4 000×3×8%=960(元)

5. 下列关于基本养老保险待遇的表述中,正确的是(　　)。
   A. 符合基本养老保险享受条件的人员,国家按年支付基本养老金
   B. 参加基本养老保险的个人,因工死亡的,其遗属可以领取丧葬补助金和抚恤金,所需资金从基本养老保险金中支付
   C. 个人死亡同时符合领取基本养老保险丧葬补助金、工伤保险丧葬补助金和失业保险丧葬补助金条件的,其遗属只能选择领取其中的一项
   D. 参加基本养老保险的个人,未达法定退休年龄时因工致残完全丧失劳动能力的,可以领取病残津贴,所需资金从基本养老保险金中支付

6. 甲公司所在地职工月平均工资为4 000元,刘某在甲公司任职,月工资1 500元。根据社会保险法律制度的规定,下列计算甲公司每月应从刘某工资中代扣代缴的基本养老保险费用金额的列式中,正确的是(　　)。
   A. 4 000×8%=320(元)　　　　　　B. 4 000×60%×8%=192(元)
   C. 4 000×80%×8%=256(元)　　　　D. 1 500×8%=120(元)

7. 根据社会保险法律制度的规定,参加职工基本养老保险的个人,达到法定退休年龄且累计缴费满一定年限的,方可享受职工基本养老保险待遇。该年限为(　　)。
   A. 5年　　　　　　B. 20年　　　　　　C. 15年　　　　　　D. 10年

8. 甲公司职工孙某已参加职工基本养老保险,月工资15 000元。已知甲公司所在地职工月平均工资为4 000元,月最低工资标准为2 000元。下列计算甲公司每月应从孙某工资中扣缴基本养老保险费的列式中,正确的是(　　)。
   A. 15 000×8%=1 200(元)　　　　　　B. 4 000×3×8%=960(元)
   C. 2 000×3×8%=480(元)　　　　　　D. 4 000×8%=320(元)

9. 王某大专毕业后,自2005年起至2023年一直在甲公司从事维修工作,后因患上心脏病需要停止工作,进行治疗。根据社会保险法律制度的规定,王某最长可以享受的医疗期间为(　　)。
   A. 6个月　　　　　　B. 12个月　　　　　　C. 18个月　　　　　　D. 24个月

10. 某企业刘某的月工资为8 000元。已知基本医疗保险单位缴费比例为6%,个人缴费比例为2%,划入个人医疗账户的比例为30%。根据社会保险法律制度的规定,当月应记入刘某个人医疗保险账户的储存额为( )。

   A. 48元　　　　　　B. 160元　　　　　　C. 190元　　　　　　D. 304元

11. 赵某在定点医院做外科手术,共发生医疗费用12万元,其中在规定医疗目录内的费用为10万元,目录以外费用2万元。当地职工平均工资水平为2 000元/月,则应由基本医疗保险基金支付的医疗费用为( )元。

   A. 100 000　　　　　B. 90 000　　　　　C. 88 200　　　　　D. 87 840

12. 甲公司职工黄某的月缴费工资为8 000元。已知当地规定的基本医疗保险个人缴费率为2%,单位缴费率为6%,单位缴费划入个人医疗保险账户的比例为30%。下列计算黄某个人医疗保险账户每月储存额的列式中,正确的是( )。

   A. 8 000×2%×30%+8 000×6%=528(元)

   B. 8 000×2%+8 000×6%=640(元)

   C. 8 000×2%+8 000×6%×30%=304(元)

   D. 8 000×2%=160(元)

13. 甲公司职工张某因心肌炎住院治疗。已知张某的实际工作年限为8年,在甲公司的工作年限为6年。根据社会保险法律制度的规定,张某可享受的医疗期最长不得超过( )。

   A. 1个月　　　　　B. 2个月　　　　　C. 3个月　　　　　D. 6个月

14. 根据社会保险法律制度的规定,下列关于企业职工医疗期待遇的表述中,不正确的是( )。

   A. 医疗期满职工尚未痊愈而被解除劳动合同的,用人单位应支付经济补偿

   B. 病假工资或疾病救济费不得低于当地最低工资标准支付

   C. 医疗期内,用人单位不得解除或者终止无过错职工的劳动合同

   D. 病休期间,公休、假日和法定节日包括在内

15. 企业职工在医疗期内,其病假工资或疾病救济费可以低于当地最低工资标准支付,但最低不得低于最低工资标准的一定比例。该比例为( )。

   A. 50%　　　　　　B. 60%　　　　　　C. 70%　　　　　　D. 80%

16. 甲公司职工赵某实际工作年限为6年,在甲公司工作年限为2年。赵某因患病住院治疗,其依法可享受的医疗期限为( )。

   A. 3个月　　　　　B. 6个月　　　　　C. 9个月　　　　　D. 12个月

17. 甲公司职工李某因心肌炎住院治疗。已知李某实际工作年限为12年,在甲公司工作年限为3年。则李某依法可享受的医疗期为( )。

   A. 6个月　　　　　B. 12个月　　　　　C. 9个月　　　　　D. 18个月

18. 根据劳动合同法律制度的规定,下列关于企业职工医疗期期限及待遇的表述中,不正确的是( )。

   A. 病假工资不得低于当地最低工资标准

   B. 公休、假日和法定节日包括在病休期间内

   C. 医疗期内遇劳动合同期满,则合同应延续至医疗期满

D. 实际工作年限10年以下,在本单位工作年限5年以下的,可享受3个月的医疗期

19. 根据社会保险法律制度的规定,劳动者因工致残的下列情形中,用人单位不得与劳动者解除或终止劳动关系的是( )。
    A. 一级伤残 B. 五级伤残 C. 六级伤残 D. 十级伤残

20. 职工出现伤亡的下列情形中,应认定为工伤的是( )。
    A. 在下班途中受到本人负主要责任交通事故伤害的
    B. 因本人故意犯罪导致在工作中伤亡的
    C. 在工作时间和工作岗位,突发疾病72小时后死亡的
    D. 工作时间前在工作场所内,从事与工作有关的预备性工作受到事故伤害的

21. 根据社会保险法律制度的规定,参加工伤保险的职工因工死亡,其近亲属可以按照一定标准从工伤保险基金领取一次性工亡补助金,该标准为( )。
    A. 上一年度全国城镇居民人均可支配收入的5倍
    B. 上一年度全国城镇居民人均可支配收入的10倍
    C. 上一年度全国城镇居民人均可支配收入的15倍
    D. 上一年度全国城镇居民人均可支配收入的20倍

22. 根据社会保险法律制度的规定,下列关于工伤保险的说法中,不正确的是( )。
    A. 用人单位缴纳工伤保险费,职工不缴纳工伤保险费
    B. 劳动功能障碍分为十个伤残等级,最重的为十级,最轻的为一级
    C. 丧葬补助金为6个月的统筹地区上年度职工月平均工资
    D. 伤残津贴实际金额低于当地最低工资标准的,由用人单位补足差额

23. 赵某已经工作15年,缴纳失业保险8年。2024年4月1日赵某因患病医疗期满不能从事原工作和单位另行安排的工作,经协商公司与其解除了劳动合同。此后赵某一直未能找到工作,遂于2024年6月1日办理了失业登记。则赵某领取失业保险金的最长期限为( )。
    A. 2024年4月1日至2024年4月1日   B. 2024年6月1日至2024年6月1日
    C. 2024年6月1日至2024年12月1日   D. 2024年6月1日至2024年6月1日

24. 吴某(35周岁)因劳动合同终止而失业。已知吴某工作年限已满6年,缴纳失业保险费的时间已满4年,且符合失业保险待遇享受条件。吴某领取失业保险金的最长期限为( )。
    A. 12个月 B. 24个月 C. 6个月 D. 18个月

25. 李某在甲公司工作了12年,因劳动合同到期而劳动关系终止,符合领取失业保险待遇,李某最长可以领取失业保险的期限为( )。
    A. 24个月 B. 12个月 C. 18个月 D. 6个月

26. 根据社会保险法律制度的规定,下列关于失业保险待遇的表述中,正确的是( )。
    A. 失业人员领取失业保险金期间不享受基本医疗保险待遇
    B. 失业人员领取失业保险金期间重新就业的,停止领取失业保险金并同时停止享受其他失业保险待遇
    C. 失业保险金的标准可以低于城市居民最低生活保障标准
    D. 失业前用人单位和本人已经累计缴纳失业保险费满6个月的,失业人员可以申请领

取失业保险金

27. 下列关于符合条件的失业人员享受失业保险待遇的表述中,不正确的是( )。
   A. 失业人员在领取失业保险金期间死亡的,其遗属有权领取一次性丧葬补助金和抚恤金
   B. 失业人员领取失业保险金的期限自办理失业登记之日起计算
   C. 失业人员领取失业保险金的标准,不得低于当地最低工资标准
   D. 失业人员在领取失业保险金期间享受基本医疗保险待遇

28. 根据社会保险法律制度的规定,下列关于失业保险的说法中,正确的是( )。
   A. 失业人员(非大龄失业人员)失业前用人单位和本人累计缴费满10年的,领取失业保险金的最长期限为18个月
   B. 失业人员在领取失业保险金期间死亡的,其遗属可以在一次性丧葬补助金和抚恤金中选择领取一项
   C. 失业保险金的标准不得低于城市居民最低生活保障标准
   D. 失业人员在领取失业保险金期间应征服兵役的,为了最大限度保障军人的权益,其可以继续享受失业保险待遇

29. 根据社会保险法律制度的规定,用人单位应当在一定期限内为其职工向社会保险经办机构申请办理社会保险登记,该期限是指( )。
   A. 自用工之日起15日
   B. 自用工之日起30日
   C. 自书面劳动合同签订之日起15日
   D. 自书面劳动合同签订之日起30日

二、多项选择题

1. 根据社会保险法律制度的规定,下列关于职工基本养老保险待遇的表述中,正确的有( )。
   A. 参保职工未达到法定退休年龄时因病致残完全丧失劳动能力的,可以领取病残津贴
   B. 参保职工死亡后,其个人账户中的余额可以全部依法继承
   C. 参保职工达到法定退休年龄时累计缴费满15年,按月领取基本养老金
   D. 参保职工死亡同时符合领取基本养老保险丧葬补助金、工伤保险丧葬补助金和失业保险丧葬补助金条件的,其遗属可以同时领取

2. 根据社会保险法律制度的规定,下列社会保险项目中,由用人单位和职工共同缴纳社会保险费的有( )。
   A. 工伤保险
   B. 职工基本医疗保险
   C. 失业保险
   D. 职工基本养老保险

3. 根据社会保险法律制度的规定,下列参加职工基本养老保险的人员中,不可享受职工基本养老保险待遇的有( )。
   A. 未达法定退休年龄且累计缴费满10年的赵某
   B. 未达法定退休年龄且累计缴费满15年的钱某
   C. 达到法定退休年龄且累计缴费满10年的孙某
   D. 达到法定退休年龄且累计缴费满15年的李某

4. 根据社会保险法律制度的规定,参加职工基本养老保险的下列人员中,基本养老保险费全部由个人缴纳的有( )。

A. 城镇私营企业的职工
B. 无雇工的个体工商户
C. 未在用人单位参加基本养老保险的非全日制从业人员
D. 实行企业化管理的事业单位职工

5. 根据基本养老保险法律制度的规定,下列表述正确的有(   )。
   A. 非全日制劳动者缴纳养老保险金的全部划入个人账户
   B. 企业职工与单位缴纳养老保险金的全部划入个人账户
   C. 养老保险账户中的存款利息免征利息税
   D. 养老保险不得提前领取

6. 根据社会保险法律制度的规定,下列关于职工基本养老保险待遇的表述中,正确的有(   )。
   A. 对符合基本养老保险享受条件的人员,国家按月支付基本养老金
   B. 参保职工因病死亡的,其遗属可以领取丧葬补助金
   C. 参保职工非因工死亡的,其遗属可以领取抚恤金
   D. 参保职工在未达到法定退休年龄时因病致残而完全丧失劳动能力的,可以领取病残津贴

7. 下列情形中,医疗费不由基本医疗保险基金支付的有(   )。
   A. 李某需进行外科手术的原因是工伤
   B. 钱某需进行外科手术的原因是被李某驾驶的汽车撞伤
   C. 孙某需进行外科手术的原因是非因公负伤
   D. 李某需进行外科手术的原因是患病

8. 下列人员中,属于基本医疗保险覆盖范围的有(   )。
   A. 大学生   B. 国有企业职工
   C. 城镇私营企业职工   D. 灵活就业人员

9. 2015年张某初次就业到甲公司工作。2024年年初,张某患重病向公司申请病休。下列关于张某享受医疗期待遇的表述中,正确的有(   )。
   A. 医疗期内,甲公司应按照张某病休前的工资待遇向其支付病假工资
   B. 张某可享受不超过6个月的医疗期
   C. 公休、假日和法定节日不包括在医疗期内
   D. 医疗期内,甲公司不得单方面解除劳动合同

10. 吴某在定点医院做外科手术,共发生医疗费用18万元,其中在规定医疗目录内的费用为15万元,目录以外费用为3万元,当地医疗报销起付标准2 400元,最高支付限额为144 000元,报销比例为90%。下列说法正确的有(   )。
    A. 在规定医疗目录以外的3万元费用,不得从统筹账户中报销
    B. 吴某可以报销的费用为147 600元
    C. 吴某可以报销的费用为141 600元
    D. 吴某可以报销的费用为127 440元

11. 根据社会保险法律制度的规定,职工出现伤亡的下列情形中,视同工伤的有(   )。
    A. 在工作时间和工作岗位,突发疾病在48小时内经抢救无效死亡的

B. 在抢险救灾等维护国家利益、公共利益活动中受到伤害的
C. 在工作时间和工作场所内,因履行工作职责受到暴力伤害的
D. 在工作时间和工作岗位,突发疾病死亡

12. 根据社会保险法律制度的规定,下列用人单位,应当为职工办理工伤保险的有(　　)。
    A. 民办非企业单位   B. 会计师事务所
    C. 国有企业   D. 律师事务所

13. 根据社会保险法律制度的规定,下列选项中,可以认定为工伤的有(　　)。
    A. 在上班途中受到非本人主要责任的交通事故
    B. 酗酒或者吸毒导致本人在工作中伤亡
    C. 在上班前,在工作地点准备开工的工作受到事故伤害
    D. 工作中突然病发后72小时不治身亡

14. 根据社会保险法律制度的规定,下列情形中,不认定为工伤的有(　　)。
    A. 故意犯罪   B. 吸毒   C. 醉酒   D. 自残

15. 甲公司职工高某(35周岁)因公司被依法宣告破产而失业。已知高某失业前,甲公司与高某已累计缴纳失业保险费满4年,失业后高某及时办理了失业登记。根据社会保险法律制度的规定,下列表述中,正确的有(　　)。
    A. 高某在领取失业保险金期间,不参加职工基本医疗保险,亦不享受基本医疗保险待遇
    B. 高某领取失业保险金的标准,不得低于城市居民最低生活保障标准
    C. 高某领取失业保险金的标准,不得低于当地最低工资标准
    D. 高某领取失业保险金的期限最长为12个月

16. 根据社会保险法律制度的规定,失业人员在领取失业保险金期间发生特定情形时,停止领取失业保险金,并同时停止享受其他失业保险待遇。下列各项中,属于该特定情形的有(　　)。
    A. 重新就业的   B. 享受基本养老保险待遇的
    C. 被判刑收监执行的   D. 应征服兵役的

17. 下列失业人员中,应该停止发放失业保险金并同时停止失业保险待遇的有(　　)。
    A. 应征服兵役的蒋某   B. 已经领取基本养老金的陈某
    C. 移居境外的杜某   D. 重新就业的孙某

18. 根据社会保险法律制度的规定,下列关于失业保险的表述中,不正确的有(　　)。
    A. 职工应当参加失业保险
    B. 用人单位缴纳失业保险费,职工个人不用缴纳
    C. 失业人员在领取失业保险金期间应当积极求职,接受职业介绍和职业培训
    D. 失业人员在领取失业保险金期间,不享受基本医疗保险待遇

19. 下列关于社会保险费缴纳的表述中,正确的有(　　)。
    A. 用人单位应当自行申报、按时足额缴纳社会保险费
    B. 职工应当缴纳的社会保险费由用人单位代扣代缴
    C. 无雇工的个体工商户可以直接向社会保险费征收机构缴纳社会保险费
    D. 用人单位应当按季度将缴纳社会保险费的明细情况告知职工本人

20. 根据社会保险法律制度的规定,下列关于社会保险费征缴的表述中,正确的有( )。
A. 职工应当缴纳的社会保险费由用人单位代扣代缴
B. 用人单位未按时足额缴纳社会保险费的,由社会保险费征收机构责令其限期缴纳或者补足
C. 无雇工的个体工商户、未在用人单位参加社会保险的非全日制从业人员以及其他灵活就业人员,可以直接向社会保险费征收机构缴纳社会保险费
D. 除基本医疗保险基金与生育保险基金合并建账及核算外,其他各项社会保险基金按照社会保险险种分别建账,分账核算,执行国家统一的会计制度

21. 根据社会保险法律制度的规定,下列关于社会保险费缴纳的表述中,正确的有( )。
A. 用人单位未按时足额缴纳的,由社会保险费征收机构责令其限期缴纳或者补足
B. 职工应当缴纳的社会保险费由用人单位代扣代缴
C. 发生不可抗力等法定事由,用人单位可以申请缓缴或者减免缴纳
D. 用人单位应当自行申报、按时足额缴纳

三、判断题

1. 职工参加工伤保险由用人单位和职工共同缴纳工伤保险费。 ( )
2. 参加基本养老保险的个人,因病或者非因工死亡的,其遗属可以领取丧葬补助金和抚恤金,所需资金从基本养老保险基金中支付。 ( )
3. 职工个人按照本人月缴费工资的8%缴纳基本养老保险费,记入个人账户。 ( )
4. 医疗期是指企业职工因工负伤停止工作治病休息的期限。 ( )
5. 职工所在用人单位未依法缴纳工伤保险费,发生工伤事故的,由伤残保险基金先行支付工伤保险待遇。 ( )

四、不定项选择题

(一) 2023年3月2日,高某到甲公司工作,5月4日甲公司与高某签订了1年期书面劳动合同。同年10月因工作需要,甲公司安排高某于10月1日(国庆节)、10月16日(周六)加班,且未安排补休。2024年初,甲公司得知高某已经怀孕,劳动合同期限届满时,甲公司终止了劳动合同,此时高某仍处于孕期。

已知:甲公司实行标准工时制,高某日工资为220元,甲公司已为高某办理了社会保险登记并按月从其工资中扣缴相关社会保险费用。

要求:根据上述资料,不考虑其他因素,分析回答下列小题。

1. 甲公司与高某劳动关系建立及合同订立后果的下列表述中,正确的是( )。
   A. 高某有权要求甲公司支付自2023年4月2日至5月3日期间的2倍工资
   B. 双方劳动关系自2023年5月4日建立
   C. 甲公司不需向高某支付2倍工资
   D. 双方劳动关系自2023年3月2日建立
2. 下列社会保险项目中,甲公司应从高某工资中扣缴保险费的是( )。
   A. 失业保险
   B. 工伤保险
   C. 职工基本医疗保险
   D. 职工基本养老保险

3. 下列计算甲公司依法应向高某支付的2023年10月最低加班工资的列式中,正确的是( )。

　　A. 220×300％＋220×300％＝1 320(元)

　　B. 220×200％＋220×200％＝880(元)

　　C. 220×300％＋220×200％＝1 100(元)

　　D. 220×200％＋220×150％＝770(元)

4. 下列关于甲公司终止劳动合同及其法律后果的表述中,正确的是( )。

　　A. 因高某在孕期,甲公司不得终止合同,劳动合同应续延

　　B. 甲公司终止该劳动合同后,高某不要求继续履行,甲公司应当向其支付赔偿金

　　C. 甲公司终止该劳动合同后,高某要求继续履行,甲公司应当继续履行

　　D. 甲公司可以终止合同,无须支付赔偿金

(二) 2023年下半年,实行标准工时制的甲公司在劳动用工方面发生下列事实:

(1) 9月5日已累计工作6年且本年度从未请假的杨某向公司提出年休假申请。

(2) 因工作需要,公司安排范某在国庆期间加班4天,其中占用法定休假日3天,占用周末休息日1天,范某日工资为200元。

(3) 10月20日尚处于试用期的马某在上班途中受到非本人主要责任的交通事故伤害,住院治疗2个月。

(4) 11月10日公司通过口头协议聘用郑某从事非全日制用工,试用期1个月;12月29日公司发现郑某与乙公司也订立了非全日制用工劳动合同,便通知郑某终止用工。

要求:根据上述资料,不考虑其他因素,分析回答下列小题。

1. 杨某可依法享受的最长年休假期限是( )。

　　A. 15天　　　　B. 5天　　　　C. 20天　　　　D. 10天

2. 甲公司向范某支付国庆期间加班工资拟采取的下列方案中,符合法律规定的是( )。

　　A. 甲公司事后安排范某补休国庆节3天法定休假日,向其支付1 600元的加班工资

　　B. 甲公司事后安排范某补休国庆节3天法定休假日,向其支付400元的加班工资

　　C. 甲公司事后未安排范某补休,向其支付2 200元的加班工资

　　D. 甲公司事后安排范某补休周末休息日,向其支付1 800元的加班工资

3. 关于马某受伤住院治疗法律后果,下列表述正确的是( )。

　　A. 甲公司可按照不低于当地最低工资标准的80％向马某支付治疗期间的工资

　　B. 因在上班途中,马某此次受伤不能认定为工伤

　　C. 因尚处于试用期,马某此次受伤不能认定为工伤

　　D. 甲公司应按照双方在劳动合同中约定的劳动报酬向马某支付治疗期间的工资

4. 关于甲公司与郑某之间非全日制用工劳动关系,下列表述正确的是( )。

　　A. 甲公司与郑某可订立口头用工协议

　　B. 郑某有权与甲公司和乙公司分别订立劳动合同

　　C. 甲公司可以随时通知郑某终止用工

　　D. 甲公司与郑某可约定试用期

(三) 2020年1月4日,甲公司初次录用张某并安排其担任车间操作工,月工资5 000元,双方签订了5年期劳动合同。2023年1月5日,张某在工作中突发心脏病入院治疗,一个半月后出院上班。住院治疗期间,公司按月向张某支付工资。

2023年10月10日,张某在下班后做收尾性工作时,被车间坠物砸伤腿部致残并被确认部分丧失劳动能力(被鉴定为5级伤残),住院治疗2个月后出院。因张某腿部伤残不能从事原工作,甲公司欲解除双方的劳动合同。

已知:张某实际工作年限8年,甲公司已为其办理社会保险,甲公司所在地月最低工资标准为1 800元。

要求:根据上述资料,不考虑其他因素,分析回答下列小题。

1. 关于张某在工作中突发心脏病入院治疗的法律后果,下列表述正确的是( )。
   A. 张某在工作中突发心脏病应视同工伤
   B. 张某可享受3个月的医疗期待遇
   C. 张某在工作中突发心脏病不应认定为工伤
   D. 张某应享受停工留薪期待遇

2. 张某突发心脏病住院期间,甲公司按月向其支付的工资不得低于( )。
   A. 1 800元   B. 4 000元   C. 1 440元   D. 5 000元

3. 关于张某下班后做收尾性工作被车间坠落物砸伤的法律后果,下列表述正确的是( )。
   A. 张某受伤住院期间的工资福利待遇保持不变
   B. 张某受伤住院期间的工资福利待遇,由甲公司按月支付
   C. 张某受伤应认定为工伤
   D. 张某受伤是在下班之后,不应认定为工伤

4. 下列甲公司解除劳动合同的表述中,正确的是( )。
   A. 甲公司可提前30日以书面形式通知张某解除劳动合同
   B. 甲公司可额外支付张某1个月工资后解除劳动合同
   C. 甲公司不得单方面解除与张某的劳动合同
   D. 甲公司无须提前通知张某即可解除劳动合同

(四) 2021年3月1日,甲公司聘请魏某为公司技术部门经理,双方在劳动合同中约定,劳动合同期限2年,月工资9 000元,魏某在职期间及离职后3年内不得从事与甲公司相竞争的业务,公司在其离职后按月向其支付经济补偿3 500元,若魏某违反该约定,则一次性向公司支付违约金10万元。2023年1月,魏某在上班途中遭遇非本人主要责任交通事故受伤住院治疗,2023年2月28日,甲公司以劳动合同期满为由向仍在住院治疗的魏某提出终止劳动合同,魏某拒绝,双方发生争议。

已知:魏某实际工作年限8年,甲公司所在地月最低工资标准2 120元。

要求:根据上述资料,不考虑其他因素,分析回答下列问题。

1. 甲公司与魏某约定的下列条款中,符合法律规定的是( )。
   A. 魏某离职后3年内不得从事与甲公司相竞争的业务
   B. 魏某离职后甲公司按月向其支付经济补偿3 500元
   C. 魏某在职期间不得从事与甲公司相竞争的业务

D. 若魏某违反约定,则一次性向甲公司支付违约金 10 万元

2. 魏某所受伤害及享受待遇的下列表述中,正确的是( )。

A. 魏某治疗期间,甲公司每月应按 9 000 元的标准向其支付工资

B. 魏某伤情应当认定为工伤,享受工伤保险待遇

C. 魏某属于非因工负伤,应享受医疗期待遇

D. 魏某治疗期间,甲公司每月向其支付的工资福利待遇最低不得低于 1 696 元

3. 甲公司能否终止劳动合同的下列表述中,正确的是( )。

A. 因魏某尚处停工留薪期,甲公司无权终止劳动合同

B. 因劳动合同期满,甲公司有权终止劳动合同

C. 魏某住院治疗不能从事原工作,甲公司可以终止劳动合同

D. 因医疗期尚未届满,甲公司应将劳动合同期限续延至魏某医疗期满

4. 魏某解决与甲公司之间劳动争议时,可采取的方式是( )。

A. 申请劳动争议仲裁 B. 直接向人民法院提起民事诉讼

C. 向劳动争议调解组织申请调解 D. 与甲公司协商解决

综合模拟测试卷一

一、**单项选择题**(每小题备选答案中,只有一个符合题意的正确答案。每题 2 分,错选、不选均不得分。)

1. 根据刑事法律制度的规定,下列各项中,属于管制法定量刑期的是(   )。
   A. 15 日以下
   B. 1 个月以上 6 个月以下
   C. 3 个月以上 2 年以下
   D. 6 个月以上 15 年以下

2. 根据《行政复议法》的规定,下列表述错误的是(   )。
   A. 对县级以上地方各级人民政府工作部门的具体行政行为不服的,可以向该部门的本级人民政府申请行政复议,也可以向上一级主管部门申请行政复议
   B. 对海关、金融等实行垂直领导的行政机关和国家安全机关的具体行政行为不服的,向本级主管部门申请行政复议
   C. 对地方各级人民政府的具体行政行为不服的,向上一级人民政府申请行政复议
   D. 对国务院部门的具体行政行为不服的,向作出该具体行政行为的国务院部门申请行政复议

3. 关于会计账簿记录发生错误的更正方法,下列说法不正确的是(   )。
   A. 由于记账凭证错误而使账簿记录发生错误,应按更正的记账凭证登记账簿
   B. 对于错误的数字,应全部划红线更正
   C. 对于文字错误,可只划去错误的部分
   D. 账簿记录发生错误,可将错误的文字涂改后重新填写

4. 单位会计杜某采用涂改手段,将金额为 1 万元的购货发票改为 4 万元。根据有关规定,该行为属于(   )。
   A. 伪造会计凭证
   B. 变造会计凭证
   C. 伪造会计账簿
   D. 变造会计账簿

5. 根据支付结算法律制度的规定,下列有关汇兑的表述中,不正确的是(   )。
   A. 汇兑分为信汇和电汇两种
   B. 汇兑每笔金额 1 万元起
   C. 汇兑适用于单位和个人各种款项的结算
   D. 汇兑是汇款人委托银行将其款项支付给收款人的结算方式

6. 下列方法中,(   )是我国《票据法》未予认可的票据权利补救方法。
   A. 公示催告
   B. 声明作废
   C. 挂失止付
   D. 普通诉讼

7. 甲遗失一张汇票,在其通知挂失止付后(   )日内,可依法向法院申请公示催告。
   A. 3
   B. 5
   C. 12
   D. 15

8. 某进出口公司2023年10月7日报关进口一批小轿车,海关于当日填开完税凭证,该公司进口消费税的最后纳税时间为( )。
   A. 10月13日　　　　　　　　　　B. 10月14日
   C. 10月16日　　　　　　　　　　D. 10月21日

9. 某酒业制造公司生产各种白酒,2023年9月领用上月外购的酒精继续加工成高档白酒,销售给某外贸企业5 000斤,开具的增值税专用发票上注明的销售额为500万元。已知上月外购的酒精不含税价格为185万元,取得专用发票,本月生产领用80%的外购酒精。该公司应缴消费税( )万元。
   A. 100.25　　　B. 147.48　　　C. 130.80　　　D. 154.59

10. 以下不符合"营改增"试点行业销售额规定的是( )。
    A. 存款利息,以利息收入全额为销售额
    B. 贷款服务,以提供贷款服务取得的全部利息及利息性质的收入为销售额
    C. 金融商品转让,按照卖出价扣除买入价后的余额为销售额
    D. 航空运输企业的销售额,不包括代收的机场建设费和代售其他航空运输企业客票而代收转付的价款

11. 根据消费税法律制度的规定,对部分应税消费品实行从量定额和从价定率相结合的复合计税办法。下列各项中,实行复合计税的消费品是( )。
    A. 烟丝　　　B. 雪茄烟　　　C. 粮食白酒　　　D. 高档手表

12. 根据企业所得税的相关规定,下列关于固定资产大修理支出的说法正确的是( )。
    A. 修理后固定资产被用于新的或不同的用途
    B. 修理后固定资产的使用年限需延长5年以上
    C. 修理后固定资产的使用年限需延长2年以上
    D. 修理支出需达到取得固定资产时计税基础的100%以上

13. 根据企业所得税法律制度的规定,纳税人应当自年度终了后一定期限内向税务机关报送年度企业所得税纳税申报表,并汇算清缴,结清应缴应退税款。该期限是( )。
    A. 自年度终了之日起15日内　　　　B. 自年度终了之日起30日内
    C. 自年度终了之日起3个月内　　　　D. 自年度终了之日起5个月内

14. 根据个人所得税法律制度的规定,下列各项中,不免征个人所得税的是( )。
    A. 提取个人缴付的住房公积金
    B. 转让商用房产所得
    C. 转让自用6年,且是唯一的家庭生活用房所得
    D. 外籍高管以非现金形式取得的住房补贴

15. 某公司2023年度支出合理的工资薪金总额1 000万元,按规定标准为职工缴纳基本社会保险费150万元,为受雇的全体员工支付补充养老保险费80万元,补充医疗保险费45万元,为公司高管缴纳商业保险费30万元。根据企业所得税法律制度的规定,下列计算该公司2023年度发生的上述保险费在计算应纳税所得额时准予扣除数额的算式中,正确的是( )。
    A. 150+80+45+30=305(万元)　　　B. 150+80+45=275(万元)
    C. 150+1 000×5%=200(万元)　　　D. 150+1 000×5%+45=245(万元)

16. 下列各项中,经海关审查无误后可以免征关税的是( )。
    A. 关税税额为人民币200元的一票货物
    B. 广告品和货样
    C. 外国公司无偿赠送的物资
    D. 进出境运输工具装载的途中必需的燃料、物料和饮食用品

17. 根据关税法律制度的规定,下列各项中不应计入进口货物关税完税价格的是( )。
    A. 向境外采购代理人支付的买方佣金
    B. 进口人在成交价格外另支付给卖方的佣金
    C. 由买方负担的包装材料和包装劳务费用
    D. 由买方负担的与该货物视为一体的容器费用

18. 甲企业生产150吨炉渣,其中30吨在符合国家和地方环境保护标准的设施中储存,100吨综合利用且符合国家和地方环境保护标准,其余倒置弃于空地。已知炉渣适用的环境保护税税额为25元/吨。下列计算环境保护税的列式中,正确的是( )。
    A. (150-100-30)×25=500(元)
    B. (150-30)×25=3 000(元)
    C. (150-100)×25=1 250(元)
    D. 150×25=3 750(元)

19. 根据车辆购置税法律制度的规定,下列各项非新能源车辆中,免征车辆购置税的是( )。
    A. 个人购买自用的汽车
    B. 个人受赠自用的摩托车
    C. 外国驻华使馆购买自用的汽车
    D. 企业自产自用的汽车

20. 根据税收征收管理法律制度的规定,税务代理人违反法律法规,除由纳税人缴纳或者补缴应纳税款、滞纳金外,还要对税务代理人处一定数额的罚款。其罚款数额是( )。
    A. 2 000元以下
    B. 2 000元以上5 000元以下
    C. 纳税人未缴或者少缴税款50%以上3倍以下
    D. 纳税人未缴或者少缴税款50%以上5倍以下

21. 税务检查中,税务机关不可检查( )。
    A. 货物存放地
    B. 纳税人经营地
    C. 纳税人生活区
    D. 纳税人生产地

22. 孙某与甲公司签订了为期3年的劳动合同,月工资为1 200元(当地最低月工资标准为800元)。期满终止合同时,甲公司未向孙某提出以不低于原工资标准续订劳动合同的意向,甲公司应向孙某支付的经济补偿金额为( )元。
    A. 800
    B. 1 200
    C. 2 400
    D. 3 600

23. 关于劳动合同的订立,下列说法中正确的是( )。
    A. 所有签订劳动合同的劳动者都必须年满16周岁,有劳动权利能力和行为能力
    B. 用人单位与劳动者建立劳动关系,必须订立书面劳动合同
    C. 劳动者不与用人单位订立书面劳动合同的,用人单位应当书面通知劳动者终止劳动关系,无须向劳动者支付其实际工作时间的劳动报酬
    D. 用人单位自用工之日起满1年未与劳动者订立书面劳动合同的,视为自用工之日起满1年的当日已经与劳动者订立无固定期限劳动合同

二、多项选择题(每小题备选答案中,有两个或两个以上符合题意的正确答案。请至少选择两个答案,每题2分,全部选对得满分,少选得相应分值,多选、错选、不选均不得分。)

1. 下列争议解决方式中,适用于解决平等民事主体当事人之间发生的经济纠纷的有(　　)。
   A. 仲裁　　　　　　B. 民事诉讼　　　　C. 行政复议　　　　D. 行政诉讼

2. 下列会计档案中,最低保管期限为10年的有(　　)。
   A. 月度、季度、半年度财务报告　　　　B. 银行存款余额调节表
   C. 总账　　　　　　　　　　　　　　D. 原始凭证

3. 根据《中华人民共和国票据法》的规定,支票的(　　)可以由出票人授权补记。未补记前,不得背书转让和提示付款。
   A. 支票金额　　　B. 出票日期　　　C. 付款人名称　　　D. 收款人名称

4. 根据增值税法律制度的规定,下列各项中被认定为小规模纳税人的有(　　)。
   A. 年应征增值税销售额为50万元的纳税人
   B. 年应征增值税销售额在50万元以下的纳税人
   C. 年应征增值税销售额为500万元的纳税人
   D. 年应征增值税销售额在500万元以下的纳税人

5. 2023年10月,A公司和B公司均为增值税一般纳税人,A公司本月外购一批货物5 000元,取得增值税专用发票,委托B公司加工,支付不含税加工费1 000元,并取得B公司开具的增值税专用发票,货物加工好收回后,A公司将这批货物直接对外销售,开出的增值税专用发票上注明的价款为8 000元。根据以上所述,以下说法正确的有(　　)。
   A. A公司应当缴纳增值税260元　　　　B. B公司应当缴纳增值税130元
   C. A公司应当缴纳增值税510元　　　　D. B公司无须缴纳增值税

6. 下列人员中,为居民个人的有(　　)。
   A. 在中国境内有住所的个人
   B. 在中国境内无住所而一个纳税年度内在中国境内累计居住满183天的个人
   C. 在中国境内无住所而一个纳税年度内在中国境内累计居住满一年的个人
   D. 在中国境内无住所又不居住的个人

7. 下列各项中,适用超额累进税率计征个人所得税的有(　　)。
   A. 个体工商户的生产经营所得　　　　B. 财产租赁所得
   C. 特许权使用费所得　　　　　　　　D. 稿酬所得

8. 根据耕地占用税法律制度的规定,下列各项中,可以免征耕地占用税的有(　　)。
   A. 军用机场占用的耕地
   B. 养老院为老人提供生活照顾场所占用的耕地
   C. 幼儿园用于幼儿保育、教育场所占用的耕地
   D. 学校内教职工住房占用的耕地

9. 纳税人对税务机关的下列行为不服时,可以申请行政复议的有(　　)。
   A. 税务机关为其确认征税范围
   B. 税务机关对其作出征收税款的决定
   C. 税务机关关于具体贯彻落实税收法规的规定
   D. 税务机关责令其提供纳税担保

10. 下列个人收入应计入职工基本养老保险缴费工资基数的有( )。
    A. 工资
    B. 用人单位与员工解除劳动关系时支付的一次性补偿
    C. 津贴
    D. 劳动保护费

三、判断题(每小题答题正确的得1分,错答、不答均不得分,也不扣分。)
1. 甲公司和乙公司签订设备租赁合同,双方未约定发生纠纷的解决方式。合同履行中发生纠纷,甲向本市仲裁委员会申请仲裁,仲裁委员会未予受理。仲裁委员会的做法符合法律规定。( )
2. 没有设置会计记账机构或配备会计人员的单位,可以根据《代理记账管理办法》委托会计师事务所进行代理记账。( )
3. 银行本票见票即付。( )
4. 个人发生应税行为的销售额未达到增值税起征点的,免征增值税,达到起征点的,超过的部分计算缴纳增值税。( )
5. 汽车销售企业销售汽车的同时向购买方收取的代缴车辆购置税、车辆牌照费,属于价外费用,应换算为不含增值税的价款并入当期销售额缴纳增值税。( )
6. 残疾、孤老人员和烈属的所得免征个人所得税。( )
7. 两个以上的个人共同取得同一项目收入的,应当合并计缴纳税。( )
8. 对海关进口产品征收增值税、消费税,不征收教育费附加。( )
9. 复议机关以原具体行政行为违反法定程序而决定撤销的,责令被申请人重新作出具体行政行为的,被申请人不得以同一事实和理由作出与原具体行政行为相同或基本相同的具体行政行为。( )
10. 无雇工的个体工商户、未在用人单位参加基本养老保险的非全日制从业人员以及其他灵活就业人员不可以参加基本养老保险。( )

四、不定项选择题(每小题备选答案中,有一个或一个以上符合题意的正确答案。每小题2分,全部选对得满分,少选得相应分值,多选、错选、不选均不得分。)
1. 2023年10月15日,甲企业财务部经理持有关证件到X银行营业部办理基本存款账户开立手续,X银行工作人员审查了其开户的证明文件,并留存了相关证件的复印件,便为其办理了开户手续。同日,该财务经理持以上证件和与Y银行签订的贷款合同到Y银行开立了一个一般存款账户。10月17日,X银行工作人员携带甲企业的基本存款账户开户资料向当地中国人民银行报送,申请核准。10月25日,甲企业财务经理到X银行开立了一个单位人民币借记卡账户,并要求乙企业将预付货款8万元转入该银行卡账户。10月28日,甲企业总经理出差,财务经理指示会计人员到银行将单位银行卡账户中的3万元转入该总经理在D银行开立的个人银行卡账户。
要求:根据上述资料,分析回答下列问题。
(1) 根据《人民币银行结算账户管理办法》的规定,存款人申请开立基本存款账户,应向银行的证明文件有( )。

A. 机关和实行预算管理的事业单位,应出具政府人事部门或编制委员会的批文或登记证书

B. 民办非企业组织,应出具民办非企业登记证书

C. 外国驻华机构,应出具国家登记机关颁发的登记证

D. 独立核算的附属机构,应出具其主管部门的基本存款账户开户登记证和批文

(2) 对银行报送的基本存款账户、临时存款账户和预算单位专用存款账户的开户资料,中国人民银行应于( )个工作日内进行合规性审核,符合开户条件的,予以核准。

A. 2　　　B. 3　　　C. 5　　　D. 7

(3) 下列有关银行账户的表述中,正确的是( )。

A. 一个单位只能在一家银行开立一个基本存款账户

B. 一个单位可以在多家银行开立多个专用存款账户

C. 现金缴存可以通过一般存款账户办理

D. 现金支付可以通过一般存款账户办理

(4) 下列关于单位人民币卡结算使用的表述中,不符合法律规定的是( )。

A. 单位人民币卡账户的资金可以与其他存款账户自由转账

B. 单位人民币卡账户销户时,其资金余额可以提取现金

C. 用单位人民币卡办理商品和劳务结算时,可以透支结算

D. 不得将销货收入直接存入单位人民币卡账户

2. 甲贸易公司为增值税一般纳税人,2023年10月发生以下业务:

(1) 购进原材料一批,取得增值税专用发票上注明价款100万元,税金13万元。

(2) 采用托收承付结算方式销售给A厂机床30台,共60万元(不含税),货已发出,托收手续已在银行办妥,货款尚未收到。

(3) 采用分期收款结算方式销售给B厂机床100台,价款共200万元(不含税),货已发出,合同规定本月到期货款40万元,但实际上本月并未收到货款。

(4) 销售给C厂一批机床,开具普通发票上注明销售额113万元,上月已收预收款20万元,本月发货并办妥银行托收手续,但货款未到。

(5) 采用其他方式销售给D厂一批机床配件,价款70万元(不含税),货已发出,货款已收到。

(6) 盘亏一批上月购入的物资(已抵扣进项税额为6.8万元),盘亏金额为1万元。

已知:销售货物增值税税率为13%,本月取得的增值税专用发票均可在当月抵扣。

要求:根据上述资料,不考虑其他因素,回答下列问题。

(1) 甲公司下列业务中,应在2023年10月发生纳税义务的是( )。

A. 采用托收承付结算方式销售给A厂机床

B. 采用分期收款结算方式销售给B厂机床

C. 采取预收款方式销售给C厂一批机床

D. 采用其他方式销售给D厂机床配件

(2) 甲公司当月应缴纳的销项税额为( )万元。

A. 13　　　B. 35.1　　　C. 25.9　　　D. 16.8

(3) 甲公司当月准予抵扣的进项税额为( )万元。

A. 13   B. 6.2   C. 12.87   D. 0

3. 某居民企业甲于2022年1月在我国境内注册成立并进行生产经营,主营业务为符合条件的环境保护项目,并销售相关产品。2022年应纳税所得额为－50万元。2023年度生产经营情况如下:

(1) 销售产品取得不含税收入9 000万元;从事符合条件的环境保护项目的收入为1 000万元(第一年取得该项目收入)。

(2) 2023年利润表反映的内容如下:①产品销售成本4 500万元,从事符合条件的环境保护项目的成本为500万元;②销售税金及附加200万元,从事符合条件的环境保护项目的税金及附加50万元;③销售费用2 000万元(其中,广告费200万元),财务费用200万元;④投资收益50万元(投资非居民企业的股权投资按权益法确认的投资收益40万元,国债持有期间的利息收入10万元);⑤管理费用1 200万元(其中业务招待费85万元;新产品研究开发费30万元,未形成无形资产)。

(3) 除资料所给内容外,该企业无其他纳税调整事项,从事符合条件的环境保护项目能够单独核算,期间费用均计入销售产品。

要求:根据上述资料,回答下列问题。

(1) 该企业取得的上述收入中,属于免税收入、所得的是( )。
     A. 环境保护项目的收入
     B. 销售产品取得的不含税收入
     C. 投资非居民企业的股权投资按权益法确认的投资收益
     D. 国债持有期间的利息收入

(2) 该企业发生的上述费用中,在计算应纳税所得额时可以加计扣除的是( )。
     A. 新产品研究开发费用
     B. 从事符合条件的环境保护项目的成本
     C. 广告费用
     D. 业务招待费用

(3) 该企业的广告费用允许在计算应纳税所得额时扣除的数额是( )万元。
     A. 1 500   B. 1 350   C. 200   D. 150

(4) 该企业可以计算扣除的管理费用数额是( )万元。
     A. 1 200   B. 1 180   C. 1 187.5   D. 1 070.5

(5) 该企业应纳所得税税额为( )万元。
     A. 150   B. 240   C. 225.625   D. 227.5

综合模拟测试卷二

一、**单项选择题**(每小题备选答案中,只有一个符合题意的正确答案。每题 2 分,错选、不选均不得分。)

1. 甲、乙发生合同纠纷,继而对双方事先签订的仲裁协议效力发生争议。甲提请丙仲裁委员会确认仲裁协议有效,乙提请丁法院确认仲裁协议无效。关于确定该仲裁协议效力的下列表述中,符合法律规定的是(   )。
   A. 应由丙仲裁委员会对仲裁协议的效力作出决定
   B. 应由丁法院对仲裁协议的效力作出裁定
   C. 应根据甲、乙提请确认仲裁协议效力的时间先后来确定由仲裁委员会决定或丁法院裁定
   D. 该仲裁协议自然失效

2. 下列关于会计档案管理的表述中,正确的是(   )。
   A. 各单位的预算、计划、制度等文件材料按会计档案进行归档
   B. 当年形成的会计档案,在会计年度终了后,可由单位会计管理机构临时保管 1 年
   C. 年度财务报告最低保管期限为 30 年
   D. 单位会计管理机构临时保管会计档案最长不超过 5 年

3. 根据会计法律制度的规定,原始凭证的金额有错误时,应采取的正确做法是(   )。
   A. 由出具单位重开   B. 由出具单位更正并加盖出具单位印章
   C. 由接受单位更正并加盖接受单位印章   D. 由经办人员更正并加盖经办人员印章

4. 下列各项中,信用卡持卡人可以使用单位卡的情形是(   )。
   A. 购买价值 9 万元的电脑   B. 存入销货收入的款项
   C. 支付 12 万元的劳务费用   D. 支取现金

5. 关于银行卡账户及交易管理要求的下列表述中,不正确的是(   )。
   A. 单位人民币卡账户的资金一律从其基本存款账户转账存入
   B. 单位外币卡账户的资金应从其单位的外汇账户转账存入
   C. 单位人民币卡账户不得存取现金
   D. 单位人民币卡账户可以存入销货收入

6. 下列关于汇兑特征的表述中,不符合法律规定的是(   )。
   A. 单位和个人各种款项的结算,均可使用汇兑结算方式
   B. 汇款回单为该笔汇款已转入收款人账户的证明
   C. 汇款人对汇出银行尚未汇出的款项可以申请撤销
   D. 汇入银行对于收款人拒绝接受的汇款,应即办理退汇

7. 根据消费税法律制度的规定,下列各项中,不缴纳消费税的是( )。
   A. 外贸公司进口高档手表
   B. 首饰店零售金银首饰
   C. 小汽车生产企业将自产小汽车奖励给优秀员工
   D. 烟草批发企业将卷烟销售给其他烟草批发企业

8. 2023 年 10 月,某外贸进口单位进口卷烟 20 标准箱,每条的完税价格为 120 元,适用 20% 的关税税率。则海关代征进口消费税额是( )元。
   A. 390 652.5   B. 490 909.09   C. 591 545.45   D. 923 181.82

9. 某化妆品厂为增值税一般纳税人,2023 年 12 月发生以下业务:8 日销售高档化妆品 400 箱,每箱不含税价格 600 元;15 日销售同类高档化妆品 500 箱,每箱不含税价格 650 元。当月以 200 箱同类高档化妆品与某公司换取精油作为生产资料。该厂当月应纳消费税( )元(高档化妆品消费税税率为 15%)。
   A. 84 750   B. 102 750   C. 103 500   D. 104 250

10. 2023 年 7 月,甲酒厂为增值税一般纳税人,生产粮食白酒 100 吨全部用于销售,当月取得不含税销售额 480 万元,同时收取品牌使用费 15 万元,当期收取包装物押金 5 万元,到期没收包装物押金 3 万元。该厂当月应纳消费税( )万元。
    A. 106   B. 106.85   C. 109.08   D. 109.54

11. 下列情形中,应征收个人所得税的是( )。
    A. 企业通过价格折扣方式向个人销售商品
    B. 企业向个人提供服务的同时给予赠品
    C. 企业对累积消费达到一定额度的个人按消费积分反馈礼品
    D. 企业对累积消费达到一定额度的顾客,给予额外抽奖机会,个人获奖所得

12. 某企业 2023 年度实现利润总额 20 万元,在营业外支出账户列支了通过公益性社会组织向贫困地区的捐款 5 万元。根据企业所得税法律制度的规定,在计算该企业 2023 年度应纳税所得额时,允许扣除的捐款数额为( )万元。
    A. 5   B. 2.4   C. 1.5   D. 1

13. 企业应当自月份或季度终了之日( )日内,向税务机关报送预缴企业所得税申报表,预缴税款。
    A. 10   B. 15   C. 7   D. 5

14. 出租车经营单位对于出租车驾驶员单车承包或者承租方式运营,出租车驾驶员从事客货营运取得的收入,按( )征税。
    A. 工资、薪金所得   B. 承包转包
    C. 经营所得   D. 劳务报酬

15. 甲公司为一家化妆品生产企业,2023 年 1 月因业务发展需要向农业银行借款 200 万元,期限半年,年利率 8%;5 月又向其供应商借款 200 万元,期限半年,支付利息 10 万元。上述借款均用于经营周转,该企业无其他借款。根据企业所得税法律制度的规定,该企业当年可以在所得税前扣除的利息费用为( )万元。
    A. 16   B. 18   C. 32   D. 26

16. 税务机关认定甲公司存在偷税行为,甲公司按照规定补缴了增值税 100 000 元、消费税

60 000元,同时缴纳罚款80 000元、滞纳金20 000元。已知教育费附加征收比例为3%。下列计算甲公司应补缴教育费附加的算式中,正确的是( )。

A. (80 000+20 000)×3%=3 000(元)

B. (100 000+60 000+80 000+20 000)×3%=7 800(元)

C. (100 000+60 000)×3%=4800(元)

D. (100 000+60 000+80 000)×3%=7 200(元)

17. 根据关税法律制度的规定,下列关税应纳税额计算方法中,关税税率随着进口商品价格的变动而反方向变动的是( )。

A. 从价税计算方法   B. 复合税计算方法

C. 滑准税计算方法   D. 从量税计算方法

18. 根据关税法律制度的规定,一般贸易项下进口的货物以海关审定的成交价格为基础的到岸价格作为完税价格。下列关于成交价格的表述中,正确的是( )。

A. 在货物成交过程中,向境外采购代理人支付的买方佣金,应计入成交价格

B. 在货物成交过程中,进口人在成交价格外另支付给卖方的佣金,应计入成交价格

C. 卖方付给进口人的正常回扣,应计入成交价格

D. 卖方违反合同规定延期交货的罚款,可以从成交价格中扣除

19. 2023年10月,甲企业进口一辆小汽车自用,支付买价17万元,货物运抵我国关境内输入地点起卸前的运费和保险费共计3万元,货物运抵我国关境内输入地点起卸后的运费和保险费共计2万元,另支付买方佣金1万元。已知关税税率为20%,消费税税率为25%,城市维护建设税税率为7%,教育费附加征收率为3%。假设无其他纳税事项,则下列关于甲企业相关税金的计算,正确的是( )。

A. 应纳进口关税4.2万元

B. 应纳进口环节消费税8万元

C. 应纳进口环节增值税4.08万元

D. 应纳城市维护建设税和教育费附加1.34万元

20. 根据关税法律制度的规定,下列各项中,海关可以酌情减免关税的是( )。

A. 进出境运输工具装载的途中必需的燃料、物料和饮食用品

B. 无商业价值的广告品及货样

C. 国际组织无偿赠送的物资

D. 在境外运输途中受到损坏的进口货物

21. 根据税收征收管理法律制度的规定,下列不属于重大税收违法失信案件的是( )。

A. 甲虚开增值税专用发票,金额达到20万元

B. 乙虚开增值税普通发票,金额达到45万元

C. 丙骗取国家出口退税款

D. 丁采取转移财产的手段,妨碍税务机关追缴欠缴的税款,欠缴税款金额8万元

22. 纳税人对税务机关的下列行为不服时,不可以申请行政复议的是( )。

A. 税务机关为其确认征税对象

B. 税务机关对其作出税收保全措施

C. 税务机关关于具体贯彻落实税收法规的规定

D. 税务机关责令其提供纳税担保

23. 某县一加工企业因账簿不全,由县主管国家税务局对其核定征收企业所得税,企业认为核定数额过高,在双方协商无果的情况下,企业准备请求法律救济。下列关于企业的做法正确的是( )。
   A. 加工企业可以直接向人民法院提起行政诉讼
   B. 加工企业可以向该县人民政府提起行政复议
   C. 加工企业应在复议决定作出后及时缴纳税款
   D. 加工企业申请行政复议期间不停止具体行政行为的执行

二、**多项选择题**(每小题备选答案中,有两个或两个以上符合题意的正确答案。请至少选择两个答案,每题 2 分,全部选对得满分,少选得相应分值,多选、错选、不选均不得分。)

1. 下列各项中,能够引起法律关系发生、变更和消灭的事实有( )。
   A. 火山喷发　　B. 公民死亡　　C. 签订合同　　D. 提起诉讼

2. 会计人员从事会计工作应符合的要求有( )。
   A. 担任单位会计机构负责人的,应当具备会计师以上专业技术职务资格或者从事会计工作 5 年以上经历
   B. 具备良好的职业道德
   C. 按照国家有关规定参加继续教育
   D. 具备从事会计工作所需要的专业能力

3. 下列关于银行结算账户的表述中,错误的有( )。
   A. 基本存款账户主要办理存款人日常经营活动的资金收付及其工资、奖金和现金的支取
   B. 一般存款账户用于办理各项资金的收付
   C. 专用存款账户可以用于办理存款人借款转存、借款归还和其他结算的资金收付
   D. 临时存款账户用于办理临时机构以及存款人临时经营活动发生的资金收付

4. 根据消费税法律制度的规定,下列选项中,属于消费税纳税环节的有( )。
   A. 生产环节　　B. 委托加工环节　　C. 零售环节　　D. 批发环节

5. 根据消费税法律制度的规定,下列各项中,属于消费税征收范围的有( )。
   A. 气缸容量为 200 毫升的摩托车　　B. 组合烟花
   C. 燃料电池　　D. 高档护肤类化妆品

6. 按照企业所得税法和实施条例规定,企业从事下列项目的所得,可以自项目取得第一笔生产经营收入所属纳税年度起,享受定期减免税优惠的有( )。
   A. 从事农、林、牧、渔业项目的所得
   B. 从事国家重点扶持的公共基础设施项目投资经营的所得
   C. 从事符合条件的环境保护、节能节水项目的所得
   D. 符合条件的技术转让所得

7. 下列各项中,应当按照工资、薪金所得项目征收个人所得税的有( )。
   A. 劳动分红　　　　　　　　　B. 离退休后再任职的收入
   C. 差旅费津贴　　　　　　　　D. 误餐补助

8. 下列各项中,属于资源税征税范围的有( )。
   A. 石灰岩　　　B. 钠盐　　　C. 天然气　　　D. 钨
9. 关于城市维护建设税的适用税率,下列表述中,正确的有( )。
   A. 按纳税人所在地区的不同,设置了两档比例税率
   B. 由受托方代收、代扣增值税和消费税的,可按纳税人所在地的规定税率就地缴纳城市维护建设税
   C. 流动经营等无固定纳税地点的纳税人可按纳税人缴纳增值税、消费税所在地的规定税率就地缴纳城市维护建设税
   D. 纳税人所在地在市区的税率为7%
10. 根据《税收征收管理法》的规定,下列说法正确的有( )。
    A. 税收强制执行措施仅适用从事生产经营的纳税人
    B. 税收强制执行措施必须发生在责令期满之后
    C. 采取税收强制执行措施前,应当报经县以上税务局(分局)局长批准
    D. 对逾期不按规定履行复议决定的进行强制执行时,在拍卖、变卖之后进行扣押、查封,办理扣押、查封手续

三、判断题(每小题答题正确的得1分,错答、不答均不得分,也不扣分。)

1. 行政相对人对具体行政行为不服,应当先申请行政复议,对行政复议决定不服,可以向人民法院提起行政诉讼。　　　　　　　　　　　　　　　　　　　　( )
2. 从事代理记账业务的机构,都应当经县级以上人民政府财政部门批准,领取由财政部统一规定样式的代理记账许可证书。　　　　　　　　　　　　　　　　( )
3. 存款人只能在注册地开立一个基本存款账户,不得异地开立银行结算账户。( )
4. 纳税人销售的应税消费品,按人民币以外的货币结算销售额的,其销售额的人民币折合率可以选择销售额发生的前一日或者当月1日人民币汇率中间价。纳税人应当在事先确定采用何种折合率,确定后在3年内不得变更。　　　　　　　　　　　( )
5. 企业提供劳务的,应在劳务完成时确认提供的劳务收入。　　　　　　　( )
6. 企业为促进商品销售而在商品价格上给予的价格扣除属于商业折扣,商品销售涉及商业折扣的,应当按照扣除商业折扣后的金额确定销售商品收入金额。　　( )
7. 购置的新车船,购置当年车船税的应纳税额自纳税义务发生的次月起按月计算。( )
8. 烟叶税在烟叶收购环节征收。　　　　　　　　　　　　　　　　　　　( )
9. 房地产开发企业建造的商品房,出售前已使用的,不征收房产税。　　　( )
10. 行政复议机关收到行政复议申请以后未按照规定期限审查并作出不予受理决定的,视为受理。　　　　　　　　　　　　　　　　　　　　　　　　　　( )

四、不定项选择题(每小题备选答案中,有一个或一个以上符合题意的正确答案。每小题2分,全部选对得满分,少选得相应分值,多选、错选、不选均不得分。)

1. 2023年,甲工厂发生如下事项:
   (1) 该厂会计人员胡某因身体不适请假一个星期,会计科长指定出纳余某兼管胡某的债权债务账目的登记工作,未办理会计工作交接手续。

(2) 该厂档案科会同会计科销毁了一批保管期限已满的会计档案。
(3) 该厂年度亏损 20 万元,会计科长授意会计人员采取伪造会计凭证等手段调整企业的财务会计报告,将本年度利润调整为盈利 50 万元,并将调整后的企业财务会计报告经厂长及有关人员签名、盖章后向有关单位报送。

要求:根据以上事实,回答下列问题。

(1) 关于余某兼管债权债务的登记工作下列表述正确的是(　　)。
  A. 余某可以兼管债权债务账目的登记工作,因为是临时兼管
  B. 余某可以兼管债权债务账目的登记工作,因为是会计科长指定
  C. 余某不得兼管债权债务账目的登记工作,因为法律对出纳有禁止兼任的规定
  D. 余某不得兼管债权债务账目的登记工作,因为胡某没办交接手续

(2) 会计人员胡某因身体不适请假一个星期,其间胡某工作的安排符合规定的是(　　)。
  A. 应当与接管人员办理工作交接
  B. 应当与会计机构负责人办理工作交接
  C. 属于临时离岗不用办理工作交接
  D. 可以在家办公

(3) 该厂档案科会同会计科销毁保管期满的会计档案,应当在会计档案销毁清册上签署意见的是(　　)。
  A. 单位负责人　　　　　　　　B. 档案管理机构负责人
  C. 会计管理机构负责人　　　　D. 上级单位负责人

(4) 下列对该厂伪造会计凭证等违法行为承担法律责任的表述正确的是(　　)。
  A. 应当对单位并处 5 千元以上 10 万元以下的罚款
  B. 可以对单位并处 5 千元以上 10 万元以下的罚款
  C. 对其直接负责的主管人员和其他直接责任人员,可以处 5 千元以上 3 万元以下的罚款
  D. 对其中的会计人员,5 年内不得从事会计工作

2. 2023 年 3 月 11 日,甲公司签发一张商业汇票,收款人为乙公司,到期日为 2024 年 9 月 11 日,甲公司的开户银行 P 银行为该汇票承兑。2024 年 6 月 30 日,乙公司从丙公司采购一批货物,将该汇票背书转让给丙公司,丙公司 9 月 30 日持该汇票到其开户银行 Q 银行办理委托收款,Q 银行为丙公司办理了委托收款手续,P 银行收到委托收款凭证后,拒绝付款。

要求:根据上述资料,分析回答下列问题。

(1) 丙公司应去银行办理该汇票提示付款的期限是(　　)。
  A. 自该汇票转让给丙公司之日起 10 日内
  B. 自该汇票转让给丙公司之日起 1 个月内
  C. 自该汇票到期日起 10 日
  D. 自该汇票到期日起 1 个月

(2) 该汇票的付款人是(　　)。
  A. 甲公司　　　B. P 银行　　　C. 乙公司　　　D. Q 银行

(3) 在不考虑委托收款背书的情况下,关于确定该汇票非基本当事人的下列表述中,正确的是( )。

    A. 背书人是乙公司   B. 被背书人是丙公司

    C. 承兑人是 Q 银行   D. 保证人是 P 银行

(4) 关于银行是否应受理该汇票并承担付款责任的下列判断中,正确的是( )。

    A. Q 银行不应受理   B. Q 银行应当受理

    C. P 银行不再承担付款责任   D. P 银行仍应承担付款责任

3. 甲酒店为增值税一般纳税人,主要提供餐饮服务、住宿服务、会议服务和车辆停放服务。2023 年 11 月有关经营情况如下:

(1) 提供住宿服务,取得含增值税销售额 954 000 元。

(2) 提供会议服务,取得含增值税销售额 358 704 元。

(3) 购进一处房产作为办公场所,取得增值税专用发票注明税额 68 000 元。

(4) 上月购进的一批低值易耗品因管理不善丢失,账面成本 11 000 元,该批低值易耗品的进项税额已经申报抵扣。

已知:生活服务、现代服务的增值税税率为 6%,丢失的低值易耗品增值税税率为 13%。

要求:根据上述资料,不考虑其他因素,分析回答下列问题。

(1) 甲酒店下列经营业务中,应按照"销售服务——现代服务"税目计缴增值税的是( )。

    A. 餐饮服务   B. 住宿服务   C. 会议服务   D. 车辆停放服务

(2) 下列计算甲酒店当月允许抵扣的增值税进项税额的算式中,正确的是( )。

    A. $68\,000 - 11\,000 \div (1+13\%) \times 13\% = 66\,734.51$(元)

    B. $68\,000 \times 60\% - 11\,000 \times 13\% = 39\,370$(元)

    C. $68\,000 - 11\,000 \times 13\% = 66\,570$(元)

    D. $68\,000 - 11\,000 \times (1+13\%) \times 13\% = 66\,384.1$(元)

(3) 下列计算甲酒店当月增值税销项税额的算式中,正确的是( )。

    A. $954\,000 \times 6\% + 358\,704 \div (1+6\%) \times 6\% = 77\,544$(元)

    B. $(954\,000 + 358\,704) \div (1+6\%) \times 6\% = 74\,304$(元)

    C. $954\,000 \div (1+6\%) \times 6\% + 358\,704 \times 6\% = 75\,522.24$(元)

    D. $(954\,000 + 358\,704) \times 6\% = 78\,762.24$(元)

(4) 下列计算甲酒店当月应缴纳增值税税额的算式中,正确的是( )。

    A. $74\,304 - 66\,570 = 7\,734$(元)

    B. $77\,544 - 39\,370 = 38\,174$(元)

    C. $74\,304 - 39\,370 = 34\,934$(元)

    D. $78\,762.24 - 66\,384.1 = 12\,378.14$(元)

综合模拟测试卷三

一、**单项选择题**(每小题备选答案中,只有一个符合题意的正确答案。每题2分,错选、不选均不得分。)

1. 根据《行政诉讼法》的规定,下列各项中,可以提起行政诉讼的是( )。
   A. 某直辖市部分市民认为市政府新颁布的《道路交通管理办法》侵犯了他们的合法权益
   B. 某税务局工作人员吴某认为税务局对其作出的记过处分违法
   C. 李某认为某公安局对其罚款的处罚决定违法
   D. 张某认为我国援助他国建设项目侵犯了纳税人的权益

2. 下列各项中,不属于企业内部控制应当遵循的原则是( )。
   A. 独立性原则 B. 制衡性原则 C. 成本效益原则 D. 重要性原则

3. 甲公司将一张银行汇票背书转让给乙公司,该汇票需加附粘单,甲公司为粘单上的第一记载人,丙公司为甲公司的前手,丁公司为汇票记载的收款人,下列公司中,应当在汇票和粘单的粘连处签章的是( )。
   A. 甲公司 B. 乙公司 C. 丙公司 D. 丁公司

4. 信用卡持卡人非现金交易享受免息还款期,免息还款期最长为( )天。
   A. 20 B. 30 C. 50 D. 60

5. 甲酒厂为增值税一般纳税人,2023年12月销售果木酒,取得不含增值税销售额10万元,同时收取包装物租金0.585万元、优质费2.34万元。已知果木酒消费税税率为10%,增值税税率为13%,下列计算甲酒厂当月销售果木酒应缴纳消费税税额的算式中,正确的是( )。
   A. (10+0.585+2.34)×10%=1.2925(万元)
   B. (10+0.585)×10%=1.0585(万元)
   C. [10+(0.585+2.34)÷(1+13%)]×10%=1.26(万元)
   D. [10+0.585÷(1+13%)]×10%=1.05(万元)

6. 根据增值税法律制度,下列关于增值税专用发票记账联用途的表述中,正确的是( )。
   A. 作为购买方报送税务机关认证和留存备查的扣税凭证
   B. 作为销售方核算销售收入和增值税销项税额的记账凭证
   C. 作为购买方核算采购成本的记账凭证
   D. 作为购买方核算增值税进项税额的记账凭证

7. 根据消费税法律制度的规定,下列各项中,应缴纳消费税的是( )。
   A. 实木地板批发企业向某商场批发实木地板

B. 高档化妆品批发企业向某商场批发高档化妆品
C. 白酒批发企业将白酒批发销售给商场
D. 烟草批发企业向某商场批发销售卷烟

8. 根据个人所得税法律制度的规定,需要办理汇算清缴的情形不包括(　　)。
   A. 在两处或者两处以上取得综合所得
   B. 只取得劳务报酬一项所得,且综合所得年收入额减去专项扣除的余额超过6万元
   C. 纳税年度内应纳税额高于预缴税额的
   D. 纳税人申请退税

9. 根据企业所得税法律制度的规定,企业下列收入中,属于不征税收入范围的是(　　)。
   A. 财政拨款　　　　　　　　　　B. 租金收入
   C. 产品销售收入　　　　　　　　D. 国债利息收入

10. 根据个人所得税法律制度的规定,下列关于财产转让中财产原值说法不正确的是(　　)。
    A. 机器设备、车船,为购进价格、运输费,不包括安装费以及其他有关费用
    B. 个人发生非货币性资产交换,以及将财产用于捐赠、偿债、赞助、投资等用途的,应当视同转让财产并缴纳个人所得税
    C. 有价证券,为买入价以及买入时按照规定缴纳的有关费用
    D. 纳税人未提供完整、准确的财产原值凭证,不能正确计算财产原值的,由主管税务机关核定其财产原值

11. 根据企业所得税法律制度的规定,企业缴纳的下列税金中,不得在计算企业所得税应纳税所得额时扣除的是(　　)。
    A. 增值税　　　B. 消费税　　　C. 车船税　　　D. 房产税

12. 从衰竭期矿山开采的矿产品,资源税减征(　　)。
    A. 15%　　　B. 20%　　　C. 30%　　　D. 50%

13. 根据资源税法律制度的规定,纳税人开采或者生产应税产品销售的,以(　　)为销售数量。
    A. 实际销售数量　　　　　　　　B. 移送使用数量
    C. 开采数量　　　　　　　　　　D. 计划数量

14. 甲公司向税务机关应缴纳增值税10万元,实际缴纳增值税8万元,应缴纳消费税5万元,实际缴纳消费税4.5万元。已知适用的城市维护建设税税率为7%,计算甲公司当月应缴纳城市维护建设税的下列算式中,正确的是(　　)。
    A. 4.5×7%=0.315(万元)　　　　B. (8+4.5)×7%=0.875(万元)
    C. 10×7%=0.7(万元)　　　　　D. (10+5)×7%=1.05(万元)

15. 甲公司向税务机关实际缴纳增值税70 000元、消费税50 000元;向海关缴纳进口环节增值税40 000元、消费税30 000元。已知城市维护建设税适用税率为7%,下列计算甲公司当月应缴纳城市维护建设税税额的算式中,正确的是(　　)。
    A. (70 000+50 000+40 000+30 000)×7%=13 300(元)
    B. (70 000+40 000)×7%=7 700(元)
    C. (50 000+30 000)×7%=5 600(元)
    D. (70 000+50 000)×7%=8 400(元)

16. 2023年9月M市甲企业接受N县乙企业委托加工应税消费品,取得不含增值税加工费30万元,代收代缴消费税12万元。已知M市和N县的城市维护建设税税率分别为7%和5%。下列计算甲企业就该笔业务应代收代缴城市维护建设税税额的算式中,正确的是( )。
    A. （30+12）×7%=2.94(万元)
    B. （30+12）×5%=2.1(万元)
    C. 12×7%=0.84(万元)
    D. 12×5%=0.6(万元)

17. 根据税收征收管理法律制度的规定,下列个人财产中,不适用税收保全措施的是( )。
    A. 家庭唯一机动车辆
    B. 金银首饰
    C. 古玩字画
    D. 维持生活必需的唯一住房

18. 纳税人未在规定期限内进行纳税申报,经税务机关责令限期申报,逾期仍未申报。根据税收征收管理法律制度的规定,税务机关有权( )。
    A. 对纳税人采取税收保全措施
    B. 责令纳税人提供纳税担保
    C. 拍卖纳税人财产
    D. 核定纳税人应纳税额

19. 根据税收征收管理法律制度的规定,下列关于税务行政复议申请与受理的表述中,说法错误的是( )。
    A. 申请人对税务机关作出逾期不缴纳罚款加处罚款的决定不服的,应当先缴纳罚款和加处罚款,再申请行政复议
    B. 申请人申请行政复议,必须采取书面申请,不能口头申请
    C. 行政复议机关收到行政复议申请以后未按照规定期限审查并作出不予受理决定的,视为受理
    D. 对符合规定的行政复议申请,自复议机关收到之日起即为受理

20. 下列费用中,基本医疗保险基金可以支付的是( )。
    A. 应当从工伤保险基金中支付的
    B. 应当由第三人负担的
    C. 在协议医疗机构发生的符合标准的医疗费用
    D. 在境外就医的

21. 根据劳动合同法律制度的规定,下列关于经济补偿金、违约金、赔偿金的表述中,不正确的是( )。
    A. 经济补偿金适用于劳动关系解除或终止而劳动者无过错的情形
    B. 违约金适用于劳动者违反服务期或者竞业限制约定的情形
    C. 经济补偿金是法定的,违约金是约定的
    D. 经济补偿金、违约金、赔偿金三者的支付主体均可以是用人单位

22. 用人单位出现下列情形,不必向劳动者支付经济补偿的是( )。
    A. 被依法宣告破产的
    B. 劳动者主动向用人单位提出解除劳动合同并与用人单位协商一致解除劳动合同的
    C. 被吊销营业执照的
    D. 被责令关闭、撤销的

23. 根据资源税法律制度规定,纳税人按月缴纳的,自月度终了之日起( )日内申报纳税。
    A. 5 B. 10 C. 15 D. 30

二、**多项选择题**(每小题备选答案中,有两个或两个以上符合题意的正确答案。请至少选择两个答案,每题2分,全部选对得满分,少选得相应分值,多选、错选、不选均不得分。)

1. 下列选项中,属于单位、个人和银行在进行支付结算活动时所必须遵循的行为准则有( )。
   A. 恪守信用,履约付款原则
   B. 谁的钱进谁的账,由谁支配原则
   C. 银行不垫款原则
   D. 监督用款原则

2. 银行结算账户按用途不同可分为( )。
   A. 基本存款账户 B. 一般存款账户 C. 专用存款账户 D. 临时存款账户

3. 根据消费税法律制度的规定,下列各项中,应征收消费税的有( )。
   A. 批发商批发销售的雪茄烟
   B. 商场销售的金银首饰
   C. 地板生产厂销售的实木复合地板
   D. 汽车制造厂销售的电动汽车

4. 企业的下列收入中属于免税收入的有( )。
   A. 国债利息收入
   B. 符合条件的居民企业之间的股息、红利等权益性投资收益
   C. 在中国境内设立机构、场所的居民企业从非居民企业取得与该机构、场所有实际联系的股息、红利等权益性投资收益
   D. 符合条件的非营利组织的收入

5. 根据车辆购置税法律制度的规定,下列各项中,应征收车辆购置税的有( )。
   A. 挂车 B. 电动自行车 C. 有轨电车 D. 游艇

6. 下列各项中,属于资源税纳税人的有( )。
   A. 开采原煤的国有企业
   B. 进口铁矿石的私营企业
   C. 开采石灰石的个体经营者
   D. 开采天然原油的外商投资企业

7. 下列各项中,属于税务机关职权的有( )。
   A. 税收立法权
   B. 税款征收权
   C. 税务行政处罚权
   D. 税收法律、法规和规章的知情权

8. 税务机关采取强制执行措施时,适用拍卖、变卖的情形包括( )。
   A. 采取税收保全措施后,限期期满仍未缴纳税款的
   B. 设置纳税担保后,限期期满仍未缴纳所担保的税款的
   C. 按规定履行税务处理决定的
   D. 逾期不按规定履行复议决定的

9. 根据社会保险法律制度的规定,参加职工基本养老保险的下列人员中,基本养老保险费全部由个人缴纳的有( )。
   A. 城镇私营企业的职工
   B. 无雇工的个体工商户
   C. 未在用人单位参加基本养老保险的非全日制从业人员

D. 实行企业化管理的事业单位职工

10. 根据社会保险法律制度的规定,女性职工年满45周岁,缴费满15年即可享受职工基本养老保险的情况有( )。
    A. 担任干部
    B. 从事空乘工作
    C. 从事农药灌装工作
    D. 因病经确认完全丧失劳动能力

三、**判断题**(每小题答题正确的得1分,错答、不答均不得分,也不扣分。)

1. 信用证结算方式适用于国内企业之间各种款项的结算,但不得支取现金。　( )
2. 增值税放弃免税后36个月内不得再申请免税。　( )
3. 居民企业在汇总计算缴纳企业所得税时,其境外营业机构的亏损可以抵减境内营业机构的盈利。　( )
4. 纳税人缴纳增值税、消费税的地点,就是该纳税人缴纳城市维护建设税的地点。( )
5. 对出口产品退还增值税、消费税的,应同时退还已缴纳的城市维护建设税。( )
6. 个人发生增值税应税行为,需要开具增值税专用发票的,可以自愿使用增值税发票管理系统自行开具。　( )
7. 税务代理人违反税收法律、行政法规,造成纳税人未缴或者少缴税款的,只对税务代理人处纳税人未缴或者少缴税款50%以上3倍以下的罚款。　( )
8. 用人单位违反《劳动合同法》有关建立职工名册规定的,由劳动行政部门责令限期改正;逾期不改正的,由劳动行政部门处5 000元以上2万元以下的罚款。　( )
9. 房地产开发企业在改制重组时以房地产作价入股进行投资,对其将房地产转移、变更到被投资的企业,暂不征土地增值税。　( )
10. 纳税人转让旧房的,应按房屋及建筑物的评估价格、取得土地使用权所支付的地价款和按国家统一规定缴纳的有关费用,以及在转让环节缴纳的税金作为扣除项目金额计征土地增值税。　( )

四、**不定项选择题**(每小题备选答案中,有一个或一个以上符合题意的正确答案。每小题2分,全部选对得满分,少选得相应分值,多选、错选、不选均不得分。)

1. 甲公司为增值税一般纳税人,主要从事化妆品生产和销售业务。2023年10月有关经营情况如下:
   (1) 进口一批美容面膜(市场售价为30元/片),海关审定的货价为210万元,运抵我国关境内输入地点起卸前的包装费11万元、运输费20万元、保险费4万元;支付境内运费2万元。
   (2) 接受乙公司委托加工一批口红,不含增值税加工费35万元,乙公司提供原材料成本84万元,该批口红无同类产品销售价格。
   (3) 销售香水,取得不含增值税价款702万元,另收取包装费5.8万元。
   已知:高档化妆品消费税税率为15%,关税税率为10%,增值税税率为13%。
   要求:根据上述资料,分析回答下列问题。
   (1) 甲公司进口美容面膜的下列各项支出中,除了货价210万元外,应计入进口货物关税完税价格的是( )。

A. 包装费 11 万元 　　　　　　 B. 保险费 4 万元

C. 运输费 20 万元 　　　　　　 D. 境内运费 2 万元

(2) 下列计算甲公司进口美容面膜应缴纳消费税税额的算式中,正确的是( )。

A. (210+20)×(1+10%)×15%=37.95(万元)

B. (210+11+4)×(1+10%)×15%=37.13(万元)

C. (210+11+20+4)×(1+10%)÷(1-15%)×15%=47.56(万元)

D. (210+11+20+4)×(1+10%)÷(1+15%)×15%=35.15(万元)

(3) 下列计算甲公司受托加工口红应代收代缴消费税税额的算式中,正确的是( )。

A. (84+35)×15%=17.85(万元)

B. (84+35)÷(1-15%)×15%=21(万元)

C. [84+35÷(1-15%)]×15%=18.78(万元)

D. [84+35÷(1+15%)]×15%=17.17(万元)

(4) 下列计算甲公司销售香水应缴纳消费税税额的算式中,正确的是( )。

A. 702÷(1+13%)×15%=93.19(万元)

B. [702+5.8÷(1+13%)]×15%=106.07(万元)

C. (702+5.8)×15%=106.17(万元)

D. 702×15%=105.3(万元)

2. 张某为中国公民,就职于中国境内甲公司,2023 年全年从境内取得如下收入:

(1) 工资收入 10 000 元/月,加班补贴 500 元/月,岗位津贴 400 元/月,交通补贴 1 000 元/月, 差旅费津贴 800 元/月。

(2) 受乙公司委托进行软件设计,取得设计费 2 000 元。

(3) 购买国债获得利息收入 800 元。

(4) 因住房拆迁,取得拆迁补偿款收入 150 000 元。

(5) 购买体育彩票中奖 800 元。

(6) 为某出版社做管理培训获得报酬 3 000 元,在该出版社出版专著获得稿酬 10 000 元。

(7) 7 月份出租居住用房获得租金收入 2 000 元。

另外,当地规定的社会保险和住房公积金个人缴存比例为:基本养老保险 8%,基本医疗保险 2%,失业保险 0.5%,住房公积金 12%。社保部门核定的张某社会保险费的缴费工资基数为 8 000 元。

张某需为其第二套房支付房贷,每月支付房贷利息 1 000 元;张某有一个四岁的儿子上幼儿园;张某和哥哥共同赡养年逾 60 岁的父母;该年 6 月,张某住院负担医药费用支出 10 000 元。符合条件的专项附加扣除信息均已申报提交。经约定,赡养老人和子女教育专项附加,张某均按扣除标准的 50% 扣除。

要求:根据上述资料,分析回答下列问题。

(1) 张某符合条件的专项附加扣除为( )。

A. 子女教育专项附加扣除 　　　 B. 大病医疗专项附加扣除

C. 住房贷款利息专项附加扣除 　 D. 赡养老人专项附加扣除

(2) 张某全年综合所得应缴纳个人所得税税额是( )元。

A. 984　　　　B. 696　　　　C. 996　　　　D. 1 044

(3) 张某的下列收入中,免予缴纳个人所得税的是(　　)。
　　A. 受乙公司委托进行软件设计,取得设计费 2 000 元
　　B. 购买国债获得利息收入 800 元
　　C. 因住房拆迁,取得拆迁补偿款收入 150 000 元
　　D. 购买体育彩票中奖 800 元

(4) 张某 7 月份出租住房取得的租金收入个税计算公式为(　　)。
　　A. 2 000×(1−20%)×20%　　　　B. (2 000−800)×20%
　　C. 2 000×(1−20%)×10%　　　　D. (2 000−800)×10%

3. 2022 年 12 月 3 日,刘某到甲公司工作,12 月 10 日双方订立了书面劳动合同。合同约定,合同期限 2 年(含试用期期限),试用期 2 个月;试用期月工资 2 000 元,试用期满月工资 2 600 元;试用期内刘某若被证明不符合录用条件,甲公司可随时通知其解除劳动合同。2023 年 10 月,甲公司派刘某去国外接受 2 个月的高级技术培训,双方补充协议约定,公司支付培训费用 100 000 元,刘某的服务期为 6 年,违反服务期约定应支付违约金 80 000 元,培训结束后月工资提高至 5 000 元。刘某培训期满回国后,成为公司的技术骨干。2024 年 8 月 11 日,甲公司得知刘某私下与乙公司也建立了劳动关系,遂要求刘某解除与乙公司的劳动关系,刘某拒绝并于次日离开甲公司到乙公司工作,由此给甲公司造成重大经济损失。

已知:甲公司所在地月最低工资标准为 1 800 元。

要求:根据上述资料,分析回答下列问题。

(1) 刘某与甲公司之间劳动关系建立的时间是(　　)。
　　A. 2022 年 12 月 10 日　　　　B. 2023 年 2 月 3 日
　　C. 2022 年 12 月 3 日　　　　D. 2023 年 2 月 10 日

(2) 双方在劳动合同中对试用期所作的下列约定中,符合法律规定的是(　　)。
　　A. 试用期 2 个月
　　B. 试用期内刘某若被证明不符合录用条件,甲公司可随时通知其解除劳动合同
　　C. 试用期月工资 2 000 元
　　D. 试用期包含在劳动合同期限内

(3) 双方在补充协议中所作的下列约定中,符合法律规定的是(　　)。
　　A. 刘某月工资提高至 5 000 元
　　B. 刘某的服务期为 6 年
　　C. 违约金数额不得超过 100 000 元
　　D. 甲公司支付培训费用 100 000 元并与刘某约定服务期

(4) 下列说法正确的是(　　)。
　　A. 甲公司不需要支付经济补偿金
　　B. 甲公司可以要求刘某支付违约金
　　C. 甲公司可以要求刘某支付经济补偿金
　　D. 刘某的行为属于违反服务期约定